# 中国客车行业发展报告

National Report on Commercial Bus Development

（2019）

交通运输部运输服务司　审定
中国公路学会客车分会　主编

人民交通出版社股份有限公司
北京

## 内 容 提 要

本报告全面、客观反映了2019年度中国客车行业的发展状况，记录了行业发展轨迹，盘点了行业发展重大事项，展示了行业发展成就。报告分为上、下篇，共七章，上篇为行业篇，内容涵盖了客车行业发展综述，客车市场分析，客车政策、法规、规章、标准，客车科研与人才教育等内容；下篇为技术篇，重点介绍了客车新技术、新材料应用，新能源客车技术，客车自动驾驶及智能网联技术等领域的发展情况。本报告既可以为道路运输行业管理决策服务，也可为企业发展、工程技术等相关研究提供参考，是社会各方面了解中国客车行业状况的权威读物。

## Abstract

This report comprehensively and objectively reflects the development of Chinese bus production industry in 2019, records the development track of the industry, takes stock of some important events in the industry, and demonstrates major achievements of industry. The report is mainly for two parts, divided into seven chapters. The first part is about the development of Chinese bus industry in 2019. The content covers the overview of industry, market analysis, policy, regulation, standard, research education, etc. The next part is the special article, focus on the development of New Technologies and materials in Commercial Bus, New Energy Technology for Commercial Bus, Automatic driving and Intelligent network technology.This report can not only provide suggestions for the government managers on road transportation industry, but also valuable information for technological or commercial research. It is an authoritative reading material for all aspects to recognize the Chinese bus industry.

**图书在版编目（CIP）数据**

中国客车行业发展报告. 2019 / 中国公路学会客车分会主编. — 北京：人民交通出版社股份有限公司，2021.3

ISBN 978-7-114-17143-7

Ⅰ. ①中… Ⅱ. ①中… Ⅲ. ①客车—汽车工业—产业发展—研究报告—中国—2019 Ⅳ. ①F426.471

中国版本图书馆CIP数据核字（2021）第045256号

Zhongguo Keche Hangye Fazhan Baogao (2019)

**书　　名：** **中国客车行业发展报告**（2019）
**著 作 者：** 中国公路学会客车分会
**责任编辑：** 刘　博
**责任校对：** 孙国靖　龙　雪
**责任印制：** 张　凯
**出版发行：** 人民交通出版社股份有限公司
**地　　址：** （100011）北京市朝阳区安定门外外馆斜街 3 号
**网　　址：** http：//www.ccpcl.com.cn
**销售电话：** （010）59757973
**总 经 销：** 人民交通出版社股份有限公司发行部
**经　　销：** 各地新华书店
**印　　刷：** 北京虎彩文化传播有限公司
**开　　本：** 880 × 1230　1/16
**印　　张：** 11.25
**字　　数：** 322 千
**版　　次：** 2021 年 3 月　第 1 版
**印　　次：** 2021 年 3 月　第 1 次印刷
**书　　号：** ISBN 978-7-114-17143-7
**定　　价：** 100.00 元

# 审定组

冯立光　曹　磊　李　强　周　刚　周　炜

# 编写组


**组　长：** 胡选儒

**副组长：** 佘振清　梁　博

**成　员：** 李　春　彭　旺　刘昌仁　刘晶郁　于雅丽

马琦媛　梁丰收　杨立慧　董金松　曹　飞

汪祖国　周　扬　王　萌　陈　灏　刘　雄

洪伟艺　张立磊　张小平

# 编写说明

本报告由交通运输部运输服务司审定。中国公路学会客车分会承担具体的编写及组织工作。

各章主要撰稿人如下：第一章，梁博、周扬；第二章，马琦媛、佘振清；第三章，于雅丽、董金松、王萌；第四章，刘晶郁、杨炜；第五章，梁博、何文彪、吴纪刚、熊孝新、谢朝品；第六章，梁丰收、张鑫、赵淑珍、张小平；第七章，祖晖、杨刚、陈灏、张迪思、王戡、郭炳映；附录编撰周扬、梁博。

本报告的编写，得到了交通运输部运输服务司的指导，也获得了郑州宇通客车股份有限公司、金龙联合汽车工业（苏州）有限公司、比亚迪股份有限公司、北汽福田汽车股份有限公司、厦门金龙联合汽车工业有限公司、厦门金龙旅行车有限公司、中汽客汽车零部件（厦门）有限公司、烟台创为新能源科技有限公司、欧科佳（上海）汽车电子设备有限公司以及长安大学、慧眼看车网、人民交通出版社股份有限公司等单位的大力支持和积极帮助，并提出了很多富有建设性的意见和建议。

本报告主要数据来源于“中国客车统计信息网”和《交通运输行业发展统计公报》《中国道路运输发展报告》《中国城市客运发展报告》；案例材料来源于国内各客车生产企业、科研院所和检测机构。本报告不含中国香港、澳门特别行政区和台湾省的情况。

编　者

2020 年 10 月

# 目 录

## 上篇 行 业 篇



## 下篇 技 术 篇

# CONTENTS

## Part One Industry Development



## Part Two Technology Topic

# CONTENTS

# 上篇>>>

# 行 业 篇

# 第一章　客车行业发展综述

2019年，我国着力推进经济建设高质量发展，国内生产总值达到99.1万亿元，同比增长6.1%；人均国内生产总值（Gross Domestic Product，以下简称GDP）达到70892元，突破1万美元大关，同比增长5.7%，增速在世界前五大经济体中居首位，经济总量稳居世界第二位。 而我国客车行业产值也超过千亿元，连续多年保持世界客车第一生产大国的地位。

在我国经济形式稳中向好的发展态势下，我国的交通运输行业取得了长足发展。2019年，我国完成交通固定资产投资32451亿元，同比增长3.1%；全年完成公路建设投资21895亿元，同比增长2.6%；全年完成经营性客运量176亿元，同比下降1.9%；完成旅客周转量35349.1亿人次·km，同比增长3.3%。但由于受到民航、高速铁路、私家车、网约车等交通方式的分流，城镇化建设及新能源补贴政策退坡的影响，2019年我国客车销量有所下滑，全年累计销售5m以上客车190862辆，同比下降11.08%：其中，新能源客车销量85413辆，同比下降14.3%；传统客车销量105449辆，同比下降8.29%；客车全年出口40973辆，同比增长27.13%。

## 第一节　经济环境及行业政策综述

中国客车市场是一个政策导向型市场，同时也受到多方面环境因素影响。2019年，我国经济形势总体向好，但增速放缓。随着中美贸易战的爆发，我国经济在短期内受到了一定影响，客车出口也受到波及。

为进一步刺激经济，国家发布了多层次的刺激消费政策。国务院进一步强化“放、管、服”，给企业减负松绑；开放外商对汽车产业的投资，推动中国汽车产业进一步融入国际舞台；提高汽车产业投资门槛，鼓励“代工”模式；进一步深化脱贫攻坚，推动乡村道路建设；推进交通和旅游融合发展，推广全域旅游。

在新能源政策方面，坚持新能源发展方向不动摇，重点推动技术升级，提高产品性能与安全水平，推动新能源产品的市场化应用，同时进一步完善配套设施。

在智能交通体系建设方面，着重制定相关配套政策、规划与标准体系。

在环保节能方面，下发执行“国六标准”的时间表，推动重点地区提前执行，推动三阶段车辆燃料消耗量限值。

### 一、汽车产业政策

#### 1.落实“放、管、服”

2019年6月24日，工业和信息化部（以下简称“工信部”）发布公告，决定自2019年6月21日起废止《汽车动力蓄电池行业规范条件》（工业和信息化部公告2015年第22号）。

2019年8月1日，国务院办公厅发布《关于印发全国深化“放管服”改革优化营商环境电视电话会议重点任务分工方案的通知》，要求进一步深化交通运输领域简政放权，简化道路客运经营许可事项和申请材料，优化机动车产品准入，依法整合汽车产品公告、强制性产品认证、环保型式核准目录等，实现一次送检、全面检测、结果互认。推动我国汽车行业管理进入了新阶段。

#### 2.鼓励外商投资汽车产业

2019年6月30日，国家发展和改革委员会（以下简称“国家发改委”）与商务部联合发布了《鼓励外商投资产业目录（2019年版）》，并于2019年7月30日起施行。目录鼓励外资参与我国制造业高质量发展，在装备制造业中新增或修改了工业机器人、新能源汽车、智能汽车关键零部件等条目。

2019年1月7日，特斯拉项目正式开建，该项目规划年生产50万辆纯电动汽车，是上海有史以来最大的外资制造业项目。特斯拉是外商投资汽车产业的代表性事件，表明我国将进一步扩大开放，融入世界经济与制造体系。与此同时，特斯拉也带来了行业竞争，国内众多的电动车企业纷纷加快与这个强有力竞争者的“对标”，这对整个汽车产业起到了促进作用。

3.提高汽车投资准入标准

《汽车产业投资管理规定》自2019年1月10日起正式施行，取消了汽车投资项目核准事项，提高了投资项目准入标准，严格控制新增传统燃油汽车产能，提高了新建纯电动汽车企业项目条件；另外将混合动力汽车、插电式混合动力汽车划归燃油汽车类，电动汽车类别只针对由电动机驱动的汽车。

## 二、乡村振兴战略与全域旅游政策

1.乡村振兴战略

2018年1月2日，国务院公布了2018年中央1号文件，即《中共中央国务院关于实施乡村振兴战略的意见》。2018年3月5日，国务院总理李克强在做政府工作报告时着重讲到，发展乡村旅游与交通是乡村振兴必不可少的组成部分。

2019年6月3日，国家发改委、生态环境部、商务部联合发布《推动重点消费品更新升级 畅通资源循环利用实施方案（2019—2020年）》，取消限行/限购、推动农村车辆升级、更新城市公共领域用车、推动新能源车辆消费。

2.全域旅游政策

全域旅游是指把一个行政区当作一个旅游景区，是旅游产业的全景化、全覆盖，是资源优化、空间有序、产品丰富、产业发达的科学的系统旅游。这就要求全社会参与，尤其是旅游和交通两大产业相互融合，将全面推动全域旅游战略的落地和实施。

2019年，我国旅游总人数达60.06亿人次，比上年同期增长8.4%；入出境旅游总人数3.0亿人次，同比增长3.1%；全年实现旅游总收入6.63万亿元，同比增长11%，旅游业对GDP的综合贡献为10.94万亿元，占GDP总量的11.05%，旅游经济继续保持高于GDP增速的较快增长。

2019年3月，李克强总理在政府工作报告第四部分“促进形成强大国内市场，持续释放内需潜力”中提出了“发展全域旅游，壮大旅游产业”的战略要求。同年9月25日，国家文化和旅游部官网正式公布了首批国家全域旅游示范区名单，共71个区县市 。

## 三、 新能源产业政策

1.坚持新能源发展方向

2019年6月3日，交通运输部等12部门和单位联合印发了《绿色出行行动计划（2019—2022年）》，旨在深入贯彻落实党的十九大关于开展绿色出行行动等决策部署，进一步提高绿色出行水平。

为推动新能源汽车产业高质量、可持续发展，2019年12月，工业和信息化部会同有关部门起草并发布了《新能源汽车产业发展规划（2021—2035年）》（征求意见稿）。明确到2025年，新能源汽车新车销量占比达到25%，智能网联汽车新车销量占比达到30%；2035年，纯电动汽车成为主流。

2.推动技术升级和市场化

2019年5月8日，财政部、工信部、交通运输部与国家发改委联合发布了《关于支持新能源公交车推广应用的通知》，进一步提高技术标准，同时降低购置补贴，2年内运行里程需要满足2万km，同时明确地方不得对未满足2019年国家补贴标准的车型发放地方补贴。

3.规范充电配套设施管理

2019年10月31日，工信部发布了《新能源汽车动力蓄电池回收服务网点建设和运营指南》，进一步对充电配套设施进行规范化管理。

4.加强新能源汽车安全管理

2019年6月17日，工信部装备工业发展中心发布了《关于开展新能源汽车安全隐患排查工作的通知》，敦促各新能源汽车生产企业对本公司生产的新能源汽车开展安全隐患排查工作。重点对已售车辆、库存车辆的防水保护、高压线束、车辆碰撞、车载动力电池、车载充电装置、电池箱、机械部件和易损件开展安全隐患排查工作。

## 四、自动驾驶

随着智能驾驶技术的发展和卫星导航、高清地图、5G及大数据平台的应用，智能交通成为我国未来交通产业的发展目标。而与智能交通相关的政策、规划与标准也陆续落地，包括建立标准体系、自动驾驶与车路协同的研发、测试场地的建设、车辆智能管理体系以及大数据配套设施的研发与建设等。

2019年5月，工信部发布《2019年智能网联汽车标准化工作要点》，提出落实标准体系建设指南，动态完善标准体系，系统布局技术领域，加快重点标准制修订，履行国际协调职责，加强标准交流与合作。

2019年7月，交通运输部印发《数字交通发展规划纲要》。提出推动自动驾驶与车路协同技术研发，开展专用测试场地建设。鼓励物流园区、港口、铁路和机场货运站广泛应用物联网、自动驾驶等技术。

2019年11月21日，工信部科技司公开征求对《国家车联网产业标准体系建设指南（车辆智能管理）》的意见。计划到2022年底，完成基础性技术研究，为开展车联网环境下的智能网联汽车道路测试、车联网城市级验证示范等工作提供支撑；到2025年，系统形成能够支撑车联网环境下车辆智能管理的标准体系。

2019年12月12日，交通运输部印发《推进综合交通运输大数据发展行动纲要（2020—2025年）》。提出要推动各类交通运输基础设施、运载工具数字孪生技术研发，推进第五代移动通信技术（5G）、卫星通信信息网络等在交通运输各领域的研发应用。

## 五、环保节能

1.“国六标准”发布

2018年6月28日，生态环境部正式发布关于发布国家污染物排放标准《重型柴油车污染物排放限值及测量方法（中国第六阶段）》的公告，该标准自2019年7月1日起实施。自2019年7月1日起，所有生产、进口、销售和注册登记的燃气汽车应符合标准要求；自2020年7月1日起，所有生产、进口、销售和注册登记的城市车辆应符合标准要求；自2021年7月1日起，所有生产、进口、销售和注册登记的重型柴油车应符合标准要求。上海、深圳、武汉、南京、杭州等出台政策鼓励提前淘汰“国三标准”车辆，“国三标准”车辆进入更新期。

2.重点区域提前执行“国六标准”

2018年7月3日，国务院印发《打赢蓝天保卫战三年行动计划》的通知，要求2019年7月1日起，重点区域、珠三角地区、成渝地区提前实施“国六标准”，推广使用达到“国六标准”的燃气车辆。

3.三阶段车辆燃料消耗量限值实施

2019年7月1日，重型商用车开始按工信部发布的《重型商用车辆燃料消耗量限值》（GB 30510—

2018）执行第三阶段车辆燃料消耗量限值。与第二阶段燃油限值标准相比，公路客车油耗标准下降10%~15%，公交、校车油耗标准下降14%~16%。

## 第二节 旅客运输综述

### 一、国内旅客运输概况

随着我国经济的发展，人民生活水平持续提高，交通建设也日趋完善。国内旅客运输已从较为单一的客运方式发展到多种客运方式并存的时期，百姓出行有了更多的选择。截至2019年底，我国共有定期航班航线5521条，国内航线4568条（其中港澳台航线111条），国际航线953条；高速铁路已突破3.5万km，占全球2/3以上；建成高速公路14.96万km，居世界第一；私家车的保有量达到2.6亿辆。

2019年，我国共完成经营性客运量176亿人次，累计完成旅客周转量35349.1亿人km。其中，民航累计完成客运量6.6亿人次，同比增长7.9%；铁路全年完成旅客发送量36.6亿人次，同比增长8.4%；水路客运量全年累计完成2.7亿人次，同比下降2.6%；道路经营性车辆完成客运量130.1亿人次，同比减少4.8%，如图1-1所示。

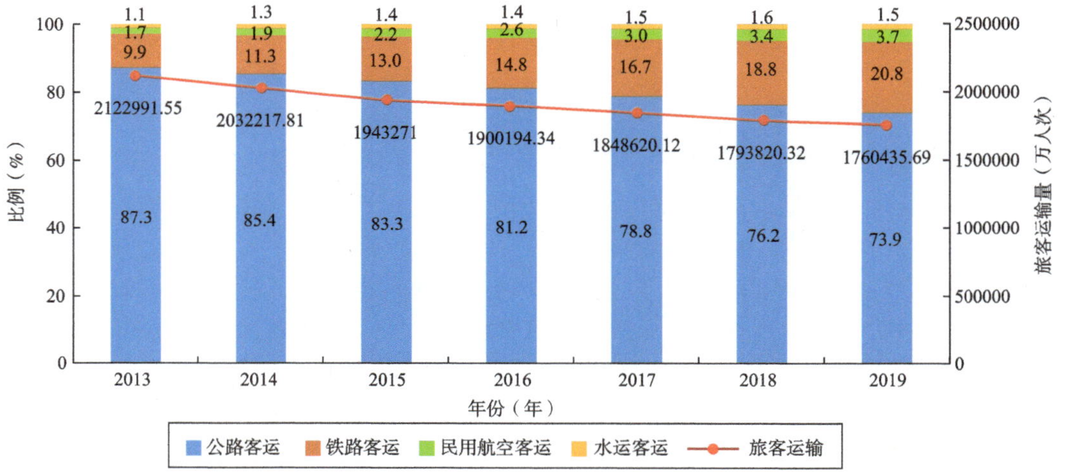


图1-1 2013—2019年旅客运输量组成情况

### 二、公路客运

2019年，随着我国经济的发展与基建的完善，百姓的交通出行量继续增长。在民航、铁路成网运行，私家车保有量持续增长等因素的影响下，公路客运量有所下降，全年完成道路经营性车辆旅客运输130.1亿人次，在综合运输体系中所占比例仍高达73.9%，起到了基础性、主体性作用。

虽然公路客运在旅客运输中依旧扮演着主要角色，但在中长途出行中，越来越多的人选择更加方便、快捷、舒适的民航与高速铁路作为出行方式；而在中短途出行中，公路客运又将直面私家车、网约车的挑战。2019年，公路客运量与公路旅客周转量均呈现持续下滑，公路客运量1301172.91万人次（图1-2），同比增长–4.8%，见表1-1；公路旅客周转量8857.08亿人·km（图1-3），同比增长–4.6%，公路客运面临越来越严峻的竞争和考验。

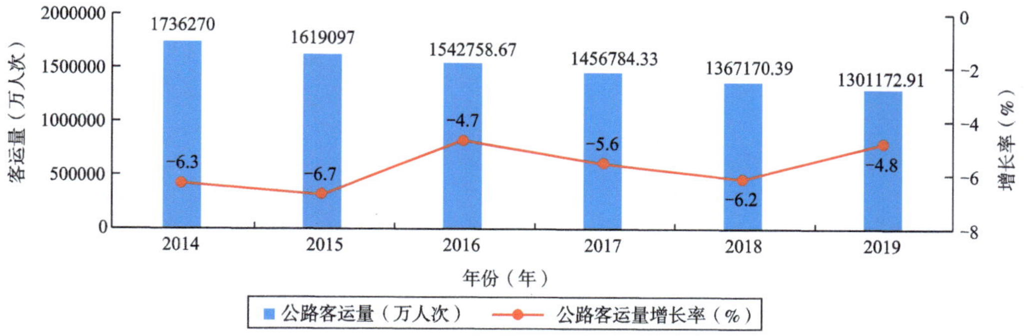


图 1-2　2014—2019 年公路客运量

**2014—2019年公路客运量具体数据**　　表1-1

| 年份（年） | 2014 | 2015 | 2016 | 2017 | 2018 | 2019 |
|---|---|---|---|---|---|---|
| 公路客运量（万人次） | 1736270 | 1619097 | 1542758.67 | 1456784.33 | 1367170.39 | 1301172.91 |
| 公路客运量增长率（%） | −6.3 | −6.7 | −4.7 | −5.6 | −6.2 | −4.8 |
| 公路旅客周转量（亿人·km） | 10996.75 | 10742.66 | 10228.71 | 9765.18 | 9279.68 | 8857.08 |
| 公路旅客周转量增长率（%） | −2.3 | −2.3 | −4.8 | −4.5 | −5.0 | −4.6 |

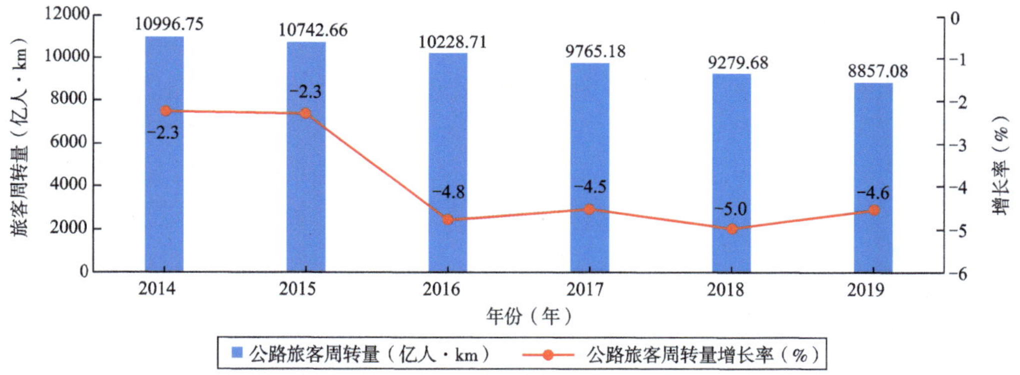


图1-3　2014—2019年公路旅客周转量

截至2019年末，全国公路营运载客汽车共计77.67万辆，同比下降2.5%，合计2002.53万客位，如图1-4所示，同比下降2.2%；其中大型客车30.31万辆，同比增长0.11%，合计1334.35万客位，同比增长0.03%；单车平均座位数连续5年稳定在25.6个/辆左右，见表1-2。

**2014—2019年公路营运汽车客位数**　　表1-2

| 年份（年） | 2014 | 2015 | 2016 | 2017 | 2018 | 2019 |
|---|---|---|---|---|---|---|
| 公路营运载客汽车拥有量（万辆） | 84.58 | 83.93 | 84 | 81.61 | 79.66 | 77.67 |
| 公路营运载客汽车拥有量增长率（%） | −0.8 | −0.8 | 0.1 | −2.8 | −2.4 | −2.5 |
| 公路营运汽车客位数（万客位） | 2189.55 | 2148.58 | 2140.26 | 2099.18 | 2048.11 | 2002.53 |
| 公路营运汽车客位数增长率（%） | 0.9 | −1.9 | −0.4 | −1.9 | −2.4 | −2.2 |
| 单车平均座位数（个/辆） | 25.89 | 25.60 | 25.48 | 25.72 | 25.71 | 25.78 |

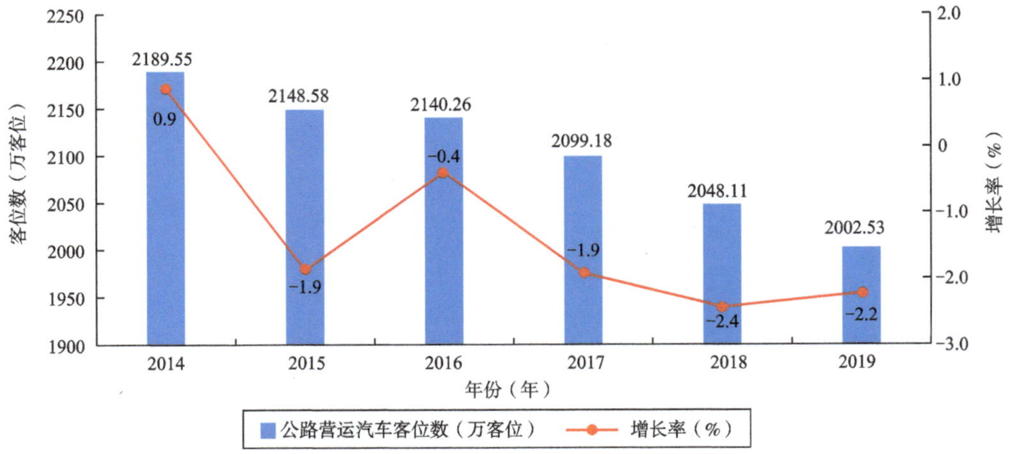


图1-4　2014—2019年公路营运汽车客位数

### 三、城市客运

近年来，随着公交都市化的推行，我国的公共交通得以长足发展，公交客车运输与轨道交通运输构成了庞大且完整的城市客运体系，成果显著。截至2019年底，我国拥有城市公共汽电车运营车辆69.33万辆（折合79.15万标台），同比增长2.9%。其中新能源运营车辆（包括纯电、混合动力）40.97万辆，占我国城市公共汽电车营运车辆总数的59.1%，同比增长19.8%；快速公交系统（BRT）运营车辆9502辆，同比增长4.3%。

2019年，全国拥有公共汽电车运营线路6.573万条，比上年增加5140条，运营线路总长度133.6万km，比上年增加13.7万km。其中，拥有公交专用车道14951.7km，增加2101.5km；BRT线路长度6149.8km。全年完成城市客运量1279.17亿人次，比上年增长1.3%。其中，公共汽电车完成客运量691.76亿人次，同比下降0.8%；快速公交系统（BRT）完成客运量17.47亿人次，2019年全年完成公共汽电车运营里程354.13亿km，同比增长2.3%。

## 第三节　客车市场综述

### 一、客车市场概况

2015—2019 年，我国大中型客车产销量连续多年位居世界第一位，客车及零部件销售收入达到千亿元。根据《中国客车统计信息网》发布的信息：2019年我国累计销售5m以上客车190862辆，同比下降11.08%。其中，新能源客车销量85413辆，同比下降14.3%，传统客车销量105449辆，同比下降8.29%。我国客车全年出口40973辆，同比增长27.13%。

按类型划分，公路客车全年销量79657辆，同比下降4.94%，下降幅度较小；相反，以新能源车型为主的公交客车，受到补贴退坡政策影响，2019年全国5m以上公交客车销量回落到83704辆，同比下降15.42%；而5m以上校车2019年销量为11510辆，同比下降28.2%，下降幅度最大（图1-5）。

### 二、公路客车市场

受多种交通出行方式的市场竞争，2019年我国5m以上公路客车销量在近5年以来首次跌破8万辆，下降至79657辆（图1-6）。公路客车市场呈现以下特征：一方面公路客车销量仍将呈下滑趋势；另一方面公路客车市场结构也在悄悄发生改变，旅游客车占比明显提升、班线客车占比持续萎缩；另外，新能源公路客车销量有所增长，已逐步获得了市场认可。

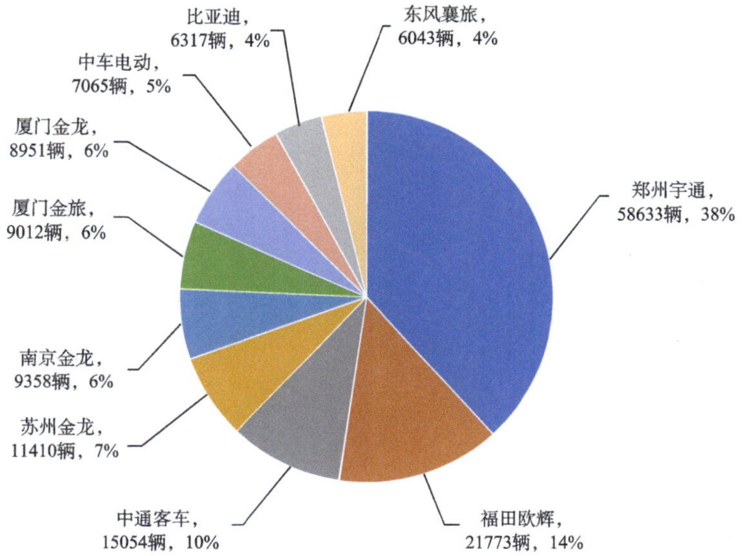


图1-5 2019年中国销量前10的客车生产企业的销量及占比

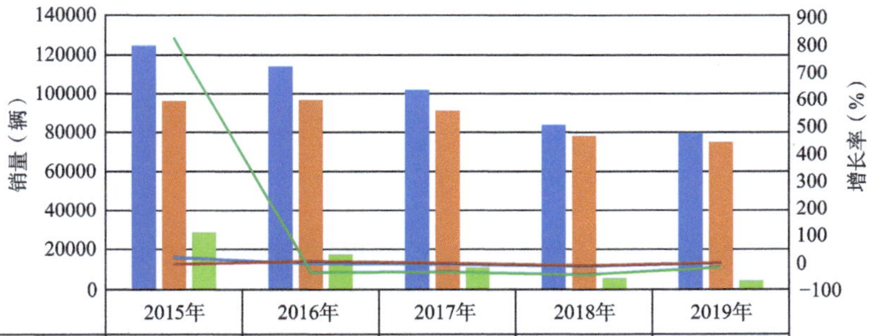


| | 2015年 | 2016年 | 2017年 | 2018年 | 2019年 |
|---|---|---|---|---|---|
| 公路客车（辆） | 124676 | 114221 | 101970 | 83793 | 79657 |
| 传统公路客车（辆） | 96140 | 96818 | 91113 | 78129 | 75148 |
| 新能源公路客车（辆） | 28536 | 17403 | 10857 | 5664 | 4509 |
| 公路客车增长率（%） | 14.3 | -8.39 | -10.73 | -17.83 | -4.94 |
| 传统公路客车增长率（%） | -9.28 | 0.71 | -5.89 | -14.25 | -3.82 |
| 新能源公路客车增长率（%） | 819.03 | -39.01 | -37.61 | -47.83 | -20.39 |

图1-6 2015—2019年5m以上公路客车销量

## 三、公交客车市场

2016—2019年，我国5m以上公交客车销量连续四年呈现负增长，但在客车市场的占比却有增长的趋势。2019年全国5m以上公交客车销量为83704辆，同比下降15.42%；但公交客车销量占比为43.9%，超过公路客车销量占比。我国客车市场已由公路客车占据绝对主力逐渐转变为公交客车成为主角（图1-7）。

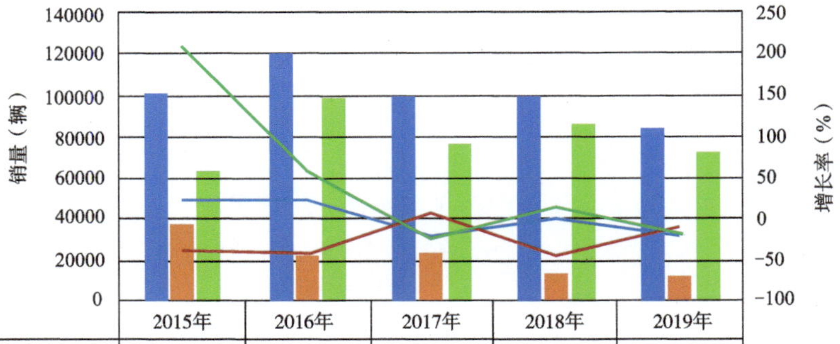


| | 2015年 | 2016年 | 2017年 | 2018年 | 2019年 |
|---|---|---|---|---|---|
| 公交客车（辆） | 100688 | 120772 | 99640 | 98967 | 83704 |
| 传统公交客车（辆） | 37891 | 21761 | 23649 | 13211 | 11872 |
| 新能源公交客车（辆） | 62797 | 99011 | 75991 | 85756 | 71832 |
| 公交客车增长率（%） | 19.45 | 19.95 | -17.5 | -0.68 | -15.42 |
| 传统公交客车增长率（%） | -40.49 | -42.57 | 8.68 | -44.14 | -10.14 |
| 新能源公交客车增长率（%） | 204.63 | 57.69 | -23.25 | 12.85 | -16.24 |

图1-7　2015—2019年5 m以上公交客车销量（辆）

## 四、校车市场

2019年，我国30多家客车企业销售5m以上校车超过1.1万辆，同比减少12.46%，连续4年负增长，在整个客车市场的占比也逐年下降。校车市场出现的萎缩状态，并不是真实需求的减少，而是因为缺少财政补贴政策的支持，影响了校车市场的发展（图1-8）。

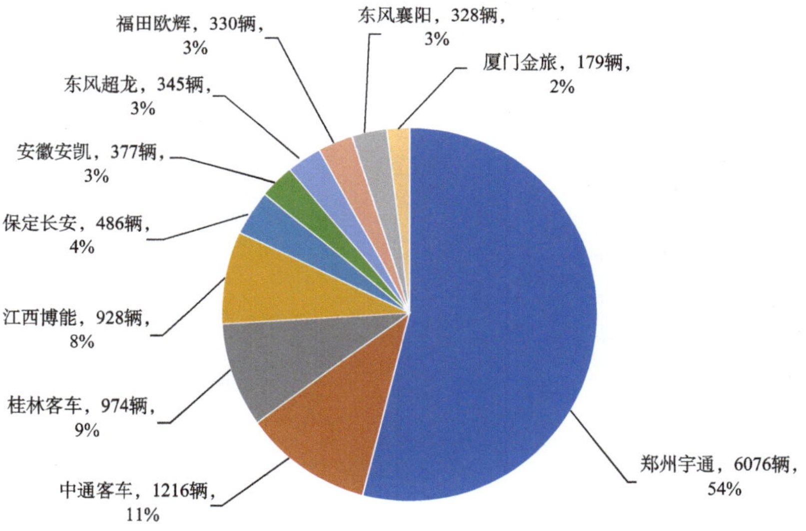


图1-8　2019年中国校车销量前10的生产企业的销量及占比

## 五、客车出口市场

我国客车出口销量经过2016年和2017年连续两年负增长后，2018年、2019年出口销量逆势增长，有力地推动了客车市场的结构调整。2019年，我国出口各类客车40973辆（图1-9）、销售收入145亿元人民币，与2018年相比分别增长27.13%和18.39%。2019年公路客车出口销量同比增长1.21%，公交客车出口销量同比增长52.76%，校车出口销量同比增长480%，其他客车出口销量同比增长45.43%。

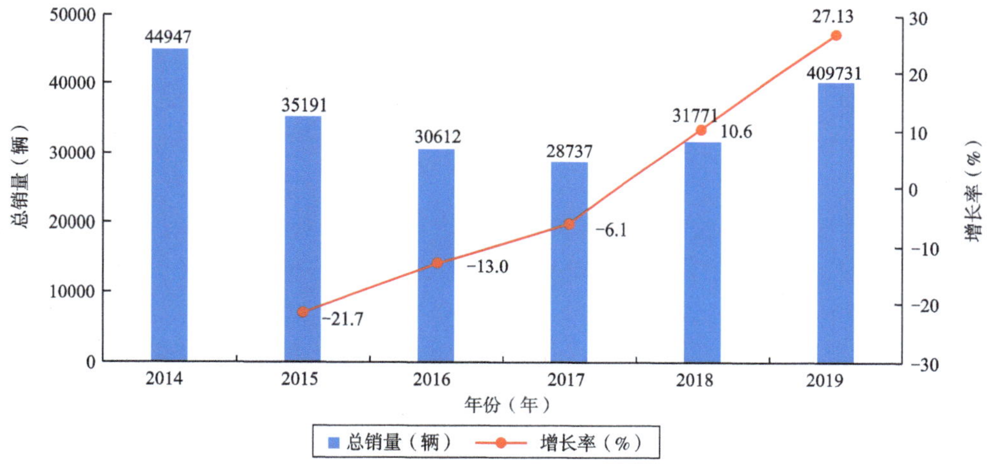


图1-9　2014—2019年中国客车出口总量

2019年海关出口数据显示，我国客车产品总共出口157个国家和地区，比2018年略有增长。其中前10大出口市场分别为沙特、中国香港、智利、菲律宾、俄罗斯、哈萨克斯坦、埃及、越南、秘鲁和玻利维亚，占据全部出口市场份额的47.98%，位于中东的沙特延续多年都是中国客车出口的首要目的国。

## 第四节　主要客车及零部件生产企业

### 一、主要客车企业

2019年中国客车销量前10名的生产企业见表1-3。从表中可以看出，我国客车生产企业主要有“两通三龙”［郑州宇通客车股份有限公司、中通客车控股股份有限公司、厦门金龙联合汽车工业有限公司、金龙联合汽车工业（苏州）有限公司和厦门金龙旅行车有限公司］、比亚迪股份有限公司、北汽福田汽车股份有限公司、湖南中车时代电动汽车股份有限公司等。

**中国客车销量前10名的生产企业**　　**表1-3**

| 序号 | 企业名称 | 2019年销量（辆） | 上年同期（辆） | 增量（辆） | 增长率（%） |
|---|---|---|---|---|---|
| 1 | 郑州宇通 | 58633 | 60739 | –2106 | –3.47 |
| 2 | 福田欧辉 | 21773 | 20552 | 1221 | 5.94 |
| 3 | 中通客车 | 15054 | 13484 | 1570 | 11.64 |
| 4 | 苏州金龙 | 11410 | 11697 | –287 | –2.45 |
| 5 | 南京金龙 | 9358 | 6970 | 2388 | 34.26 |
| 6 | 厦门金旅 | 9012 | 10040 | –1028 | –10.24 |
| 7 | 厦门金龙 | 8951 | 10096 | –1145 | –11.34 |

续上表

| 序号 | 企业名称 | 2019年销量（辆） | 上年同期（辆） | 增量（辆） | 增长率（%） |
|---|---|---|---|---|---|
| 8 | 中车电动 | 7065 | 5959 | 1106 | 18.56 |
| 9 | 比亚迪 | 6317 | 12690 | −6373 | −50.22 |
| 10 | 东风襄阳 | 6034 | 6170 | −136 | −2.20 |

### 1. 宇通客车

2004年至今，郑州宇通一直占据我国客车生产企业产销量的首位。2019年，受客车市场多种不利因素的影响，郑州宇通各项指标均有所下降。2019年郑州宇通销售各类客车58633辆（表1-4），同比下滑3.47%；年营业收入304.79亿元，同比下滑3.99%，其中客车板块收入279.14亿元，同比下滑5.09%；归属上市公司股东的净利润19.4亿元，同比下滑15.7%，扣除非经常性损益的净利润15.45亿元，同比下滑13.33%。

**2019年郑州宇通主要数据** **表1-4**

| 类别 | 总计 | 公路客车 | 公交客车 | 校车 | 出口 |
|---|---|---|---|---|---|
| 2018年销量（辆） | 60739 | 24878 | 25465 | 7282 | 7216 |
| 2019年销量（辆） | 58633 | 25771 | 22292 | 6076 | 7045 |
| 增长率（%） | −3.47 | 3.59 | −12.46 | −16.56 | −2.37 |
| 市场占比（%） | 38 | 24.50 | 26.63 | 52.74 | 17.19 |

2019年，郑州宇通出口销售收入38.25亿元，同比下降0.09%，客车出口收入位居国内第一。客车出口至亚洲、美洲、非洲、欧洲、大洋洲等地110个国家，以及我国香港特别行政区、澳门特别行政区和台湾地区。

截至2019年底，郑州宇通拥有研发人员3，393人，占公司总人数的18.76%，其中博士48人，硕士589人。生产面积267.3万$m^2$，产能达到9万辆以上。郑州宇通高度重视科研投入，2019年的研发投入占全年营业收入5.8%以上。截至2019年底，郑州宇通拥有有效专利及软件著作权2117件，其中发明专利280件。软件著作权184件。主要围绕新能源插电式、纯电动、燃料电池三大动力系统、智能网联自动驾驶等产品项目，重点突破动力电池与电池管理、电动客车智能化、充电/加氢技术等核心技术，在电控、电机、电池以及NVH（噪声、振动与声振粗糙度）、智能化等技术领域形成一系列知识产权组合。

郑州宇通ZK6820BEV纯电动公路客车（图1-10）和U10纯电动公交车（图1-11）为其主打产品，尤其是号称“黑金刚”的宇通U10纯电动公交车已成为国内高端公交车的代表。

长 8240mm、宽 2430mm、高 3290mm

电池容量 175.03kW · h

续驶里程 450km

图1-10　郑州宇通ZK6820BEV纯电动公路客车

长 10500mm、宽 2500mm、高 3235mm

电池容量 303.67kW · h

续驶里程 600km

图1-11　郑州宇通U10纯电动公交车

### 2.厦门金龙

2019年，厦门金龙销售5m以上客车8951台，同比减少11.4%；其中公路客车销量5444辆，同比增长18.4%；公交客车销量3435辆，同比减少35.7%；校车销量49台，同比增长53.1%（表1-5）。

**2019年厦门金龙主要数据表**　　**表1-5**

| 类　别 | 总　计 | 公路客车 | 公交客车 | 校　车 |
|---|---|---|---|---|
| 2018 年销量（辆） | 10096 | 4598 | 5346 | 32 |
| 2019 年销量（辆） | 8951 | 5445 | 3435 | 49 |
| 增长率（%） | –11.4 | 18.4 | –35.7 | 53.1 |
| 市场占比（%） | 4.5 | 6.8 | 4.1 | 0.4 |

2019年厦门金龙被认定为国家技术创新示范企业。截至2019年底，厦门金龙拥有员工4578人，研发人员588人，占公司总人数的12.8%，其中博士5人、硕士82人；生产面积57.3万$m^2$，产能达到5万辆以上。截至2019年底，共获得授权专利331件，其中发明专利36件。

2019年，厦门金龙与百度合作开发的L4级自动驾驶公交车“阿波龙”（图1-12）2.0版本顺利量产上市，陆续亮相重庆、广东、江苏等地，成为其产品亮点。

图1-12　L4级自动驾驶公交车“阿波龙”

3. 苏州金龙

2019年，苏州金龙5m以上客车销量的市场占比与上年基本持平（表1-6），但公交客车销量同比增长7.7%。2019年，苏州金龙销售收入为69.5亿元，同比增长17.3%；出口销售收入24亿元，同比增长26.6%；出口至亚洲、美洲、欧洲等地的8个国家，以及我国澳门特别行政区和台湾地区。

**2019年苏州金龙主要数据** **表1-6**

| 类　别 | 总　计 | 公路客车 | 公交客车 | 校　车 | 出　口 |
|---|---|---|---|---|---|
| 2018 年销量（辆） | 11778 | 7046 | 4210 | 522 | 4105 |
| 2019 年销量（辆） | 11410 | 6808 | 4532 | 70 | 4198 |
| 增长率（%） | –3.1 | –3.4 | 7.7 | –86.6 | 2.3 |
| 市场占比（%） | 5.2 | 6.5 | 5.4 | 0.6 | 6.7 |

截至2019年底，苏州金龙海格客车现有研发技术人员1100多人，其中硕士及以上学历超过20%。已建成国家级实验室、新型客车工程技术研究中心、博士后科研工作站等研发和实验机构，掌握了整车和关键零部件开发的核心技术。苏州金龙海格客车产品研发、设计和实验达到了国际先进水平，累计获得各项授权专利307项，其中发明专利40项，软件著作权36项。共参与制定、修订行业标准33项。2019年苏州金龙海格客车连续12年入选"中国500最具价值品牌"排行榜，品牌价值446.81 亿元。

苏州金龙E10纯电动公交车（图1-13）采用效率高、可靠性高的电机直驱技术路线，2500Nm永磁同步电机，设有L挡位专门用于高扭矩输出；采用镁铝铆接技术的全铝车身和空气悬架等先进技术和装备。

长 10490mm、宽 2550mm、高 3260mm

电池容量覆盖 187~350kW · h 之间多个不同电量

一次性充电时间 1~2h

图1-13　苏州金龙E10纯电动公交车

为解决当前道路客运小型化、定制化、网约化的新需求，苏州金龙专门推出了睿星商旅客车，如图1-14所示，配置1.5m$^3$的下沉式行李舱，提供9座、14座、19座等多种座椅布置。

4. 厦门金旅

厦门金龙旅行车有限公司（简称"厦门金旅"）成立于 1992 年，是集整车研发、制造和销售为一体的国内著名客车制造企业及国家汽车整车出口基地企业。公司主要产品为大、中、轻型客车，涵盖车长 4.7~18m，座位数 5~86 座的各类型客车，包括插电式混合动力客车、纯电动客车和燃料电池客车等新能源客车产品。2019 年厦门金旅主要销售数据见表 1-7。

长 5910mm 和 7480mm、宽 2000mm 左右、高 2800mm 左右

小型高一级 8+1 座、13+1 座和中型高一级 19+1 座

图1-14　苏州金龙睿星客车（含9座、14座和20座3种车型）

**2019年厦门金旅主要销售数据**　　**表1-7**

| 类　别 | 总　计 | 公路客车 | 公交客车 | 校　车 | 出　口 |
|---|---|---|---|---|---|
| 2018 年销量（辆） | 10040 | 5851 | 4131 | 58 | 4758 |
| 2019 年销量（辆） | 9012 | 4972 | 3861 | 179 | 7267 |
| 增长率（%） | −10.24 | −15.02 | −6.54 | 208.62 | 52.73 |
| 市场占比（%） | 6 | 7 | 6 | 2 | 17 |

厦门金旅是国家级高新企业及厦门市首批“三高”入库企业，汇集了整车、底盘、电器、汽车电子、智能网联等领域专业研发人员近500人。设有福建省新能源汽车企业重点实验室、博士后创新实践基地，并在北京理工、福州大学、厦门理工等高校设立产学研研究基地。2019年获建“国家级工业设计中心”“国家级技术中心（分中心）”等高水平研发平台，荣获“福建省创新型企业”“福建省知识产权优势企业”等荣誉。公司2019年底，拥有各项授权专利203项，其中发明专利12项，参与标准制定73项，并多次获省市科技进步奖。

厦门金旅与英国知名设计公司DCA联合设计的“星辰”纯电动微循环城市客车（图1-15），采用SMARTPILOT第二代自动驾驶平台，可完全实现L4自动驾驶，已在国内上海、重庆、杭州、厦门等城市以及新加坡进行了运营测试。

长 12000mm、宽 2550mm、高 3795mm

发动机额定功率 297kW/（1900r/min）

整车整备质量 13400kg

图1-15　厦门金旅“星辰”纯电动微循环城市客车

### 5. 中通客车

2019 年，中通客车销售收入为 61.7 亿元，同比下降 22.7%；出口销售收入 8.7 亿元，同比增长 8.5%；出口至亚洲、非洲、大洋洲、南美洲、欧洲等地区的 41 个国家。中通客车的主要数据见表 1-8。

**2019年中通客车主要数据** **表1-8**

| 类　别 | 总　计 | 公路客车 | 公交客车 | 校　车 | 出　口 |
|---|---|---|---|---|---|
| 2018 年销量（辆） | 13484 | 4202 | 7402 | 1401 | 1657 |
| 2019 年销量（辆） | 15054 | 4623 | 9077 | 1216 | 2807 |
| 增长率（%） | 11.64 | 10.02 | 22.63 | −13.2 | 69.4 |
| 市场占比（%） | 2.23 | 1.18 | 3.52 | 1.26 | 4.02 |

截至2019年底，中通客车拥有员工4710人，其中技术人员550人，占公司总人数的11.6%。生产面积146.9万$m^2$，产能达到3.5万辆以上。中通客车比较重视科研投入，2019年的研发投入占全年销售收入4.95%以上。截至2019年底，共获得授权专利325项，其中发明专利64项、实用新型专利261项。

在“2019全国新能源公交车性能评价赛”中，中通客车两款参赛车型LCK6826EVGA1（图1-16）、LCK6108EVG3A12（图1-17），分别在8~9m组、10~11m组中脱颖而出，凭借出色的竞争力，一举揽获“节能优胜奖”和“续驶优胜奖”三项大奖。

长 8190mm、宽 2390mm、高 3090mm

电池容量 114.5~187.3kW · h

续驶里程 160~400km

获“节能优胜奖”和“续驶优胜奖”

图1-16　LCK6826EVGA1

长 10500mm、宽 2550mm、高 3195mm

电池容量 167.5~303.7kW · h

续驶里程 200~450km

获“节能优胜奖”和“续驶优胜奖”

图1-17　LCK6108EVG3A12

### 6. 比亚迪

比亚迪股份有限公司坚持以"公交电动化"为主要发展战略，2019年纯电动公交客车销量6317辆，市场占比为9.2%（表1-9）。全年客车出口1724辆，遍布亚洲、美洲、欧洲、非洲等地区的24个国家，以及我国香港特别行政区、澳门特别行政区和台湾地区。

**2019年比亚迪（客车）主要销售数据** **表1-9**

| 类　别 | 总　计 | 纯电动公交车 | 出　口 |
|---|---|---|---|
| 2018 年销量（辆） | 12690 | 12690 | 710 |
| 2019 年销量（辆） | 6317 | 6317 | 1724 |
| 增长率（%） | −50.2 | −50.2 | 142.8 |
| 市场占比（%） | 3.5 | 9.2 | 4.2 |

目前，比亚迪客车版块共有员工9431人，博士41人、硕士394人；其中研发人员共计1916人，占公司总人数的20.3%。截至2019年底，公司共获得授权专利403项，其中发明专利104项、实用新型专利232项、外观专利67项。

公司主打产品K8纯电动公交车，如图1-18所示。搭载了比亚迪全新标准动力电池包、新型六合一控制器，高压电控系统高度集成，采用全铝合金车身、轮边驱动等领先技术，搭配冷暖空调（集成电池水冷板换功能）、360° 全景影像监控、胎压监测系统等新技术和新部件，使新能源客车安全性能更强。

长 10500mm、宽 2550mm、高 3180mm

额定功率 100kW × 2

续驶里程 350km

图1-18　比亚迪K8纯电动公交车

### 7. 福田欧辉

北汽福田汽车股份有限公司（简称"北汽福田汽车"）成立于1996年8月28日，1998年6月在上海证券交易所上市。现有资产531.69亿元，员工近3万人。目前公司拥有欧曼、欧航、欧马可、奥铃、祥菱、瑞沃、图雅诺、福田风景、拓陆者、萨普、欧辉、福田智蓝新能源、时代等业务品牌，生产车型涵盖轻型货车、中型货车、重型货车、轻型客车、大中型客车以及核心零部件发动机。

2019年，福田欧辉5m以上客车的市场占比为14%（表1-10），主要是公交客车销量增长迅猛。出口客车720辆，同比增长43.4%；其主要出口国家和地区为埃及、智利、印度、韩国以及我国澳门特别行政区。

2019年福田欧辉主要数据 表1-10

| 类　别 | 总　计 | 公路客车 | 公交客车 | 校　车 | 出　口 |
| --- | --- | --- | --- | --- | --- |
| 2018年销量（辆） | 20552 | 17985 | 2085 | 482 | 502 |
| 2019年销量（辆） | 21773 | 17291 | 4152 | 330 | 720 |
| 增长率（%） | 5.9 | −3.8 | 99.1 | −31.5 | 43.4 |
| 市场占比(%) | 14 | 23 | 6 | 3 | 1.7 |

福田的客车业务已形成以北京为中心，北京、广东和山东等为基地的“一个中心、多个工厂、南北呼应”的战略布局，含图雅诺、福田风景、欧辉3个子品牌，涵盖城市、城间、校车3大产品品类，5.7~18m中高端客车产品线。福田欧辉BJ6123纯电动公交车如图1-19所示。

长 12000mm、宽 2550mm、高 3100mm

充电倍率 1C/2C

续驶里程大于 180km

图1-19　福田欧辉BJ6123纯电动公交车

8. 中车电动

湖南中车时代电动汽车股份有限公司（以下简称“中车电动”）成立于2007年，由中国中车集团整合国内外优质资源成立的专业从事电动汽车研发与制造的高新技术企业。将世界领先的轨道交通电气传动及控制技术成功应用于新能源汽车领域，并打造了从元器件到驱动电机、电池管理系统等关键零部件以及动力系统平台和整车制造的新能源汽车全产业链平台。目前拥有株洲、宁波、广州、石家庄、无锡、常德、重庆等七大生产基地。

中车电动是承担国家“863”电动汽车项目最多的企业，涉及电机、电控、电源、动力系统集成、电动整车集成、电动整车试验与运营管理等全纵深的技术领域。公司拥有“国家企业技术中心”，各种授权专利911项，其中发明专利445项，海外专利22项。

2019年，中车电动销量逆势上扬，全年销售客车7065辆，在新能源公交客车细分领域位列前茅。其主打产品为C12（图1-20）、C10、C08系列纯电动公交客车。

## 二、主要客车零部件企业

我国客车配套产业链成熟度较高，自主零部件市场占比达到80%以上，在发动机、变速器、车桥、转向系统、制动系统、动力电池、主被动安全防护、内饰阻燃材料等主要零部件领域均有具备核心竞争力的龙头企业。客车零部件重点企业见表 1-11。

长 11980mm，宽 2540mm，高 3200mm、3280mm

电池电量 151kW・h

续航里程（等速法）230km

图1-20　C12纯电动城市公交客车

**客车零部件重点企业**　　**表1-11**

| 零部件产品类别 | | 企业名称 |
|---|---|---|
| 发动机总成 | | 广西玉柴机器股份有限公司 |
| | | 潍柴动力股份有限公司 |
| | | 东风康明斯发动机有限公司 |
| 动力电池及部件 | | 宁德时代新能源科技股份有限公司 |
| | | 比亚迪锂电池有限公司 |
| | | 合肥国轩高科动力能源有限公司 |
| 变速器及部件 | | 艾里逊变速箱公司 |
| | | 德国采埃孚股份公司 |
| | | 綦江齿轮传动有限公司 |
| | | 陕西法士特汽车传动集团公司 |
| 悬架 | | 中国公路车辆机械有限公司 |
| | | 东风德纳车桥有限公司 |
| | | 上海科曼车辆部件系统股份有限公司 |
| 车桥 | | 东风德纳车桥有限公司 |
| | | 方盛车桥（柳州）有限公司 |
| | | 陕西汉德车桥有限公司 |
| 制动系统 | 制动盘 | 武汉元丰汽车零部件有限公司 |
| | | 威伯科汽车控制系统（中国）有限公司 |
| | | 克诺尔制动设备（上海）有限公司 |
| | 制动钳 | 上海隆中国际贸易有限公司（隆中控股集团有限公司） |
| | | 威伯科汽车控制系统（中国）有限公司 |
| | | 克诺尔制动设备（上海）有限公司 |

续上表

| 零部件产品类别 | | 企业名称 |
|---|---|---|
| 制动系统 | 制动鼓 | 东风德纳车桥股份有限公司 |
| | | 杭州东成汽车配件有限公司 |
| | | 重庆望江正源车桥有限公司 |
| | 制动蹄 | 江苏恒力制动器制造有限公司 |
| | | 东风德纳车桥股份有限公司 |
| | | 方盛车桥（柳州）有限公司 |
| | 制动衬片 | 克诺尔制动设备（上海）有限公司 |
| | | 泉州昌隆汽车配件工业有限公司 |
| | | 郑州天慧汽车制动科技有限公司 |
| 空气压缩机 | | 耐力股份有限公司 |
| | | 东莞市康驰实业有限公司 |
| | | 瑞安汽车零部件有限公司 |
| 转向系统 | | 苏州震科汽车部件有限公司 |
| | | 采埃孚传动技术（苏州）有限公司 |
| | | 博世汽车转向系统（济南）有限公司 |
| 仪表 | | 欧科佳（上海）汽车电子设备有限公司 |
| | | 上海本安仪表系统有限公司 |
| | | 宁波市鄞州雪利曼电子仪表有限公司 |
| 空调总成 | | 山东通盛制冷设备有限公司 |
| | | 上海加冷松芝股份汽车空调股份有限公司 |
| | | 深圳创维空调科技有限公司 |
| | | 郑州科林车用空调有限公司 |
| 驱动电机及电控 | | 精进电动科技股份有限公司 |
| | | 中车株洲电机有限公司 |
| | | 宁德时代电机科技有限公司 |
| | | 郑州精益达汽车零部件有限公司 |
| 玻璃 | | 常州长江玻璃有限公司 |
| | | 广州福耀玻璃有限公司 |
| | | 无锡亚光型材集团公司 |
| 座椅 | | 龙海市九龙座椅有限公司 |
| | | 厦门佳松工贸有限公司 |
| | | 厦门金龙汽车座椅有限公司 |
| 车门 | | 南京康尼机电股份有限公司 |
| | | 江苏惠民交通设备有限公司 |
| | | 厦门塞尔福汽车有限公司 |

续上表

| 零部件产品类别 | 企业名称 |
| --- | --- |
| 安全装置 | 中汽客汽车零部件（厦门）有限公司 |
| | 烟台创为新能源科技有限公司 |
| | 河南护航实业股份有限公司 |
| 阻燃内饰 | 安洁利德科技有限公司 |
| | 阿姆斯壮（中国）有限公司 |
| | 江苏昌达环保科技有限公司 |

### 1. 广西玉柴机器股份有限公司

广西玉柴机器股份有限公司（以下简称“广西玉柴”）是我国最大的内燃机制造基地，2019年发动机销量达462960台。

在发动机研究领域，广西玉柴领先同行推出符合污染物排放“国一标准”至“国六标准”的发动机，引领了发动机行业的绿色革命。产品涵盖了4.8~18m的各类客车，主要柴油机产品有玉柴YC4FA（校车动力）、玉柴YC6K系列（适用12m以上公路客车）、玉柴YC6LN-50发动机（适用于10~12m客车、BRT客车）及首台满足“国六标准”的玉柴K08柴油机。2019年，公司获得授权专利超过3600项，6项研发成果荣获国家科学技术奖，并在2019年国家企业技术中心排名中位列全国第五，高居行业首位。

### 2. 宁德时代新能源科技股份有限公司

宁德时代新能源科技股份有限公司是全球领先的锂离子电池研发制造公司，专注于新能源汽车动力电池系统、储能系统的研发、生产和销售。

公司总部位于中国福建省宁德市。截至2019年底公司共有员工26775名。同时在江苏溧阳、青海西宁和四川宜宾拥有电池生产制造基地，并在德国慕尼黑、法国巴黎、日本横滨、美国底特律等地设有子公司。

2019年，公司营业收入457亿元，同比增长54%。动力电池系统实现销量40.2 GWh，同比增长90 %，动力电池使用量连续3年排名全球第一（根据SNE Research统计）。

公司拥有电化学储能技术国家工程研究中心、福建省锂离子电池企业重点实验室、中国合格评定国家认可委员会（CNAS）认证的测试验证中心，设立了“博士后科研工作站”“福建省院士专家工作站”，正在建设致力于新能源前沿技术研发的宁德时代21C创新实验室。

### 3. 欧科佳（上海）汽车电子设备有限公司

欧科佳（上海）汽车电子设备有限公司（以下简称“欧科佳”）是法国ACTIA 集团公司于2003年在中国上海成立的一家独资子公司。公司引进欧洲最新技术将局域网技术最先应用到商用车领域。在商用车CAN总线设备方面有近20年的研发、生产经验，将客户对提高性能和降低成本的要求放在第一位，陆续开发了第一代CAN网络产品ADB（Automotive Data Bus）和第二代CAN网络产品MultiBus系统，并于2003年推出第三代的CAN网络产品——MultiBus Ⅱ，赢得了宇通、金龙、金旅、海格、中通、安凯、上海申沃等众多主流客车企业的高度认可。

欧科佳也是一家高科技创新公司，研发人员数量占公司总人数的47.3%，研发投入占全年销售收入17.4%以上。截至2019年，欧科佳拥有已授权专利38项，正在申请专利5项，另拥有软件著作权7项。

### 4. 中汽客汽车零部件（厦门）有限公司

中汽客汽车零部件（厦门）有限公司是一家集环保消防科技产品、车用消防灭火产品、机车电气控制箱安全保护装置、汽车火灾探测预警系统、动力电池箱火灾防控产品、船舶发动机节能热效管理系统、国家电网变压站、变/配电开关柜、特高压换流变灭火等产品的研发、生产、销售和服务为一体的高新科技型企业。

公司是国家消防标准数据采集定点单位、公安部应用创新计划项目课题工作站、厦门市创新型试点企业、福建省上市企业，长期与应急管理部天津消防研究所、华侨大学、厦门理工学院等科研机构及高校保持着密切的合作关系，承担和参与了多项国家科技研究课题。截至2019年底，公司自主研发产品获得40余项国家发明和实用新型专利。

5.烟台创为新能源科技股份有限公司

烟台创为新能源科技股份有限公司成立于2015年11月，是国内新能源行业安全防护设备的主要供应商之一。公司以新能源安全解决方案为主营业务，专注新能源汽车、动力电池、储能电站安全防控领域的前沿技术研究、提供解决方案与方案实施。

公司是国家高新技术企业、国家科技型中小企业、山东省软件企业、山东省专精特新中小企业公司，已取得与锂离子电池热失控监测预警和防护技术相关的多项专有核心技术，拥有授权发明、实用新型专利及软件著作权30多项，形成了具有自主知识产权的技术体系。

公司自主研发的“锂离子电池热失控模型”及“电池箱火灾防控装置”目前已在国内主流客车生产企业广泛应用。

6.安洁利德科技有限公司

安洁利德科技有限公司是国内首家将国外集阻燃、隔热、降噪功能于一体的新型环保材料引入国内交通运输领域的企业。

2017年，公司成功研发出领先国内外轨道交通及客车行业标准的完全自主品牌产品，并批量投产。2018年，公司成功进军海外市场，产品出口欧洲，切实做到了“引进来、走出去”。2019年，公司通过了德国TUV的IATF 16949质量管理体系认证；同年研发出高品质的碳纤维系列和纳米防火毯系列，可经受高达1350℃的丁烷喷枪长时间灼烧而不传递火焰，并兼具极佳的绝热性能。

# 第二章　客车市场分析

受新能源汽车补贴政策因素和宏观经济环境的影响，2019 年是我国 5m 以上客车销量较大幅度连续下滑的第 3 年。在细分市场中，公路客车销量占比有所增长，公交客车和校车销量占比有所降低，新能源客车销量继续下滑。在客车出口方面，销量和销售收入均有不错的表现，也是客车市场为数不多的亮点。

## 第一节　客车市场整体情况

2019 年，我国 40 家主流客车企业累计销售 5m 以上客车 190862 辆（图 2-1），同比下降 11.08%，连续 3 年大幅下滑。除其他客车，校车销量下降幅度最大，是近 5 年销量最低的一年；公交客车销量下降幅度仅低于校车，但高于客车整体下降幅度，也是近 5 年销量最低的一年；公路客车销量下降幅度最小，公路客车销量占比相比 2018 年有所回升（图 2-2）。

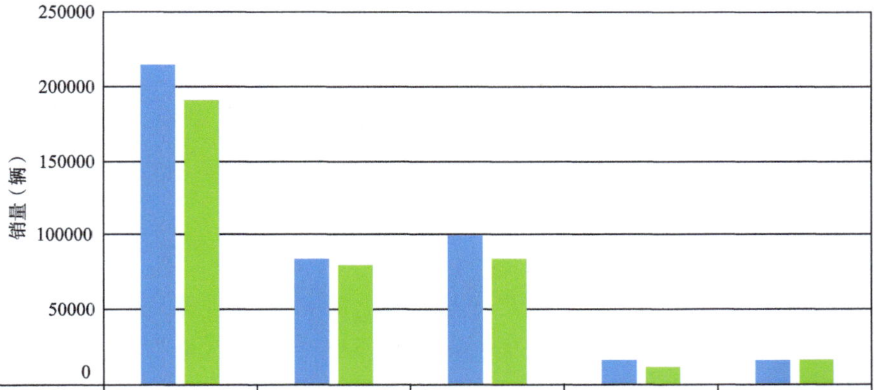


| 项目 | 合计 | 公路客车 | 公交客车 | 校车 | 其他客车 |
|---|---|---|---|---|---|
| 2018年（辆） | 214643 | 83793 | 98967 | 16038 | 15845 |
| 2019年（辆） | 190862 | 79657 | 83704 | 11510 | 15991 |
| 增长率（%） | -11.08 | -4.94 | -15.42 | -28.23 | 0.92 |

图 2-1　2018—2019 年 5m 以上各类客车销量

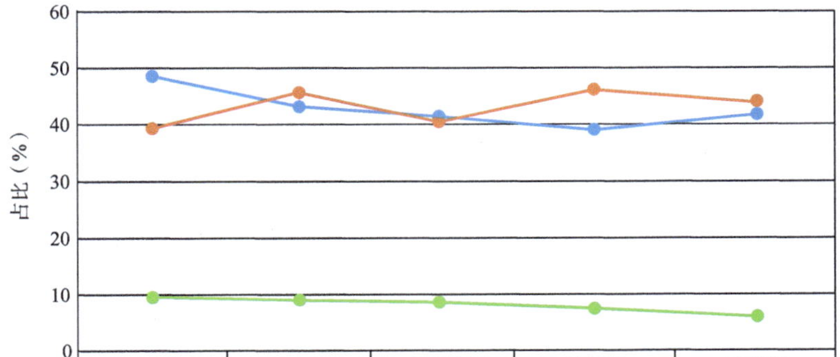


| | 2015年 | 2016年 | 2017年 | 2018年 | 2019年 |
|---|---|---|---|---|---|
| 公路客车（%） | 48.6 | 43.2 | 41.4 | 39 | 41.7 |
| 公交客车（%） | 39.3 | 45.6 | 40.4 | 46.1 | 43.9 |
| 校车（%） | 9.6 | 9 | 8.6 | 7.5 | 6 |

图 2-2　2015—2019 年 5m 以上各类客车占比

近 5 年，我国传统客车销量呈现逐年下降趋势（图 2-3），新能源客车销量在 2015 年激增并于 2016 年达到顶峰后，连续 3 年下降。2019 年，新能源客车销量同比下降 14.3%，传统客车销量同比下降 8.29%，销量下跌幅度进一步加大。

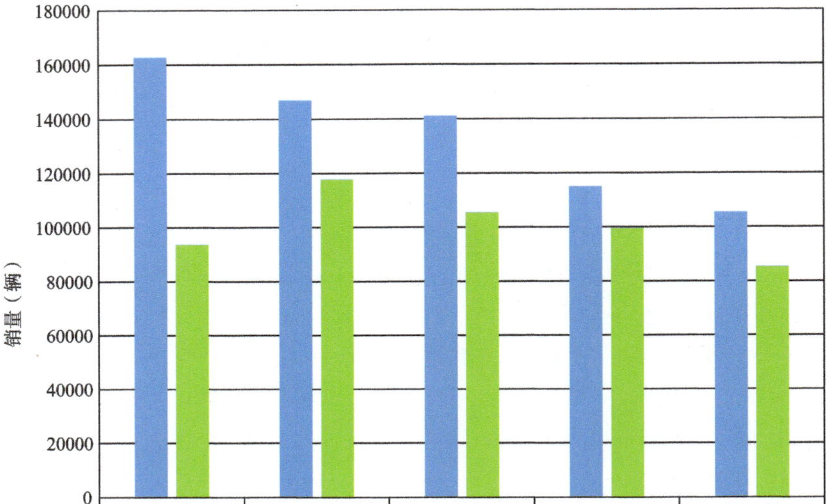


| | 2015年 | 2016年 | 2017年 | 2018年 | 2019年 |
|---|---|---|---|---|---|
| 传统客车（辆） | 162706 | 146768 | 141028 | 114988 | 105449 |
| 新能源客车（辆） | 93796 | 117851 | 105520 | 99655 | 85413 |

图 2-3　2015—2019 年 5m 以上传统和新能源客车销量

从表 2-1 可以看出，销量占行业前 15 位的企业，累计销量 175985 辆，占行业总体销量的 92.21%，比上年同期增长 3.74 个百分点，行业集中度进一步提高。前 15 位企业累计销量降幅为 7.32%，远低于行业整体降幅。行业格局已经发生较大变化，新能源客车将左右行业格局的变化。

**2019年5m以上累计销量前15位的生产企业**　　　　表2-1

| 序号 | 企 业 名 称 | 2019 年销量（辆） | 上年同期销量（辆） | 增量（辆） | 增长率（%） |
|---|---|---|---|---|---|
| 1 | 郑州宇通 | 58633 | 60739 | −2106 | −3.47 |
| 2 | 福田欧辉 | 21773 | 20552 | 1221 | 5.94 |
| 3 | 中通客车 | 15054 | 13484 | 1570 | 11.64 |
| 4 | 苏州金龙 | 11410 | 11697 | −287 | −2.45 |
| 5 | 南京金龙 | 9358 | 6970 | 2388 | 34.26 |
| 6 | 厦门金旅 | 9012 | 10040 | −1028 | −10.24 |
| 7 | 厦门金龙 | 8951 | 10096 | −1145 | −11.34 |
| 8 | 中车电动 | 7065 | 5959 | 1106 | 18.56 |
| 9 | 比亚迪 | 6317 | 12690 | −6373 | −50.22 |
| 10 | 东风襄阳 | 6034 | 6170 | −136 | −2.20 |

续上表

| 序号 | 企业名称 | 2019 年销量（辆） | 上年同期销量（辆） | 增量（辆） | 增长率（%） |
|---|---|---|---|---|---|
| 11 | 安徽安凯 | 5692 | 7337 | −1645 | −22.42 |
| 12 | 扬州亚星 | 5096 | 4748 | 348 | 7.33 |
| 13 | 上海申龙 | 4489 | 6867 | −2378 | −34.63 |
| 14 | 东风超龙 | 4213 | 5198 | −985 | −18.95 |
| 15 | 银隆新能源 | 2888 | 7345 | −4457 | −60.68 |
| 合计 | | 175985 | 189892 | −13907 | −7.32 |

2019 年，大型客车销量 73178 辆，同比下降 13.43%；中型客车销量 61153 辆，同比下降 8.64%；轻型客车（5~6m）销量 56531 辆，同比下降 10.52%。也就是说，2019 年我国各型客车销量均处于下滑状态，大型客车销量跌幅最大。

如图 2-4 所示， 2019 年只有 1 月、6 月和 7 月，5m 以上客车销量高于 2018 年同期，主要是受 2018 年年底订单和新能源车销量激增的影响。这说明我国客车市场受政策因素的影响非常大。

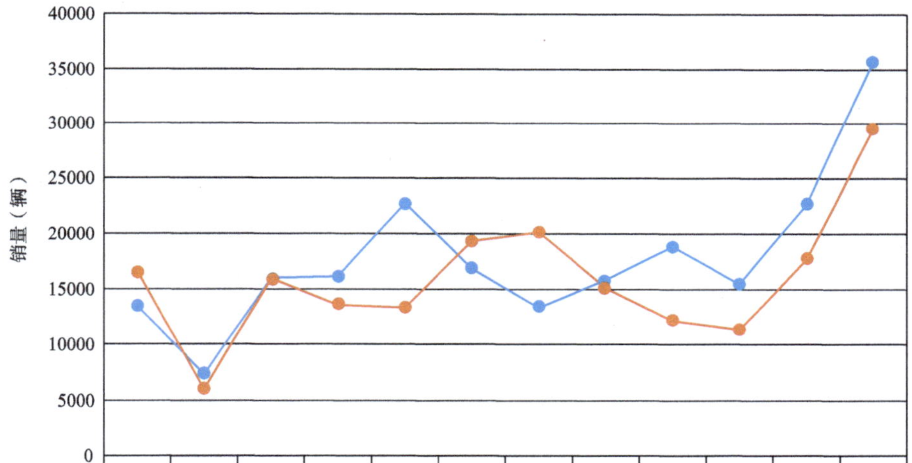


| | 1月 | 2月 | 3月 | 4月 | 5月 | 6月 | 7月 | 8月 | 9月 | 10月 | 11月 | 12月 |
|---|---|---|---|---|---|---|---|---|---|---|---|---|
| 2018年 | 13493 | 7303 | 16038 | 16137 | 22799 | 16867 | 13358 | 15857 | 18828 | 15466 | 22688 | 35809 |
| 2019年 | 16566 | 5989 | 15975 | 13589 | 13377 | 19342 | 20141 | 15120 | 12167 | 11355 | 17692 | 29549 |

图 2-4 2018—2019 年 5m 以上客车月度销量

2019 年，我国客车出口 40973 辆，同比增长 27.13%，继 2018 年连续两年增长。我国客车出口仍以传统客车为主，新能源客车占比较低，但 2016—2019 年新能源客车出口数量成倍增长。

## 第二节 公路客车市场

2019 年，我国 5m 以上公路客车销量继 2016 年连续 3 年负增长后稍微反弹。随着其他出行方式竞争的加剧，一方面公路客车销量下滑趋势仍将继续，另一方面公路客车市场结构也在发生改变，旅游客车占比明显提升、班车客车占比持续萎缩。另外，新能源公路客车销量虽有所下滑，但已经逐渐获得市场的认可。

## 一、公路客车市场总体概况

自 2012 年起，座位客车销量开始下降，保有量从 2012 年的 87 万辆下降到 2018 年的 79.66 万辆，而且有加速下降趋势。8 年来，除了 2015 年有一次反弹外，一直处于下跌状态，客车行业的市场结构已经发生了很大的变化。旅游客车市场已经开始发力，但由于农村客运需求疲软，轻型座位客车大幅下滑，导致座位客车销量延续颓势。

受新能源公交客车销量大幅增长的影响，公路客车销量由 2015 年的 124676 辆连续四年下跌。2019 年，我国 5m 以上公路客车销量在近 5 年以来首次跌破 8 万辆，下降至 79657 辆（图 2-5）。

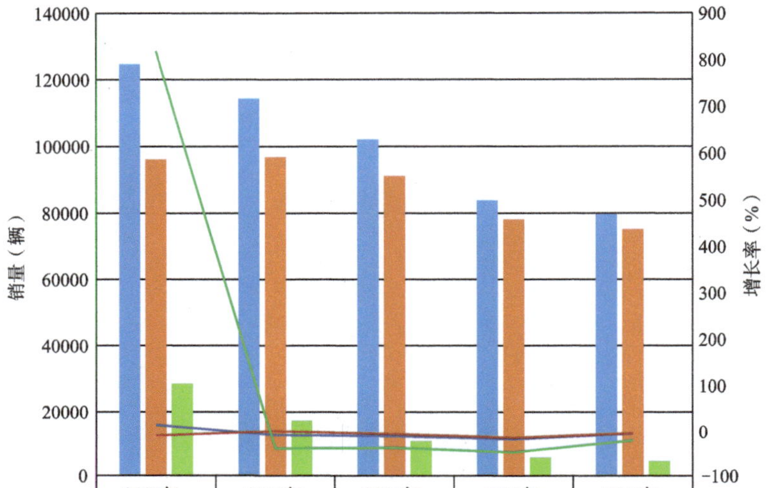


| | 2015年 | 2016年 | 2017年 | 2018年 | 2019年 |
|---|---|---|---|---|---|
| 公路客车（辆） | 124676 | 114221 | 101970 | 83793 | 79657 |
| 传统公路客车（辆） | 96140 | 96818 | 91113 | 78129 | 75148 |
| 新能源公路客车（辆） | 28536 | 17403 | 10857 | 5664 | 4509 |
| 公路客车增长率（%） | 14.3 | -8.39 | -10.73 | -17.83 | -4.94 |
| 传统公路客车增长率（%） | -9.28 | 0.71 | -5.89 | -14.25 | -3.82 |
| 新能源公路客车增长率（%） | 819.03 | -39.01 | -37.61 | -47.83 | -20.39 |

图 2-5 2015—2019 年 5m 以上公路客车销量

自 2014 年开始，新能源公路客车年销量一路飙升，2015 年达到销量 28536 辆，之后 4 年连续下滑。近几年，由于新能源公路客车降低成本、提高效益效果明显，逐步得到用户的认可，再加上各地环保压力及新能源汽车补贴政策变化的影响，预计新能源公路客车销量会略有增长。

公路客车市场容量比较小，在这些生产企业中，2019 年销量前 10 位的生产企业的公路客车销量总计 74728 辆（表 2-2），市场占有率达到 93.8%，主要客车生产企业市场份额集中度进一步提高。多年来，郑州宇通一直位居首位，并且公路客车市场占比仍呈现上升态势，由 2018 年的 29.7% 上升至 2019 年的 32.35%；福田欧辉排名第二，成为公路客车市场的后起之秀。

**2019年5m以上公路客车销量前10位的生产企业　　表2-2**

| 序号 | 企业名称 | 2019年销量（辆） | 上年同期销量（辆） | 增量（辆） | 增长率（%） |
|---|---|---|---|---|---|
| 1 | 郑州宇通 | 25771 | 24878 | 893 | 3.59 |
| 2 | 福田欧辉 | 17291 | 17985 | –694 | –3.86 |
| 3 | 苏州金龙 | 6808 | 6965 | –157 | –2.25 |
| 4 | 厦门金龙 | 5444 | 4598 | 846 | 18.40 |
| 5 | 厦门金旅 | 4972 | 5851 | –879 | –15.02 |
| 6 | 中通客车 | 4623 | 4202 | 421 | 10.02 |
| 7 | 东风超龙 | 3096 | 3549 | –453 | –12.76 |
| 8 | 东风襄阳 | 3044 | 2522 | 522 | 20.70 |
| 9 | 江铃晶马 | 2171 | 2924 | –753 | –25.75 |
| 10 | 安徽安凯 | 1508 | 3075 | –1567 | –50.96 |
| 总计 | | 74728 | 76549 | –1821 | –2.38 |

2019 年 5m 以上轻型座位客车（农村客运适应车型，以下简称“轻客”）销量为 30785 辆，占座位客车总销量的 38.65%，同比下降 8.38%。由于权重大、下降幅度大，轻客是导致座位客车销量整体下滑的主要力量。导致轻客持续下降的主要因素有三个：一是需求不足，二是新能源运营补贴并未完全覆盖农村客运行业，三是受微型客车（以下简称“微客”）即将允许进入客运市场的冲击。因此，2020 年座位客车销量仍然有下降空间。

## 二、公路客车市场主要影响因素

受经济发展和出行方式的影响，我国公路客车市场结构也在发生变化。尽管旅游客车市场已经开始发力，但由于农村客运需求疲软，轻型座位客车大幅下滑，将导致公路客车销量延续颓势。公路客车正处于内外夹击之中：一方面，法规越来越严，成本越来越高，高附加值的车型越来越少（卧铺、“一层半”）；另一方面，受高速铁路、私家车和公交线路延伸的影响，市场空间越来越小。

### 1. 出行方式多元化

自 2015 年开始，全国公路客运量及旅客周转量均呈现连续下滑的趋势。出行方式多元化是影响公路客车市场的主要因素，民航、高速铁路、私家车、网约车、共享单车、地铁等形成网络化交通出行方式，人们工作生活习惯的改变导致选择公路客运出行的旅客逐年下降。

### 2. 旅游市场快速发展

随着我国人民水平不断地提高，政策密集出台，旅游产业处于高速发展时期，将促进旅游客车需求增长。最近 10 年，国家每年都出台关于发展旅游的政策。特别是 2016 年，国务院出台了《“十三五”旅游业发展规划》，设定主要目标值：城乡居民出游人数年均增长 10% 左右，旅游总收入年均增长 11% 以上，旅游直接投资年均增长 14% 以上。到 2020 年，旅游市场总规模达到 67 亿人次，旅游投资总额 2 万亿元，旅游业总收入达到 7 万亿元。2016—2019 年，国内旅游人数分别为 44.4 亿人次、50.0 亿人次、55.4 亿人次、60.06 亿人次，旅游收入分别为 3.9 万亿元、5.4 万亿元、5.9 万亿元，6.63 万亿元，两项数据均呈现两位数的增幅。2018 年 3 月，国务院办公厅出台《关于促进全域旅游发展的指导意见》，与客车行业有关的描述也十分明确：“改善公路通达条件，提高旅游景区可进入性，推进干线公路与重要景区连接，强化旅游客运、城市公交对旅游景区、景点的服务保障。”旅游客运公交化在全域旅游中将会得到真正的落实和发展。全新的旅游客运模式对旅游客车产品也必然会有新的要求，新能源旅游客车的应用将会成为热点，成为支撑客车行业持续发展的一个支点。

### 3. 城镇化率持续提高

根据中共中央、国务院发布的《国家新型城镇化规划（2014—2020 年）》，我国非农产业正在向城镇集聚、农村人口逐渐向城镇集中，发展目标是到 2020 年城镇化率达到 60%。但是，2019 年我国城镇常住人口 84843 万人，比上年末增加 1706 万人，城镇化率已达 60.6%。未来几年中国城镇化率将持续增长，城镇化的速度将继续平稳下降，城镇化的发展趋势使对长途公路客运需求减少，但城郊公路客运需求增加，同时通勤出行需求也会有所增长。

## 三、公路客车市场发展趋势

根据《交通运输行业发展统计公报》的数据，2016 年至 2019 年我国铁路营业里程分别增长 0.3 万 km、0.3 万 km、0.4 万 km、0.8 万 km，2019 年末全国铁路营业里程 13.9 万 km，比上年增长 6.1%，其中高速铁路营业里程达到 3.5 万 km；定期航班通航城市分别增加 10 个、10 个、6 个、3 个。2019 年末全国拥有载客汽车 77.67 万辆，比上年下降 2.5%。近几年对公路客运冲击较大的民航和高速铁路建设增长比较平缓。2019 年乘用车市场开始下滑，旅游客车、团体客车市场逐步增长。综合以上因素，预计未来几年公路客车销量每年将维持在 7 万 ~8 万辆。

近 3 年公路客车长度段销量如图 2-6 所示，10~11m 段销量大幅度下降。2019 年 10~11m 段销量占比下滑比较突出，9~10m 段销量占比相对平稳，11~12m 段和 8~9m 段销量占比有所反弹，7~8m 段和 6~7m 段销量及占比均呈现下滑趋势，6~7m 段销量占比小幅下滑。 在公路客车整体销量下降的情况下，5~6m 段销量不仅保持平稳，而且销量占比大幅度增长。预计未来几年公路客车市场，5~6m 段销量及占比进一步增长，11~12m 段和 8~9m 段销量占比保持相对稳定。

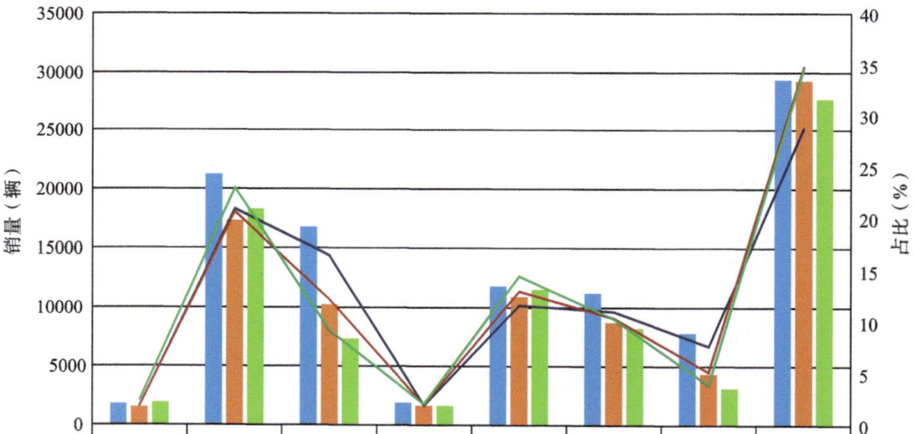


| | 12<L | 11<L≤12 | 10<L≤11 | 9<L≤10 | 8<L≤9 | 7<L≤8 | 6<L≤7 | 5<L≤6 |
|---|---|---|---|---|---|---|---|---|
| 2017年销量（辆） | 1794 | 21259 | 16724 | 1906 | 11847 | 11237 | 7832 | 29371 |
| 2018年销量（辆） | 1482 | 17263 | 10209 | 1621 | 10908 | 8710 | 4331 | 29269 |
| 2019年销量（辆） | 1902 | 18268 | 7328 | 1612 | 11538 | 8224 | 3129 | 27656 |
| 2017年占比（%） | 1.76 | 20.85 | 16.40 | 1.87 | 11.62 | 11.02 | 7.68 | 28.80 |
| 2018年占比（%） | 1.77 | 20.60 | 12.18 | 1.93 | 13.02 | 10.39 | 5.17 | 34.93 |
| 2019年占比（%） | 2.39 | 22.93 | 9.20 | 2.02 | 14.48 | 10.32 | 3.93 | 34.72 |

图 2-6　2017—2019 年公路客车各长度段销量占比

近3年公路客车在各省（自治区、直辖市）的销量占比如图2-7所示，销量前10名的省份销量占比分别为45.1%、43.7%、41.3%，区域需求集中度逐年提升。销量排名靠前的省份是福建、江苏、河南、北京、山东、上海、广东等地。预计未来几年，公路客车销售的主要区域仍然是经济发达、人口密度较高及旅游业比较发达的省份。

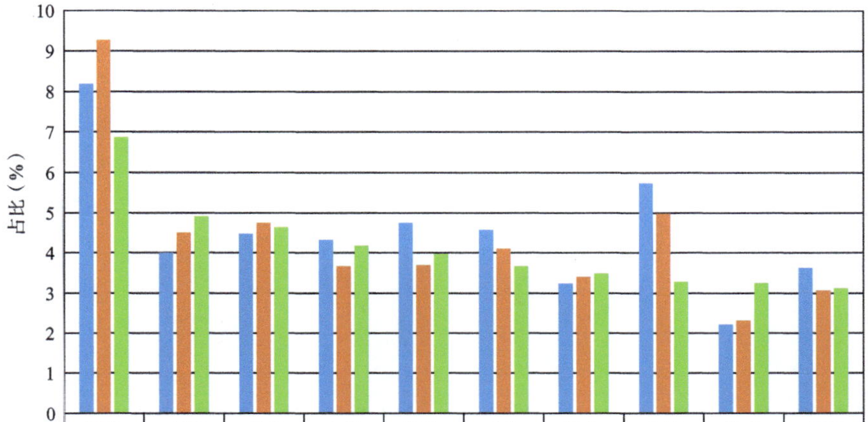


| | 福建 | 江苏 | 河南 | 山东 | 广东 | 北京 | 湖北 | 上海 | 云南 | 浙江 |
|---|---|---|---|---|---|---|---|---|---|---|
| 2017年占比（%） | 8.19 | 4.00 | 4.48 | 4.32 | 4.74 | 4.57 | 3.24 | 5.73 | 2.22 | 3.62 |
| 2018年占比（%） | 9.26 | 4.49 | 4.74 | 3.66 | 3.68 | 4.10 | 3.40 | 4.99 | 2.31 | 3.07 |
| 2019年占比（%） | 6.86 | 4.90 | 4.63 | 4.17 | 3.96 | 3.66 | 3.49 | 3.28 | 3.25 | 3.12 |

图2-7 2017—2019年公路客车销量前10名省份销量占比

## 第三节 公交客车市场

2016—2019年，我国5m以上公交客车销量连续4年负增长，但在客车市场的占比却有增长的趋势。2019年公交客车销量占比为43.9%（图2-2），超过公路客车销量占比，客车市场已由公路客车占据绝对主力逐渐转变为公交客车成为主角。由于外来竞争对公路客运冲击的加剧，以及我国对公共交通重视程度的提升，公交客车在客车市场销量占比的增长趋势仍将继续。

### 一、公交客车市场总体概况

受新能源汽车财政补贴和免征车辆购置税的政策的影响，2016年我国5m以上公交客车销量超过了12万辆。随后，经过2017年大幅度下滑后，2019年继续回落到83704辆，如图2-8所示。以新能源车型为主的公交客车，受到新能源补贴退坡影响较大，加上此前市场严重透支的因素，这一结果并不令人意外。

在新能源汽车补贴政策、生态环境保护政策的引导下，我国公交客车新能源化已成为不可逆转的趋势。自2015年开始，新能源公交客车销量占比超越传统公交车占比，2019年新能源公交客车销量占比达到公交客车的85.82%（图2-9）。

销量前10位的企业的市场表现好于行业整体，10家企业累计销量68127辆（表2-3），占行业公交客车整体销量的81.39%，主要客车生产企业市场份额集中度进一步提高。可见，行业主流企业的市场表现还是相当不错的。这一场以新能源为主要推动力量的公交盛宴，成就了一批客车企业，其中这 10 家是傲立潮头的佼佼者。多年来，郑州宇通一直位居首位，并且公交客车市场占比仍呈现上升态势，由 2018 年的 25.73.% 上升至 2019 年的 32.72%。第 2 名以后的企业则发生了较大变化。坚持在新能源客车领域研发与投入的中通客车，凭借公交细分领域的发力，实现了逆势增长。专注于新能源车型的比亚迪，抓住新能源汽车发展的契机，成为公交客车市场的一匹黑马。中车电动公交客车销量也是连年攀升，在前 5 名中站稳了脚跟。行业前 10 名中，福田欧辉实现了大幅度的增长。

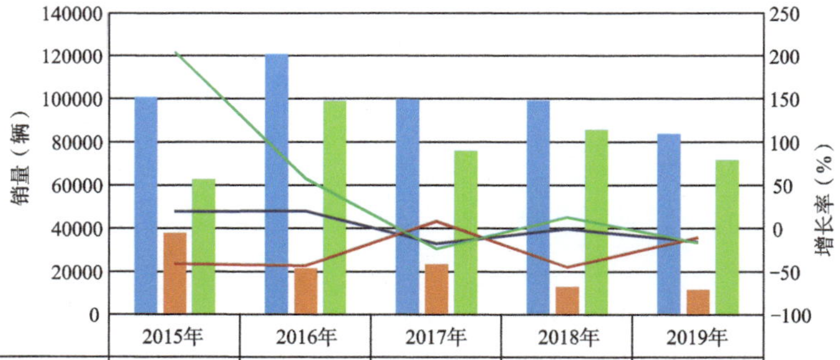


| | 2015年 | 2016年 | 2017年 | 2018年 | 2019年 |
|---|---|---|---|---|---|
| 公交客车（辆） | 100688 | 120772 | 99640 | 98967 | 83704 |
| 传统公交客车（辆） | 37891 | 21761 | 23649 | 13211 | 11872 |
| 新能源公交客车（辆） | 62797 | 99011 | 75991 | 85756 | 71832 |
| 公交客车增长率（%） | 19.45 | 19.95 | -17.5 | -0.68 | -15.42 |
| 传统公交客车增长率（%） | -40.49 | -42.57 | 8.68 | -44.14 | -10.14 |
| 新能源公交客车增长率（%） | 204.63 | 57.69 | -23.25 | 12.85 | -16.24 |

图 2-8　2015—2019 年 5m 以上公交客车销量

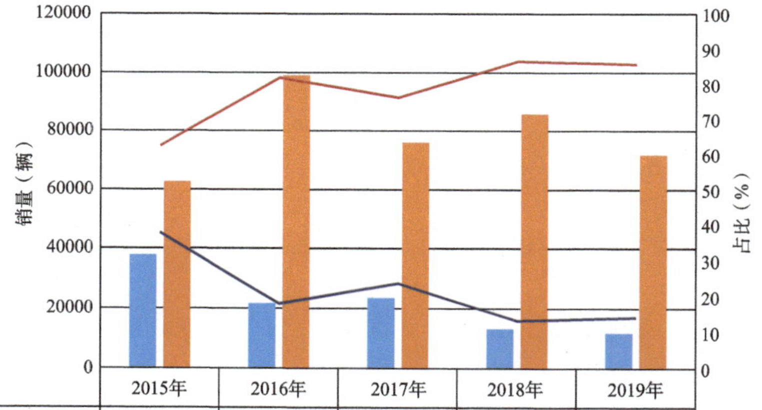


| | 2015年 | 2016年 | 2017年 | 2018年 | 2019年 |
|---|---|---|---|---|---|
| 传统公交客车（辆） | 37891 | 21761 | 23649 | 13211 | 11872 |
| 新能源公交客车（辆） | 62797 | 99011 | 75991 | 85756 | 71832 |
| 传统公交客车占比（%） | 37.63 | 18.02 | 23.73 | 13.35 | 14.18 |
| 新能源公交客车占比（%） | 62.37 | 81.98 | 76.27 | 86.65 | 85.82 |

图 2-9　2015—2019 年 5m 以上传统公交与新能源公交占比

公交客车销量的下降，是一个逐步回归理性的过程。在国家政策的强力推动之下，中国的公交客车产品完成了从“实验室产品”到“市场化产品”的成功蜕变，市场也得到了充分释放，整个客车行业从中受益颇丰。

公交客车销量前10名的生产企业　　表2-3

| 序号 | 企 业 名 称 | 2019 年销量（辆） | 上年同期销量（辆） | 增量（辆） | 增长率（%） |
|---|---|---|---|---|---|
| 1 | 郑州宇通 | 22292 | 25465 | −3173 | −12.46 |
| 2 | 中通客车 | 9077 | 7402 | 1675 | 22.63 |
| 3 | 中车电动 | 6857 | 5959 | 898 | 15.07 |
| 4 | 比亚迪 | 6317 | 12690 | −6373 | −50.22 |
| 5 | 苏州金龙 | 4532 | 4210 | 322 | 7.65 |
| 6 | 福田欧辉 | 4152 | 2085 | 2067 | 99.14 |
| 7 | 厦门金旅 | 3861 | 4131 | −270 | −6.54 |
| 8 | 安徽安凯 | 3805 | 3559 | 246 | 6.91 |
| 9 | 扬州亚星 | 3799 | 3915 | −116 | −2.96 |
| 10 | 厦门金龙 | 3435 | 5346 | −1911 | −35.75 |
| 合计 | | 68127 | 74762 | −6635 | −8.87 |

## 二、公交客车市场主要影响因素

我国公交客车具有较强的公益性质，其产品的升级换代、采购能力及需求总量受国家、部委及地方的政策影响很大。

### 1.国家的相关政策

2019 年 5 月，交通运输部、中央宣传部等部门联合印发的《绿色出行行动计划（2019—2022 年）》，进一步推进绿色车辆规模化应用。2019 年新能源公交客车销量在公交客车市场占比已经达到 85.82%（图 2-10），传统公交客车销量占比下降至 14.18%。由于新能源客车补贴标准对纯电动客车和燃料电池客车的倾斜程度较大，使混合动力公交客车销量在公交客车市场占比也在逐年下降。氢燃料电池客车已经呈现萌芽状态，中国汽车工业协会（简称“中汽协”）的数据显示，2019 年我国氢燃料电池汽车销售 2737 辆。

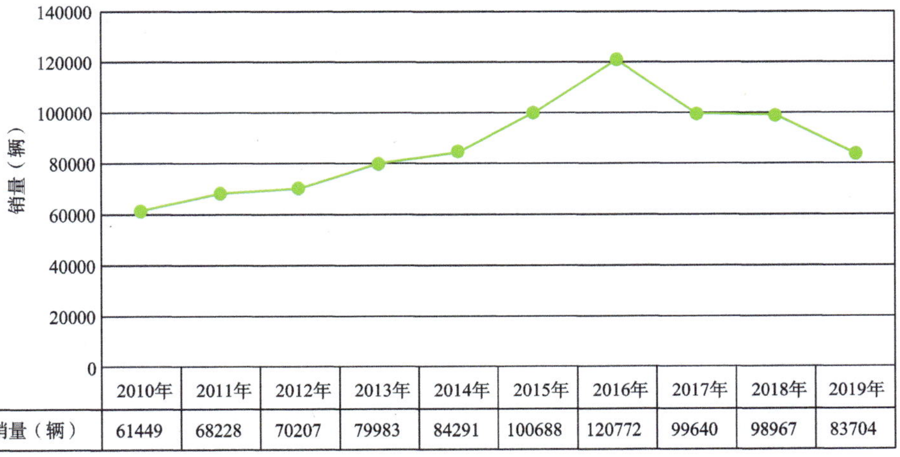


图 2-10　2010—2019 年 5m 以上公交客车销量

2. 补贴政策的出台时间

由于新能源客车对国家财政补贴政策依赖度较大，政策出台时间、实施时间和补贴标准对公交客车市场产生非常大的影响。近几年，由于公交客车销量占比已经接近客车市场的一半，公交客车市场的波动必将引起整个客车市场的变化。2019 年 3 月 26 日，财政部、工业和信息化部、科技部、国家发展改革委联合发布《关于进一步完善新能源汽车推广应用财政补贴政策的通知》(财建〔2019〕138 号)，2019 年 3 月 26 日—2019 年 6 月 25 日为过渡期，导致客车市场全年呈现前高、中低、后高的局面。

3. 城镇化水平的提高

2019 年我国城镇化率突破 60%，对长途公路客运需求减少的同时，城市公共交通出行需求会有所增加，这也成为公交客车市场新的增长点。城乡公交一体化村村通也扩大了公交车市场。2016 年交通运输部等 11 个部门联合发布的《关于稳步推进城乡交通运输一体化提升公共服务水平的指导意见》，要求加快推进城乡交通基础设施的衔接和城乡交通运输服务的一体化建设，发展目标是到 2020 年城乡交通运输一体化格局基本形成。

4. “公交都市”的创建

交通运输部数据显示，2019 年全国拥有城市公共汽电车运营车辆 69.33 万辆，新能源公交车辆（包括纯电动、混合动力车）40.39 万辆，占比达 58%，城市公共交通年客运量 691.76 亿人次，位居全球第一。2011 年、2013 年、2016 年，交通运输部陆续启动三批“公交都市”创建工作，共 87 个城市加入创建行列，形成了一批可复制、可推广的典型案例。

## 三、公交客车市场发展趋势

自 2017 年开始，国家新能源汽车财政补贴快速退坡，免征车辆购置税对新能源客车市场影响力有限，新能源客车市场已经步入后补贴时代。根据《交通运输行业发展统计公报》的数据，2019 年末，全国有公共汽电车 69.33 万辆，比上年增长 2.9%，其中快速公交系统（BRT）车辆 9502 辆，增长 4.3%。按车辆燃料类型分，柴油车占 17.4%，天然气车占 21.5%，纯电动车占 46.8%，混合动力车占 12.3%。公交客车市场严重透支，沉淀在终端市场大量的二手公交客车亟待消化。

在新能源客车市场启动之前，公交客车的年需求量一直徘徊在 5 万 ~7 万辆之间（图 2-10）。2013—2016 年，公交客车销量进入井喷时代，虽然 2017 年、2018 年有所下降，但仍接近 10 万辆。这主要归功于国家城市公共交通优先发展战略和改善环境空气质量以及新能源补贴等政策。但是，有三个方面需要重点研究：一是公交客车销量已经经过了长达十几年的增长周期，不可能无限增长下去（公交优先始于 2004 年，建设部发布的《关于优先发展城市公共交通的意见》（建城〔2004〕38 号）；二是 2013 年以来，公交客车销量的超常规增长，使市场严重透支；三是新能源公交客车替换下来的二手公交客车（总量超过 20 万辆）需要市场来消化，预计到 2023 年才会见分晓。不过，国家正在推动的二手车出口政策，可能是一个重大利好。预计 2020 年之后，公交客车年度销量将回归到 6 万辆左右。

2017—2019 年，国家新能源客车财政补贴标准是按 3 个长度段来划分的（$6m < L \leqslant 8m$、$8m < L \leqslant 10m$、$10m < L$），因此新能源公交客车长度主要集中在 8~9m 和 10~11m 段上，各长度段的销量结构呈现“M”形（图 2-11）。在市场导入期，新能源公交客车市场主要依赖于政策指引，但进入后补贴时代后，市场力量逐渐增强。预计未来几年，公交客车市场中 8~9m 段和 10~11m 段公交客车的销量占比将保持相对稳定，6~7m 段销量占比会有所增长。

前几年，在国家政策的推动下，各级政府对新能源公交客车的推广和应用均持积极态度。一、二线城市普遍加大了新能源公交客车购置和传统公交客车更新置换的力度，但三、四线城市力度相对较弱。预计未来几年，新能源公交客车的需求总量依然可观，将向中小城市延伸。

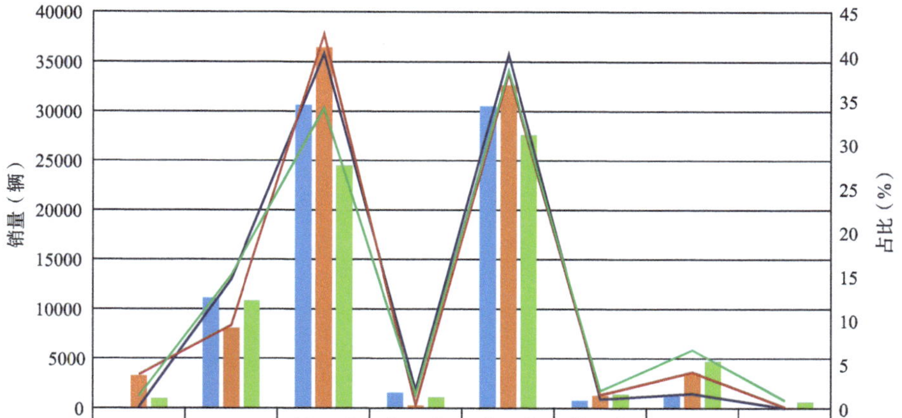


| | 12m<L | 11m<L≤12m | 10m<L≤11m | 9m<L≤10m | 8m<L≤9m | 7m<L≤8m | 6m<L≤6m | 5m<L≤6m |
|---|---|---|---|---|---|---|---|---|
| 2017年销量（辆） | 91 | 11129 | 30615 | 1565 | 30557 | 780 | 1253 | 1 |
| 2018年销量（辆） | 3270 | 8072 | 36441 | 320 | 32677 | 1311 | 3526 | 139 |
| 2019年销量（辆） | 986 | 10849 | 24493 | 1117 | 27600 | 1423 | 4730 | 634 |
| 2017年占比（%） | 0.12 | 14.65 | 40.29 | 2.06 | 40.21 | 1.03 | 1.65 | 0.00 |
| 2018年占比（%） | 3.81 | 9.41 | 42.49 | 0.37 | 38.10 | 1.53 | 4.11 | 0.16 |
| 2019年占比（%） | 1.37 | 15.10 | 34.10 | 1.56 | 38.42 | 1.98 | 6.58 | 0.88 |

图 2-11　2017—2019 年新能源公交客车各长度段销量

2019 年，我国将实施加快推广氢燃料电池汽车的计划，中国新能源汽车的发展已经进入另一个发展阶段。产业化的重点是要进一步向氢燃料电池汽车方向拓展。《中国燃料电池汽车技术路线图》中也提出了“2020 年达 1 万辆、2025 年 10 万辆、2030 年 100 万辆”的氢燃料电池汽车发展规划。2019 年 12 月，工信部发布的《新能源汽车产业发展规划（2021—2035 年）》（征求意见稿）提出，将有序推进氢燃料供给体系建设，包括因地制宜开展工业副产氢及可再生能源制氢技术应用，加快推进先进适用储氢材料产业化，并推进加氢基础设施建设，完善加氢基础设施立项、审批、建设、验收等环节的管理规范。预计 6~10 年后，氢燃料电池公交客车也会爆发式增长。

## 第四节　校车市场

2015—2019 年，我国 5m 以上校车销量连续四年负增长（图 2-12），而且同比跌幅逐年加大，在整个客车市场的占比也逐年下降。校车市场的萎缩状态，并不是真实需求在减少，而是因为缺少财政补贴政策的支持，影响了校车市场的发展。

### 一、校车市场总体概况

2007 年 8 月 23 日，公安部发布《关于报批国家标准〈机动车运行安全技术条件〉(GB 7258—2004) 第 2 号修改单的函》（公科质〔2007〕28 号），对校车做出了统一的规范要求。2008 年初，丹东黄海率先获得了工信部小学生校车的批量生产权，其他企业也陆续跟进，开始改变这一局面。2011 年 11 月甘肃正宁校车事故后，国家加速了关于校车的各项法律法规和标准的制定工作，校车产业开始提速。2012 年 4 月 5 日，国务院发布第 617 号令《校车安全管理条例》；4 月 10 日，强制性国家标准《专用校车安全技术条件》(GB 24407—2012) 发布；6 月 25 日，工信部颁布《专用校车生产企业及产品准入管理规则》等，至此专用校车行业逐渐成形，因此 2012 年也被认为是专用校车元年。2013 年 6 月工信部发布第 249 批《车辆生产企业及产品》公告，13 个月的过渡期截止，客车行业所有的平头校车公告被暂停，至此长头结构的专用校车成为市场的唯一选择，也就是今天我们看到的各种“大鼻子”校车。

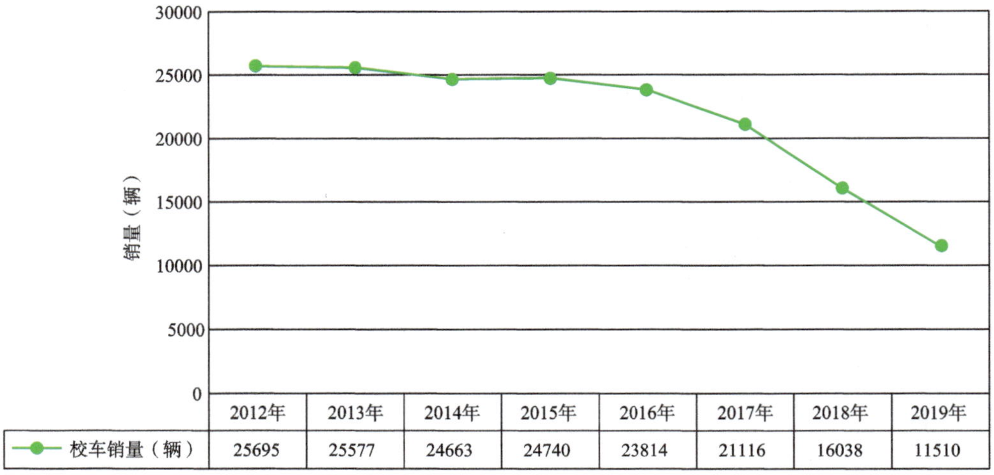


图 2-12　2012—2019 年 5m 以上校车年销量

2012 年国内专用校车开始起步，当年销量达到 2.5 万辆。2013 年全面换代长头校车，5m 以上校车销量达到顶峰的 25577 辆。此后陆续波动下行。2018 年跌破 2 万辆。2019 年共销售 11510 辆，同比下降 28.23%，校车销量仅占客车总销量的 6.03%（2012 年最高时为 11.69%），市场进一步走低。累积下来，这些年的专业校车仅仅生产了 17 万辆。不仅与当年某些人预测的“10 年 40 万辆”有较大差距，更使得那些鼓吹“百万辆校车进校园”的言论成为泡影。其实从国务院 2012 年发布的《校车安全管理条例》来看，国家已经提出了“保障就近入学、发展城乡公交和发展校车服务”的三级模式。也就是在国家落实学区制或寄宿制的背景下，公共交通或农村客运班线之外才是专用校车的发展领域。而这也为校车市场不可能“无限制扩张”埋下了伏笔。

校车市场虽然容量较小，2019 年 1.1 万多辆的销量却广泛分布在 35 家以上客车生产企业。在这些企业中，销量前 10 名生产企业的校车市场占有率达到 97.65%（表 2-4），市场份额集中度进一步提高，形成了强者恒强的局面。校车的市场格局很清晰，郑州宇通超过一半，其他企业不足一半。校车销量前 10 位的企业见表 2-4。10 家企业有 8 家下跌，而且有 5 家的跌幅超过 30%。这是校车板块不景气的一个缩影。

**校车销量前10名的生产企业**　　**表2-4**

| 序号 | 企 业 名 称 | 2019 年销量（辆） | 上年同期销量（辆） | 增量（辆） | 增长率（%） |
|---|---|---|---|---|---|
| 1 | 郑州宇通 | 6076 | 7282 | −1206 | −16.56 |
| 2 | 中通客车 | 1216 | 1401 | −185 | −13.20 |
| 3 | 桂林客车 | 974 | 1466 | −492 | −33.96 |
| 4 | 江西博能 | 928 | 1114 | −186 | −16.70 |
| 5 | 保定长安 | 486 | 1374 | −888 | −64.63 |

续上表

| 序号 | 企业名称 | 2019年销量（辆） | 上年同期销量（辆） | 增量（辆） | 增长率（%） |
|---|---|---|---|---|---|
| 6 | 安徽安凯 | 377 | 663 | −286 | −43.14 |
| 7 | 东风超龙 | 345 | 577 | −232 | −40.21 |
| 8 | 福田欧辉 | 330 | 482 | −152 | −31.54 |
| 9 | 东风襄阳 | 328 | 267 | 61 | 22.85 |
| 10 | 厦门金旅 | 179 | 58 | 121 | 208.62 |
| 总计 | | 11239 | 14684 | −3445 | −12.46 |

校车的刚性需求主要来自学校和校车运营企业。学校自营校车作为提高学校竞争力和服务保障能力的有效手段，最受民营小学和民营幼儿园的青睐。根据教育部发布的数据，截至2018年底，全国共有各级各类民办学校18.35万所，比上年增加5815所，占全国比重35.36%。其中民营幼儿园16.58万所，民营小学6179所，这些是校车刚性需求的主要资源。据报道，目前全国共有5000余家运营服务企业，校车保有量达到14万辆。

目前，全国校车运营做得最好的城市是青岛。青岛温馨校车公司作为青岛交运集团的全资子公司，是全国首家实施专业化、标准化、规模化、产业化运营的校车运营企业。目前，青岛温馨校车公司在青岛市七区三市设立了12个分公司，拥有员工4800余人，共有专业校车2100辆，在450多所学校了开通4500余条校车线路，每天运送15万余名学生安全上下学，成为全国校车营运的标杆性企业。最近几年，由客运公司、公交公司全面接管校车运营的模式越来越成熟，公交公司开通校车专线的城市越来越多。这种模式至少有三大优势：营运管理更专业、驾驶员资源可共享、更能体现校车的公益性特征。特别是数字化管理平台的应用，将使校车运营的安全性、规范性和成本控制有本质的提高。

尽管校车销量在连年下降，但年均市场规模仍然在1万辆以上，而且是传统能源客车的唯一自留地。客车企业重视校车发展的基础尚存，校车仍然是客车市场的重要组成部分。

## 二、校车市场主要影响因素

校车用途单一、年运营里程少、运营收入有限、投资回报周期长，同时社会关注度高，社会资本参与运营的积极性不高，影响校车市场的主要因素是各级政府的支持政策。

### 1. 政府的相关政策

相对于新能源汽车的各种补贴政策，目前国家没有针对校车购置、运营补贴的政策。校车运营基本上无利可图，并且还要承担运营安全责任和风险。另外，各级地方政府对手续办理、税费减免等方面的支持力度相差较大，再加上各区域发展不平衡，严重制约了当前校车市场的发展。目前，校车销量排名前10名的省份占整个校车市场的80%左右，如图2-13所示。一方面这些地方政府有适当的鼓励政策，另一方面这些省份人口密度较高。

### 2. 人口出生率

我国已成为一个低出生率的国家。2015年人口出生率不到12.1‰。尽管国家放开了二胎政策，2016年人口出生率冲高到接近13.0‰，但随后又连续下跌。自2018年创出历史新低之后，2019年再度“触底”，出生率为10.48‰。新增人口数量的持续走低，必然要导致校车刚性需求量减少。

### 3. 城镇化水平提高

随着我国城镇化水平的不断提升，人口集中度加大，幼儿园建设也更加密集，适龄学童有了就近入学的条件，对轻型校车的需求会出现下降的趋势。

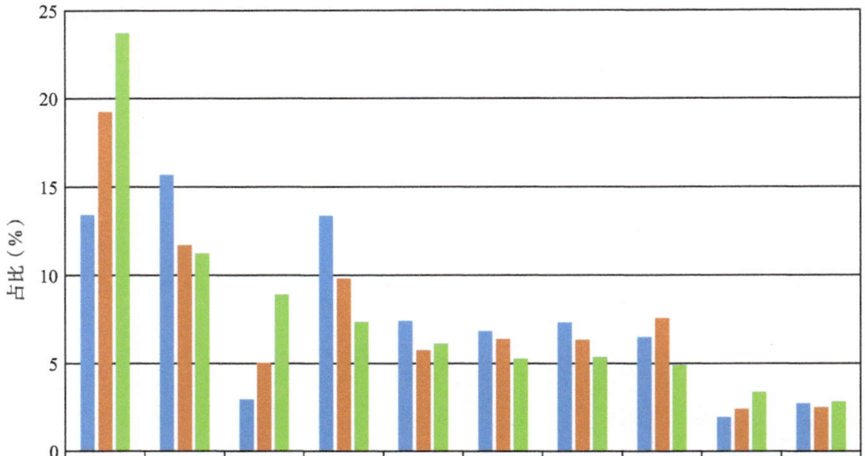


| | 广东 | 广西 | 河北 | 河南 | 湖北 | 安徽 | 山东 | 湖南 | 陕西 | 辽宁 |
|---|---|---|---|---|---|---|---|---|---|---|
| 2017年占比（%） | 13.42 | 15.67 | 2.98 | 13.36 | 7.41 | 6.83 | 7.33 | 6.49 | 1.95 | 2.74 |
| 2018年占比（%） | 19.22 | 11.71 | 5.03 | 9.83 | 5.76 | 6.40 | 6.33 | 7.58 | 2.41 | 2.51 |
| 2019年占比（%） | 23.72 | 11.24 | 8.92 | 7.36 | 6.12 | 5.27 | 5.36 | 4.91 | 3.39 | 2.85 |

图 2-13　校车销量前 10 名省份的销量占比

### 4. 寒暑假期

校车作为一种时令性较强的产品，市场往往随寒暑假同步发展，尤其以每学年的秋季学期为甚。校车市场有明显的淡旺季，每年 3 月份和 9 月份是分别是幼儿园、中小学寒暑假的开学季，所以当月和此前 1~2 个月是校车销售的高峰期，如图 2-14 所示。

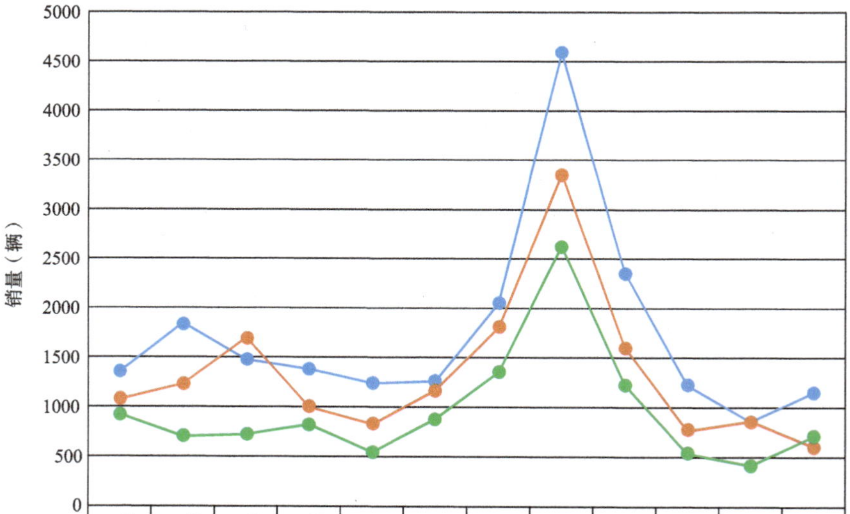


| | 1月 | 2月 | 3月 | 4月 | 5月 | 6月 | 7月 | 8月 | 9月 | 10 月 | 11月 | 12月 |
|---|---|---|---|---|---|---|---|---|---|---|---|---|
| 2017年销量（辆） | 1352 | 1849 | 1478 | 1384 | 1241 | 1262 | 2052 | 4586 | 2366 | 1227 | 862 | 1156 |
| 2018年销量（辆） | 1078 | 1234 | 1703 | 1003 | 829 | 1170 | 1810 | 3357 | 1611 | 770 | 866 | 607 |
| 2019年销量（辆） | 928 | 703 | 725 | 828 | 549 | 884 | 1355 | 2630 | 1232 | 538 | 421 | 717 |

图 2-14　2017—2019 年校车月度销量

分月度来看，2019 年的全年高点出现在秋季学期开学前的 8 月份，单月销量高达 2630 辆，约占销量的 1/4。紧邻的 7 月份也以 1355 辆排在全年第 2 位，单月销量超过全年销量的 10%。这连续两个月便能贡献全年 1/3 的销量，因此是校车市场不容错过的绝佳时期。全年校车市场月均销量为 960 辆，除了 7—9 月远超平均销量外，其他月份都低于这一水平。较为接近的是第一季度的 1—3 月，也就是寒假和春季学期。至于 4—6 月和 10—12 月的相对低谷期也印证了此前的“平峰期”说法。校车这种看似市场不均衡的产品，对于车企平时的生产组织提供了另一种思路，也就是在每年中期时段、其他客车需求放缓之际，其实还可以通过生产校车来弥补。这是一种“全面发展不偏科”的综合性企业发展模式，虽然很多车企也曾有所尝试，但能真正抓住这一势头、至今仍把校车业务作为主力的，在客车行业中依然是“少数派”。

## 三、校车市场发展趋势

我国财政补贴政策主要是鼓励在公交、公务、环卫、邮政、物流等领域推广使用新能源汽车，新能源校车无法获得补贴。2020 年新能源汽车财政补贴又将全面退坡，预计未来几年仍然以柴油校车为主导。

从近 3 年校车长度段销量来看（图 2-15），5~6m 段销量最大，7~8m 段销量次之，6~7m 段销量位列第 3。校车销售的市场化程度较高，各长度段销量基本上反映出实际需求。预计未来几年校车市场仍然以 5~6m 段为主流，7~8m 段销量占比保持相对稳定。

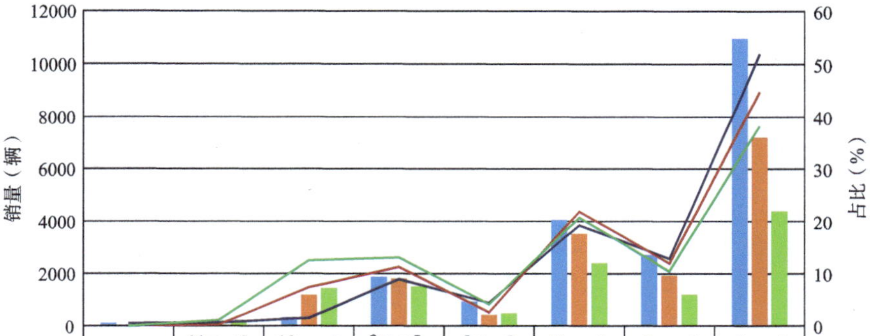


| | 12m<L | 11m<L≤12m | 10m<L≤11m | 9m<L≤10m | 8m<L≤9m | 7m<L≤8m | 6m<L≤7m | 5m<L≤6m |
|---|---|---|---|---|---|---|---|---|
| 2017年销量（辆） | 112 | 142 | 332 | 1880 | 932 | 4060 | 2700 | 10958 |
| 2018年销量（辆） | 5 | 42 | 1177 | 1798 | 420 | 3507 | 1906 | 7183 |
| 2019年销量（辆） | | 125 | 1435 | 1499 | 476 | 2387 | 1196 | 4392 |
| 2017年占比（%） | 0.53 | 0.67 | 1.57 | 8.90 | 4.41 | 19.23 | 12.79 | 51.89 |
| 2018年占比（%） | 0.03 | 0.26 | 7.34 | 11.21 | 2.62 | 21.87 | 11.88 | 44.79 |
| 2019年占比（%） | 0.00 | 1.09 | 12.47 | 13.02 | 4.14 | 20.74 | 10.39 | 38.16 |

图 2-15　2017—2019 年校车各长度段销量

# 第五节　客车出口概况

我国客车出口销量经过 2016 年和 2017 年连续两年负增长后，2018 年、2019 年出口销量逆势增长，有力地推动了客车市场的结构调整。近 3 年，我国客车出口的主要生产企业变化不大。随着国内客车市场的下行，主要生产企业会加大客车出口的力度，还会有更多生产企业参与客车出口的竞争。

## 一、客车出口总体概况

2019 年，我国出口各类客车 40973 辆、销售收入 145 亿人民币，与 2018 年相比分别增长 27.13% 和 18.39%。2017—2019 年我国出口的各类客车数据柱状图如图 2-16 所示，2019 年公路客车出口同比增长 21.21%，公交客车出口同比增长 52.76%，校车出口同比增长 480%，其他客车出口同比增长 45.43%。

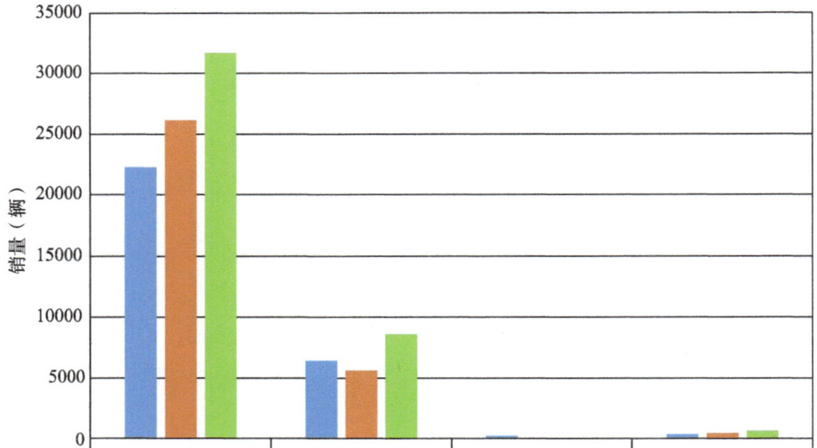


| | 公路客车 | 公交客车 | 校车 | 其他客车 |
|---|---|---|---|---|
| 2017年出口销量（辆） | 22279 | 6458 | 231 | 360 |
| 2018年出口销量（辆） | 26144 | 5631 | 5 | 449 |
| 2019年出口销量（辆） | 31689 | 8602 | 29 | 653 |

图 2-16　2017—2019 年各类客车出口销量

2019 年大中型客车出口 22711 辆，同比增长 14.33%；出口金额 132.9 亿人民币，同比增长 16.38%（表 2-5）。

**2018年和2019年客车出口情况表**　　**表2-5**

| 分类 | 2018 年销量 | | 2019 年销量 | | 增　量 | | 增长率（%） | |
|---|---|---|---|---|---|---|---|---|
| | 出口量（辆） | 出口金额（万元） | 出口量（辆） | 出口金额（万元） | 出口量（辆） | 出口金额（万元） | 出口量增长率 | 出口金额增长率 |
| 大型客车 | 13952 | 850390.18 | 17044 | 1132427.38 | 3092 | 282037.20 | 22.16 | 33.17 |
| 其中：公交 | 4056 | 273128.55 | 6581 | 425107.79 | 2525 | 151979.25 | 62.25 | 55.64 |
| 中型客车 | 5912 | 291644.53 | 5667 | 196676.36 | −245 | −94968.17 | −4.14 | −32.56 |
| 其中：公交 | 1502 | 66132.74 | 1977 | 67348.13 | 475 | 1215.38 | 31.62 | 1.84 |
| 轻型客车 | 12365 | 82780.76 | 18262 | 120907.41 | 5897 | 38126.65 | 47.69 | 46.06 |
| 其中：公交 | 73 | 1392.59 | 44 | 1054.84 | −29 | −337.75 | −39.73 | −24.25 |
| 合计 | 32229 | 1224815.48 | 40973 | 1450011.15 | 8744 | 225195.67 | 27.13 | 18.39 |
| 其中：座位 | 26144 | 876861.82 | 31689 | 920109.19 | 5545 | 43247.36 | 21.21 | 4.93 |
| 公交 | 5631 | 340653.88 | 8602 | 493510.76 | 2971 | 152856.88 | 52.76 | 44.87 |
| 校车 | 5 | 451.98 | 29 | 1239.72 | 24 | 787.74 | 480.00 | 174.29 |
| 其他 | 449 | 6847.79 | 653 | 35151.48 | 204 | 28303.69 | 45.43 | 413.33 |

海关出口数据显示，2019 年我国客车总共出口至 157 个国家和地区，比 2018 年略有增长。其中前 10 大出口市场分别为沙特阿拉伯王国、中国香港、智利、菲律宾、俄罗斯、哈萨克斯坦、埃及、越南、秘鲁和玻利维亚，占全部出口总量的 47.98%。位于中东的沙特阿拉伯王国多年以来都是中国客车出口的首要目的国。前 10 的国家和地区基本都在"一带一路"倡议的沿线，"一带一路"沿线已经成为企业"走出去"的重点和热点地区。

## 二、主要客车出口生产企业

与 2018 年相比，2019 年我国客车出口前 10 名企业变化不大（表 2-6）：厦门金龙在出口销量处于领先地位，但郑州宇通在出口销售收入继续领跑；排名前 10 名企业除了宇通出口量略有下降外，均实现出口量、出口金额双增长。

**2019年出口前10名的生产企业**　　　　**表2-6**

| 序号 | 单位名称 | 2019 年出口 | | 出口量增量（辆） | 出口金额增量（万元人民币） | 出口量增长率（%） | 出口金额增长率（%） |
|---|---|---|---|---|---|---|---|
| | | 出口量（辆） | 出口金额（万元人民币） | | | | |
| 1 | 郑州宇通 | 7045 | 438065.39 | –171 | 4677.54 | –2.37 | 1.08 |
| 2 | 苏州金龙 | 4198 | 247360.79 | 93 | 54391.22 | 2.27 | 28.19 |
| 3 | 厦门金龙 | 13803 | 235760.09 | 3564 | 72324.59 | 34.81 | 44.25 |
| 4 | 厦门金旅 | 7267 | 165332.31 | 2509 | 37670.59 | 52.73 | 29.51 |
| 5 | 中通客车 | 2807 | 114992 | 1150 | 28085.79 | 69.40 | 32.32 |
| 6 | 扬州亚星 | 2207 | 112959.32 | 1171 | 24165.87 | 113.03 | 27.22 |
| 7 | 安凯客车 | 1417 | 55517.72 | 208 | 1129.79 | 17.20 | 2.08 |
| 8 | 福田欧辉 | 720 | 30309.54 | 215 | 12908.30 | 42.57 | 74.18 |
| 9 | 桂林客车 | 544 | 19077.70 | 102 | 894.20 | 23.08 | 4.92 |
| 10 | 上海申龙 | 451 | 17707.31 | 75 | 28.62 | 19.95 | 0.16 |
| 合计 | | 40459 | 1437082.18 | 8916 | 236276.52 | 28.27 | 19.68 |

表 2-7 是 2018—2019 年主要客车企业各类客车出口数据。2019 年郑州宇通大型客车出口销量同比下降 8.54%，在大客车出口销量中占比 28.84%；中型客车出口销量同比增长 27.08%，在中客车出口销量中占比 37.43%；大中型客车出口销量占比分别名列第一。2019 年中通客车大中轻型客车出口销量全面增长，同比分别增长 21.89%、701.27%、125.50%。2019 年扬州亚星大中型客车出口销量也是全面增长，同比分别增长 99.05%、167.18%，轻型客车实现 0 的突破；2019 年厦门金龙和厦门金旅轻型客车出口销量快速增长，同比分别增长 43.58% 和 75.84%，分别位列轻型出口客车第一和第二名。2019 年苏州金龙大型客车出口销量爆发性增长，增幅达到 238.01%，位列第二。

## 三、新能源客车出口概况

在我国"一带一路"倡议的鼓励和刺激下，越来越多的国产客车加速走出国门。新能源客车作为国内新能源汽车的重要推广领域，是国家政策的重点扶持对象，近几年来出口数量进步明显。中国客车企业已积极将新能源客车推广到海外市场。截至 2019 年底，宇通已累计推广新能源客车超过 13 万辆，并已在欧洲、亚洲、南美洲、大洋洲等海外市场示范和销售，不断推动中国客车迈向新高度。比亚迪、金龙汽车集团等多个中国品牌新能源客车已批量进入欧美地区发达国家以及智利、秘鲁、巴西等新兴市场国家，主要出口集中在欧洲和拉丁美洲等地区的国家，包括美国、加拿大、英国、荷兰、丹麦、澳大利亚、古巴、智利等 42 个国家和地区。

**2018—2019年主要企业各类客车出口销量（辆）** **表2-7**

| 类别 | 厦门金龙 | | 厦门金旅 | | 郑州宇通 | | 苏州金龙 | | 中通客车 | | 扬州亚星 | |
|---|---|---|---|---|---|---|---|---|---|---|---|---|
| | 2018年 | 2019年 | 2018年 | 2019年 | 2018年 | 2019年 | 2018年 | 2019年 | 2018年 | 2019年 | 2018年 | 2019年 |
| 大型客车 | 1849 | 2079 | 1417 | 1879 | 5375 | 4916 | 792 | 2677 | 1576 | 1921 | 841 | 1674 |
| 中型客车 | 498 | 393 | 365 | 155 | 1669 | 2121 | 2164 | 451 | 79 | 633 | 195 | 521 |
| 轻型客车 | 7892 | 11331 | 2976 | 5233 | 172 | 8 | 1149 | 1070 | 2 | 253 | 0 | 12 |

我国新能源客车只有 10 多年发展历程，有记录的出口数据从 2017 年开始。我国新能源客车出口潜力大，增长速度快，但出口规模仍然很小。我国出口的新能源客车分为纯电动型和混合动力型。近几年我国出口的新能源客车中 91% 以上是纯电动型，混合动力型只占不到 9%，国内企业掌握更多的是纯电动车和混合动力车型的技术。与 2018 年相比，2019 年我国新能源客车出口生产企业变化不大（图 2-17）：比亚迪继续领跑，并且出口销量增长 80.51%；郑州宇通、厦门金旅、苏州金龙、扬州亚星出口销量增长率相对一致。

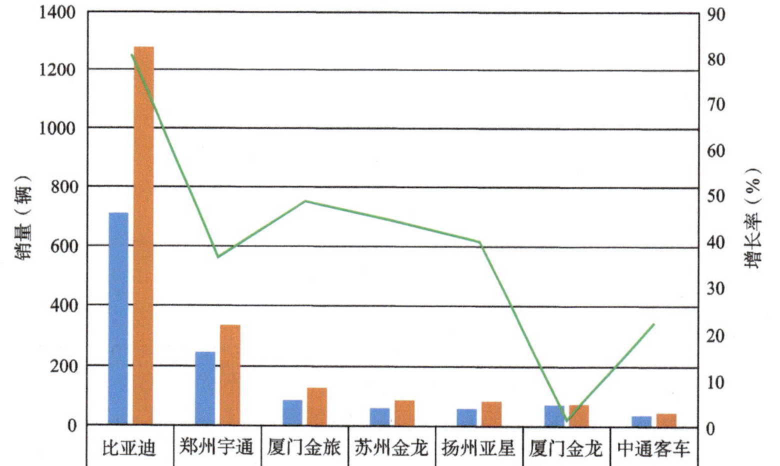


| | 比亚迪 | 郑州宇通 | 厦门金旅 | 苏州金龙 | 扬州亚星 | 厦门金龙 | 中通客车 |
|---|---|---|---|---|---|---|---|
| 2018年出口销量（辆） | 708 | 246 | 85 | 59 | 58 | 71 | 36 |
| 2019年出口销量（辆） | 1278 | 335 | 126 | 85 | 81 | 72 | 44 |
| 增长率（%） | 80.51 | 36.18 | 48.24 | 44.07 | 39.66 | 1.41 | 22.22 |

图 2-17　2018—2019 年新能源客车出口销量

2019 年，得益于出口量大幅增长，传统客车降幅趋缓。2020 年，中国客车行业战略重心将继续向出口转移。由于整体技术领先、运营经验丰富，中国新能源客车将在海外赢得更多市场机会。

# 第三章　客车政策、法规、规章、标准

2019年客车行业发展势头良好，客车行驶及运营安全仍然得到各级政府和行业主管部门高度重视，主要通过政策、法规、规章以及标准多方面予以规范和引导。

在客车技术方面，客车主动安全功能增加，车辆智能网联化。通过大数据分析，车辆运营更加准点，乘客体验更好。在客车标准方面，围绕着提高客车整体技术水平和安全性能开展了卓有成效的工作，一批涉及客车运营安全、新能源整车安全的国家标准、行业标准以及团体标准发布实施，对客车行业的健康发展产生了积极的促进作用。

## 第一节　客车相关政策、法规、规章

2019年，交通运输部继续开展道路运输车辆燃料消耗量检测和监督、营运客车类型划分及等级评定、营运客车安全达标管理、道路旅客运输企业安全管理、国家公交都市建设示范工程、推进农村客运公交化改造和加快推进建制村通客车等工作。截至2019年12月，“道路运输车辆技术服务网”共计发布了15批道路运输车辆达标车型公告。

### 一、国家实施新能源客车推广应用财政补贴政策

2019年3月，财政部、工业和信息化部、科技部、国家发展改革委联合发文，调整完善2018年新能源汽车推广应用财政补贴政策。主要调整要点如下：

1.优化技术指标，坚持“扶优扶强”

按照技术上先进、质量上可靠、安全上有保障的原则，适当提高技术指标门槛，保持技术指标上限基本不变，重点支持技术水平高的优质产品，同时鼓励企业注重安全性、一致性。主旨是：稳步提高新能源汽车动力电池系统能量密度门槛要求，适度提高新能源汽车整车能耗要求，提高纯电动乘用车续驶里程门槛要求。具体见附件。

2.完善补贴标准，分阶段释放压力

根据新能源汽车规模效益、成本下降等因素以及补贴政策退坡退出的规定，降低新能源乘用车、新能源客车、新能源货车补贴标准，促进产业优胜劣汰，防止市场大起大落。

3.完善清算制度，提高资金效益

从2019年开始，对有运营里程要求的车辆，完成销售上牌后即预拨一部分资金，满足里程要求后可按程序申请清算。政策发布后销售上牌的有运营里程要求的车辆，从注册登记日起2年内运行不满足2万公里的不予补助，并在清算时扣回预拨资金。

4.营造公平环境，促进消费使用

从2019年起，符合公告要求但未达到2019年补贴技术条件的车型产品也纳入推荐车型目录。地方应完善政策，过渡期后不再对新能源汽车（新能源公交车和燃料电池汽车除外）给予购置补贴，转为用于支持充电（加氢）基础设施“短板”建设和配套运营服务等方面。如地方继续给予购置补贴的，中央将对相关财政补贴作相应扣减。

5.强化质量监管，确保车辆安全

进一步加强安全性和一致性监管，由行业主管部门加快建立产品安全监控和“一致性”抽检常态机

制。对由于产品质量引发重大安全事故，或经有关部门认定存在重大质量缺陷的车型，暂停或取消推荐车型目录，并相应暂缓或取消财政补贴。

该政策从2019年3月26日起实施，2019年3月26日—2019年6月25日为过渡期。过渡期期间，符合2018年技术指标要求但不符合2019年技术指标要求的销售上牌车辆，按照《财政部 科技部 工业和信息化部 发展改革委关于调整完善新能源汽车推广应用财政补贴政策的通知》（财建〔2018〕18号）对应标准的0.1倍补贴，符合2019年技术指标要求的销售上牌车辆按2018年对应标准的0.6倍补贴。过渡期期间销售上牌的燃料电池汽车按2018年对应标准的0.8倍补贴。燃料电池汽车和新能源公交车补贴政策另行公布。

## 二、绿色出行行动计划

为深入贯彻落实党的十九大关于开展绿色出行行动等决策部署，进一步提高绿色出行水平，交通运输部等12部门和单位联合制定了《绿色出行行动计划（2019—2022年）》。

以习近平新时代中国特色社会主义思想为指导，贯彻落实党中央、国务院决策部署，切实推进绿色出行发展，坚持公共交通优先发展，努力建设绿色出行友好环境、增加绿色出行方式吸引力、增强公众绿色出行意识，进一步提高城市绿色出行水平。到2022年，初步建成布局合理、生态友好、清洁低碳、集约高效的绿色出行服务体系，绿色出行环境明显改善，公共交通服务品质显著提高、在公众出行中的主体地位基本确立，绿色出行装备水平明显提升，人民群众对选择绿色出行的认同感、获得感和幸福感持续加强。

（1）加快城际交通一体化建设。构建以铁路、高速公路为骨干，普通公路为基础，水路运输为补充，民航有效衔接的多层次、高效便捷的城际客运网络。

（2）提升现代化客运服务水平。完善客运产品体系，创新空铁联运、公铁联运等客运产品，实现各种交通方式有机衔接、优势互补。

（3）推进实施旅客联程联运。加强和完善民航机场、铁路、道路客运、航运与城市公共交通相衔接的综合客运枢纽建设及管理。

（4）提高公交运营速度。加大公交专用道建设力度，优先在城市中心城区及交通密集区域形成连续、成网的公交专用道。加强公交专用道的使用监管，加大对违法占用公交专用道行为的执法力度。

（5）推进绿色车辆规模化应用。以实施新增及更新节能和新能源车辆为突破口，在城市公共交通、出租汽车、分时租赁、短途道路客运、旅游景区观光、机场港口摆渡、政府机关及公共机构等领域，进一步加大节能和新能源车辆推广应用力度。完善行业运营补贴政策，加速淘汰高能耗、高排放车辆和违法违规生产的电动自行车、低速电动车。

（6）加快充电基础设施建设。加快构建便利高效、适度超前的充电网络体系建设，重点推进城市公交枢纽、停车场、首末站充电设施设备的规划与建设。鼓励高速公路服务区配合相关部门推进充电服务设施建设。加大对充电基础设施的补贴力度，将新能源汽车购置补贴资金逐步转向充电基础设施建设及运营环节。推广落实各种形式的充电优惠政策。

## 三、客车生产企业及产品准入管理办法

中华人民共和国工业和信息化部公告2019年第1号：根据《道路机动车辆生产企业及产品准入管理办法》（工业和信息化部令第50号）相关规定，制定《道路机动车辆生产企业准入审查要求》和《道路机动车辆产品准入审查要求》，自2019年6月1日起实施。

其中，《道路机动车辆生产企业准入审查要求》和《道路机动车辆产品准入审查要求》对客车类企业和车辆产品都做了具体的要求。

## 四、深化交通运输与邮政快递融合

2019年8月12日，交通运输部、国家邮政局、中国邮政集团公司联合发文，为贯彻落实党中央、国务院关于打赢脱贫攻坚战决策部署，健全完善贫困地区农村物流服务体系，推动交通运输与邮政快递在农村地区融合发展，提高农村物流服务覆盖率，全面推进农村物流高质量发展，为打赢脱贫攻坚战、实施乡村振兴战略提供更加坚实的服务保障，提出相关意见。

以习近平新时代中国特色社会主义思想为指导，全面贯彻落实党的十九大和十九届二中、三中全会精神，以深化供给侧结构性改革为主线，以交邮融合、推进农村物流高质量发展为目的，坚持市场主导、政府统筹，多方协同、资源整合，因地制宜、融合创新，通过节点网络共享、运力资源共用、标准规范统一、企业融合发展，加快构建畅通便捷、经济高效、便民利民的县、乡、村三级物流服务体系，促进农产品、农村生产生活物资、邮政快递寄递物品等高效便捷流通，为农村地区脱贫攻坚、乡村振兴提供有力支撑。

意见中指出，鼓励推广农村客运车辆代运邮件快件。加强建制村通客车与建制村直接通邮工作的协同联动。鼓励邮政、快递企业与农村客运经营者开展合作，更新符合相关标准、满足农村客货运输需求的农村客运车辆，在保障农村旅客乘车需求和安全的前提下，依托农村客运车辆开展代送已经安检的邮件快件包裹、党报党刊、信件（国务院规定范围内的信件除外）等服务，降低邮政快递的末端配送成本，提高农村客运经营者运营效益。

## 五、交通运输部贯彻落实新版营运客车类型划分及等级评定工作

2019年7月31日，交通运输部等8部门联合印发关于推动“四好农村路”高质量发展的指导意见。意见明确指示，今年底前具备条件的乡镇和建制村实现通硬化路，2020年底前具备条件的建制村实现通客车。结合广大农村现有客车使用情况，研究适应现有乡村道路条件及农村客运特点的适用车型技术要求，促进乡村公路客运市场的健康发展。在满足车辆安全性、可靠性和舒适性的前提下需要增加乘用车普通级以及相应等级评定必要条件。

通过对标准《营运客车类型划分及等级评定》（JT/T 325—2018）的认真分析和充分调研，全国城市客运标准化技术委员会（以下简称“客标委”）于2019年7月25日在北京组织召开了农村客运适用车型专家研讨会。与会专家代表根据农村客运的实际需求，并结合农村客运现状特点和车辆生产企业的生产实际对乡村营运车辆的安全性、经济性、可靠性、舒适性、适应性等多种因素逐一进行了深入的分析和探讨，形成了第1号修改单报批稿。在满足车辆安全性、可靠性、舒适性要求的前提下新增乘用车等级（普通级）。

## 六、认真贯彻落实《交通强国建设纲要》

2019年中共中央、国务院印发了《交通强国建设纲要》，并发出通知，要求各地区各部门结合实际认真贯彻落实。

以习近平新时代中国特色社会主义思想为指导，深入贯彻党的十九大精神，紧紧围绕统筹推进“五位一体”总体布局和协调推进“四个全面”战略布局，坚持稳中求进工作总基调，坚持新发展理念，坚持推动高质量发展，坚持以供给侧结构性改革为主线，坚持以人民为中心的发展思想，牢牢把握交通“先行官”定位，适度超前，进一步解放思想、开拓进取，推动交通发展由追求速度规模向更加注重质量效益转变；由各种交通方式相对独立发展向更加注重一体化融合发展转变；由依靠传统要素驱动向更加注重创新驱动转变；构建安全、便捷、高效、绿色、经济的现代化综合交通体系；打造一流设施、一

流技术、一流管理、一流服务；建成人民满意、保障有力、世界前列的交通强国，为全面建成社会主义现代化强国、实现中华民族伟大复兴中国梦提供坚强支撑。到2035年，基本建成交通强国。

到21世纪中叶，全面建成人民满意、保障有力、世界前列的交通强国。基础设施规模质量、技术装备、科技创新能力、智能化与绿色化水平位居世界前列，交通安全水平、治理能力、文明程度、国际竞争力及影响力达到国际先进水平，全面服务和保障社会主义现代化强国建设，人民享有美好交通服务。

全面推进“四好农村路”建设，加快实施通村组硬化路建设，建立规范化可持续管护机制。促进交通建设与农村地区资源开发、产业发展有机融合，加强特色农产品优势区与旅游资源富集区交通建设。

推广新能源、清洁能源、智能化、数字化、轻量化、环保型交通装备及成套技术装备。

大力发展共享交通，打造基于移动智能终端技术的服务系统，实现出行即服务。推动大数据、互联网、人工智能、区块链、超级计算等新技术与交通行业深度融合。

完善交通基础设施安全技术标准规范，持续加大基础设施安全防护投入，提升关键基础设施安全防护能力。

## 第二节　客车标准化工作

2019年我国客车行业的标准化工作主要围绕客车标准（国家标准、行业标准）制修订计划的申报、标准制修订以及新发布实施的标准宣贯等工作。

### 一、客车标准制修订

客车是广大人民群众出行最主要交通工具之一。加快客车行业标准化进程，提升客车安全性和舒适性，始终是客车分技术委员会的首要任务。

#### 1.国家、行业标准制修订情况

2018—2019年，客车标准制修订工作重点围绕安全应急、交通行业和汽车行业急需产品标准以及绿色环保和服务4个方面开展工作。具体情况见表3-1。

**2019年新发布实施以及准备发布的主要客车标准**　　**表3-1**

| 序号 | 标　准　号 | 标 准 名 称 | 发布日期 | 实施日期 | 代替标准号 |
|---|---|---|---|---|---|
| 1 | GB 38262—2019 | 客车内饰材料的燃烧特性 | 2019-10-14 | 2020-07-01 | 制定 |
| 2 | GB 7258—2017 | 机动车运行安全技术条件第 1 号修改单 | 2019-07-29 | 2020-08-01 | 制定 |
| 3 | JT/T 1301—2019 | 城市客车塞拉门 | 2019-12-24 | 2020-03-01 | 制定 |
| 4 | JT/T 1240—2019 | 城市公共汽电车车辆专用安全设施技术要求 | 2019-01-29 | 2019-03-01 | 制定 |
| 5 | JT/T 1241—2019 | 城市公共汽电车驾驶区防护隔离设施技术要求 | 2019-03-15 | 2019-05-01 | 制定 |
| 6 | JT/T 1242—2019 | 营运车辆自动紧急制动系统性能要求和测试规程 | 2019-03-15 | 2019-04-01 | 制定 |
| 7 | JT/T 794—2019 | 道路运输车辆卫星定位系统车载终端技术要求 | 2019-03-15 | 2019-07-10 | 制定 |

续上表

| 序号 | 标 准 号 | 标 准 名 称 | 发布日期 | 实施日期 | 代替标准号 |
| --- | --- | --- | --- | --- | --- |
| 8 | QC/T 1106—2019 | 客车座椅约束隔板 | 2019-08-27 | 2020-01-01 | 制定 |
| 9 | T/CHTS 20006—2019 | 旅游景区客车类型划分及等级评定 | 2019-03-29 | 2019-05-01 | 制定 |
| 10 | GB | 电动客车安全要求 | 即将发布 | | 制定 |
| 11 | GB/T | 专用校车系列型谱 | 即将发布 | | 制定 |
| 12 | JT/T 888—xxxx | 公共汽车类型划分及等级评定 | 即将发布 | | JT/T 888—2014 |
| 13 | JT/T 782—xxxx | 营运车辆爆胎应急安全装置技术要求和试验方法 | 即将发布 | | JT/T 782—2010 |
| 14 | JT/T 325—2018 | 《营运客车类型划分及等级评定》第 1 号修改单 | 即将发布 | | 制定 |
| 15 | JT/T | 客车前部结构强度要求及试验方法 | 即将发布 | | 制定 |
| 16 | JT/T | 客车自动破窗装置 | 即将发布 | | 制定 |
| 17 | JT/T | 客车空调系统技术条件 | 即将发布 | | 修订 |
| 18 | GB/T | 长途客车内空气质量要求 | 正在制定 | | 修订 |
| 19 | GB/T | 长途客车内空气质量检测方法 | 正在制定 | | 修订 |
| 20 | JT/T | 客车锂离子动力蓄电池箱火灾防控装置配置要求 | 正在制定 | | 制定 |
| 21 | JT/T | 营运客车内饰材料阻燃特性 | 正在制定 | | 修订 |
| 22 | JT/T | 客车锂离子动力蓄电池箱火灾监测及报警装置技术要求 | 正在制定 | | 制定 |
| 23 | JT/T | 客车车道保持辅助系统性能要求和试验方法 | 正在制定 | | 制定 |
| 24 | JT/T | 纯电动城市客车通用技术条件 | 正在制定 | | 修订 |
| 25 | JT/T | 电动客车电动空气压缩机 | 正在制定 | | 制定 |
| 26 | JT/T | 双源电动城市客车通用技术条件 | 正在制定 | | 制定 |
| 27 | JT/T | 燃料电池客车技术规范 | 正在制定 | | 制定 |

### 2.团体标准制修订情况

2019年，中国公路学会客车分会制定了《旅游景区客车类型划分及等级评定》（T/CHTS 20006—2019）团体标准，该标准2018年5月立项，2019年3月29发布，2019年5月1日实施。

该标准是我国对景区客车评定技术等级的第一个标准。标准制定之后，对于达标车辆的推广和应用将是一个长期的过程。标准的发布实施将引导国内客车生产企业追求产品技术进步，大幅提升我国景区观光车的安全性能，增强出行民众对景区观光车安全性的信心，有利于旅游市场的健康、繁荣发展，社会经济效益显著。

### 3. 2019年新发布实施的主要客车标准

2019年发布实施、准备发布实施以及正在制定的客车相关标准有27项（表3-1）。

### 二、客车标准的宣贯活动

为落实《交通运输部办公厅关于进一步加强城市公共汽车和电车运行安全保障工作的通知》（交办运〔2018〕140号）精神，完善城市公共汽电车驾驶区域安全防护隔离设施，帮助相关人员准确理解和掌握标准内容，客标委编写了《城市公共汽电车驾驶区防护隔离设施技术要求》标准释义，并于2019年4月11日在无锡对标准进行了宣贯培训，共有来自全国各省、自治区、直辖市的近150家城市公共交通管理部门、公共交通协会、公交企业、客车厂家和零部件企业、科研院所及相关检测机构近300名代表参加会议。后续应江苏、山东、安徽、重庆、内蒙古和湖南等省运管部门邀请，对该标准进行了专项宣贯。

## 第三节　营运客车市场准入管理

为进一步提升道路运输车辆达标车型技术服务能力，为道路运输行业提供高效、安全、绿色的道路运输车辆装备，交通运输部在2018年完成道路运输车辆燃料消耗量达标、安全达标和类型划分与等级评定整合工作基础上，2019年立足行业需求，围绕道路运输车辆达标车型管理技术服务体系建设、信息化体系建设以及车型审查核查等方面工作，不断苦练内功，大大提升了行业服务水平。

### 一、完善达标车型管理技术服务体系

为确保达标车型公告工作科学、规范、严谨、有序地进行，针对乘用车发布实施了申报要求。重新修订和发布实施了达标车型同一型式判定标准、申报审查规范、检测机构检测服务规范等相关技术文件，统一了申报要求、试验检测要求、视同判定要求和技术审查要求。进一步完善了达标车型管理工作制度，对达标车型试验检测、企业申报与技术审查等全方位进行了规范，形成了较为完善的道路运输车辆达标车型管理技术服务体系。

### 二、加强行业服务，不断提升信息化技术服务能力

为进一步提升道路运输车辆达标车型技术服务能力，提高企业申报和汽车检测机构试验检验效率和规范性，交通运输部在原信息化系统的基础上完善道路运输车辆技术服务网、道路运输车辆技术服务系统、道路运输车辆视频监控系统和道路运输车辆核查系统的功能和稳定性，实现了燃料消耗量、安全达标和等级评定等工作的深度融合；同时也为社会用户车型查询、检测机构检测质量管理、交通运输主管部门的达标车辆核查提供了技术手段。

### 三、营运客车达标实施标准新要求

根据达标车型整体工作安排和技术标准实施要求，自2019年4月1开始《营运客车安全技术条件》（JT/T 1094—2016）标准实施第三阶段要求。主要针对部分车型增加了电子稳定性控制系统（ESC）、自动紧急制动系统（AEBS）和盘式制动器等主动安全与配置要求。与此同步，自2019年4月1开始施行《营运客车类型划分及等级评定》（JT/T 325—2018）标准及第1号修改单，实施ESC、AEBS和盘式制动器等相关要求。两个标准新要求的正式实施，进一步提升了客车和乘用车的本质安全水平，推动了营运客车的技术进步。

## 四、营运客车达标车型公告

自2019年1月至2019年12月，交通运输部共发布了11批“道路运输车辆达标车型公告”（表3-2），累计发布营运客车达标车型797个，其中客车768个，乘用车29个。为客运行业提供了高质量的车辆装备，满足了行业安全出行与舒适出行的客观需求。

**道路运输车辆达标车型统计** **表3-2**

| 批次 | 发布日期 | 客车 | | 乘用车 | |
|---|---|---|---|---|---|
| | | 达标车型数量（个） | 申报企业数量（个） | 达标车型数量（个） | 申报企业数量（个） |
| 5 | 2019-01-11 | 102 | 22 | — | — |
| 6 | 2019-03-04 | 127 | 24 | 1 | 1 |
| 7 | 2019-04-16 | 149 | 26 | — | — |
| 8 | 2019-05-21 | 236 | 25 | 7 | 3 |
| 9 | 2019-06-18 | 86 | 26 | 1 | 1 |
| 10 | 2019-07-18 | 114 | 25 | 3 | 2 |
| 11 | 2019-08-16 | 90 | 16 | 2 | 1 |
| 12 | 2019-09-17 | 110 | 21 | 5 | 3 |
| 13 | 2019-10-21 | 139 | 17 | 3 | 2 |
| 14 | 2019-11-19 | 75 | 23 | 7 | 2 |
| 15 | 2019-12-20 | 95 | 16 | — | — |

# 第四章　客车科研与人才教育

目前国内各大客车企业均建立了自属的企业科研机构，并投入大量研究经费开展前沿技术研究，国家及各部委也通过一系列科研项目给予大力的支持。企业科研人员的数量占比不断增加，并以博士后科研工作站等多样化形式与全国各大开设汽车类专业的高等院校开展校企合作，联合培养汽车类科研人才，取得了一系列的学术科研成果。

## 第一节　客车科研现状

2019年，在科研项目方面，与客车相关的国家级、省部级项目陆续获批立项，部分客车相关国家级、省部级科研项目统计如表4-1所示。北京理工大学牵头承担了“新能源汽车动力电池系统智能管理与优化控制”项目；南京理工大学牵头承担了“新能源汽车动力电池梯级利用的运营模式与策略研究”项目；安徽安凯汽车股份有限公司牵头与合肥工业大学、安徽大学合作承担了“纯电动客车整车开发及关键技术研究与产业化”项目；厦门金龙旅行车有限公司牵头与厦门理工大学合作承担了“城市客车电动化关键技术研发与产业化”项目；中通客车控股股份有限公司承担了“燃料电池商用车大规模产业化技术研究”项目。在科研奖励方面，郑州宇通客车股份有限公司参与的“中厚板及难焊材料激光焊接与复杂曲面曲线激光切割技术及装备”荣获2019年国家科技进步奖二等奖；中通客车控股股份有限公司参与的“商用车机械自动变速式混合动力系统总成关键技术及其产业化应用”荣获2019年国家科技进步奖二等奖。

**部分客车相关国家及省部级科研项目统计**　　**表4-1**

| 序号 | 项目编号 | 项目名称 | 项目类别 | 项目牵头承担单位 |
|---|---|---|---|---|
| 1 | 51922006 | 新能源汽车动力电池系统智能管理与优化控制 | 国家级 | 北京理工大学 |
| 2 | 71901121 | 新能源汽车动力电池梯级利用的运营模式与策略研究 | 国家级 | 南京理工大学 |
| 3 | — | 纯电动客车整车开发及关键技术研究与产业化 | 省部级 | 安徽安凯汽车股份有限公司、合肥工业大学、安徽大学 |
| 4 | — | 城市客车电动化关键技术研发与产业化 | 省部级 | 厦门金龙旅行车有限公司、厦门理工学院 |
| 5 | — | 燃料电池商用车大规模产业化技术研究 | 省部级 | 中通客车控股股份有限公司 |
| 6 | 19ZDYF2631 | 商用车氢能燃料电池发动机低温启动关键技术研发及应用 | 省部级 | 东方电气（成都）氢燃料电池科技有限公司、电子科技大学 |
| 7 | 19ZDYF0609 | 新能源汽车冷暖两用空调系统关键技术研发 | 省部级 | 四川天泉汽车空调有限公司 |
| 8 | 19ZDYF2202 | 电动车辆电机控制器 | 省部级 | 四川大能科技有限公司 |
| 9 | 191110312000 | 基于硅碳负极材料的高能量密度、高安全性锂离子电池产业化 | 省部级 | 郑州比克电池有限公司 |
| 10 | 2016AAA048 | 新能源车 PTC 加热器关键技术研究（技术创新重大专项） | 省部级 | 华中科技大学 |

续上表

| 序号 | 项目编号 | 项目名称 | 项目类别 | 项目牵头承担单位 |
|---|---|---|---|---|
| 11 | 2016BEC116 | 新能源智能汽车平台建设 | 省部级 | 武汉新能源汽车工业技术研究院有限公司 |
| 12 | 2019GK2211 | 基于能源物联网的电动汽车充换电协同电池储能电站一体化技术研究与示范 | 省部级 | 长沙安靠电源有限公司 |
| 13 | 2020A1515011773 | 基于强化学习的全模式混合动力汽车控制优化研究 | 省部级 | 华南理工大学 |
| 14 | 2020A1515011161 | 电动汽车动力电池组均衡控制技术研究 | 省部级 | 广州大学 |

在客车行业战略调整的状况下，各企业及科研单位积极开展相关科研项目并投入大量研究经费。其中，宇通客车持续加大研发投入，2019年研发支出17.74亿元，占营业收入的比例为5.82%，在同行业中居于较高水平。金龙客车（包括金龙联合公司、金龙旅行车公司、苏州金龙公司、金龙车身公司等主要子公司）年研发投入资金占销售收入约3.87%，超过6亿元；科研人员数量达到1885人，占公司总人数的13.94%。中通客车年研发投入资金占销售收入的4.53%，超过4亿元；科研人员人数占公司总人数10%。亚星客车年研发投入资金达到销售收入的3.28%，约0.8亿元；科研人员数量占比达到16.01%。

按照国家科技战略目标，新能源客车企业及科研机构的研究热点主要集中在新能源客车技术。其中主要有新能源客车整车技术、动力电池技术、燃料电池系统、电机与控制技术、电机与控制系统、智能网联客车技术、客车轻量化技术和客车安全技术。新能源整车技术主要研发整车智能化与控制技术，开发模块化、系列化的纯电动客车智能化底盘，研发一体化纯电动客车平台；动力电池技术，推动下一代锂离子动力电池和新体系动力电池及高功率密度、高可靠性电驱动系统的研发，掌握纯电动客车高效驱动技术、电池系统集成技术及高压集成控制技术；燃料电池系统，研究燃料电池公路客车整车优化设计和集成技术，氢-电-结构耦合安全技术，燃料电池系统和整车综合热管理技术；电机与控制系统，研究掌握电驱动总成批量制造生产工艺与高效检测等产业化技术，开发新一代高性能电驱动总成产品；智能网联客车技术，研究突破车联网应用、信息融合、车辆集成控制和信息安全等关键技术；客车轻量化技术，围绕结构与材料开展整车轻量化设计；客车安全技术，开展主动安全技术与智能网联技术及辅助驾驶技术之间的相互融合，被动安全技术中提升客车防护结构设计水平，提升整车安全性、可靠性、耐久性和环境适应性。

## 第二节　高等院校汽车人才教育概况

目前全国开设有汽车类相关专业的高等院校数量在不断增加，招生规模也在逐渐扩大。其中涵盖了车辆工程、交通工程、能源与动力工程、汽车服务工程、交通安全工程、市场营销与物流工程等专业方向。高等院校人才就业人数不断增大，就业率稳步提升，人才深造率也在持续增加，人才就业单位的选择趋于多样化发展。

### 一、高等院校概况

截至2019年底，全国汽车类高等院校共有258所，开设了包括交通工程、车辆工程、能源与动力工程、汽车服务工程、交通安全工程和市场营销与物流工程等6个方向的专业。其中一流大学建设高校21所，一流学科建设高校44所，普通一本院校90所，二、三本院校124所，具有硕士点的高校有81所，具有博士点的高校有39所。共有194所院校开设了车辆工程专业，其中一流大学建设高校有21所，一流学科建设高校有42所，普通一本院校有78所，二、三本院校有75所。开设汽车类相关专业的一流学科建设高校中有20所是985建设高校，44所是211建设高校。开设车辆工程专业的一流学科建设高校中有20所是985建设高校、42所是211建设高校。开设新能源车辆方向的高校有85所，占总体比例为33%；开设智能网联方向的高校有36所，占总体比例为14%，具体情况如图4-1~图4-3所示。

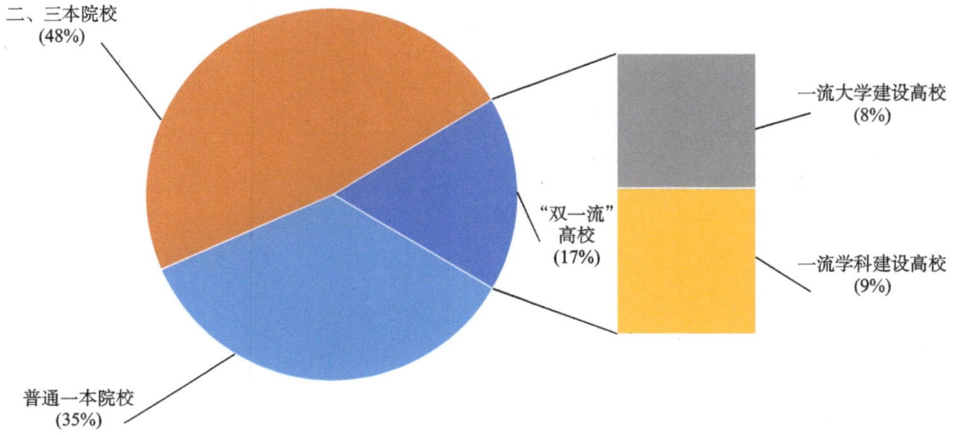


图4-1　2019年全国汽车类专业开设院校比例

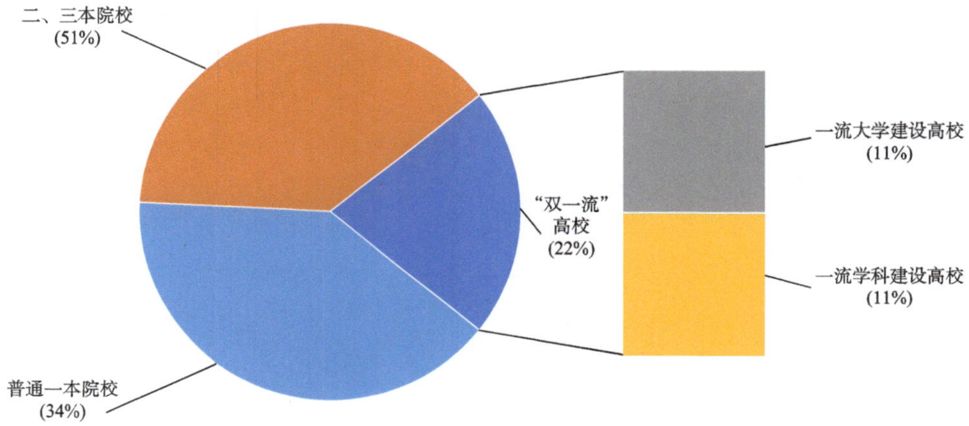


图4-2　2019年全国车辆工程专业开设院校比例

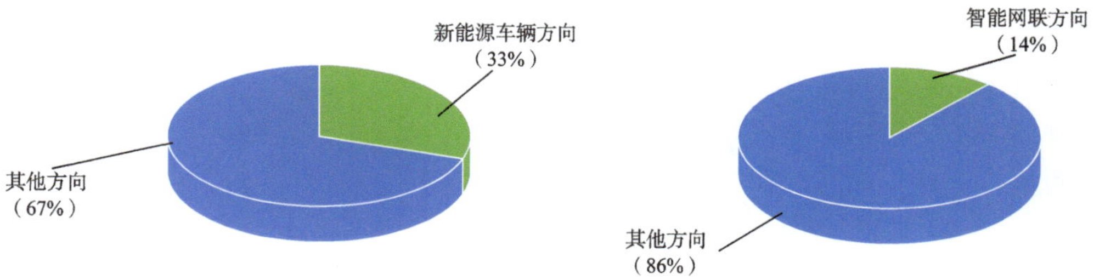


图4-3　新能源车辆方向和智能网联方向比例

2019年，全国汽车类专业院校招生总人数约38721人，其中本科招生人数约34703人，硕士研究生招生人数约3683人，博士研究生招生人数约335人。其中部分本科院校汽车专业教育情况如表4-2所示。

**2019年部分院校汽车专业教育情况** **表4-2**

| 院校（系、机构）名称 | 博士研究生（人） | | | 硕士研究生（人） | | | 本科生（人） | | |
|---|---|---|---|---|---|---|---|---|---|
| | 招生 | 毕业 | 在校 | 招生 | 毕业 | 在校 | 招生 | 毕业 | 在校 |
| 清华大学车辆与运载学院 | 28 | 26 | 72 | 3 | 40 | 122 | 24 | 74 | 422 |
| 吉林大学汽车工程学院 | 56 | 19 | 267 | 250 | 300 | 870 | 364 | 472 | 1927 |
| 同济大学汽车学院 | 42 | 23 | 215 | 208 | 174 | 631 | 220 | 206 | 1246 |
| 北京理工大学机械与车辆学院 | 49 | 51 | 338 | 100 | 157 | 915 | 142 | 220 | 1889 |
| 华南理工大学机械与汽车工程学院 | 62 | 32 | 260 | 358 | 281 | 1062 | 620 | 548 | 2520 |
| 湖南大学机械与运载工程学院 | 39 | 19 | 360 | 202 | 109 | 1362 | 171 | 200 | 1695 |
| 武汉理工大学汽车工程学院 | 36 | 9 | 103 | 324 | 191 | 601 | 391 | 511 | 1866 |
| 长安大学汽车学院 | 7 | 11 | 121 | 233 | 240 | 593 | 324 | 629 | 2105 |
| 重庆大学汽车工程学院 | 15 | 14 | 63 | 99 | 120 | 279 | 94 | 140 | 554 |
| 合肥工业大学汽车与交通工程学院 | 8 | 2 | 38 | 215 | 80 | 589 | 424 | 495 | 1964 |
| 江苏大学汽车与交通工程学院 | 15 | 12 | 59 | 160 | 178 | 600 | 356 | 361 | 1583 |
| 西安科技大学机械工程学院 | 4 | 2 | 17 | 80 | 67 | 233 | 62 | 60 | 1866 |
| 重庆交通大学机电与车辆工程学院 | — | — | — | 40 | 40 | 360 | 400 | 400 | 2686 |
| 山东交通学院汽车工程学院 | — | — | — | 16 | 32 | 72 | 360 | 539 | 1793 |

清华大学是一流大学建设高校。2019年4月新成立了车辆与运载学院，学院下设4个研究所，形成“一院四所”布局。“四所”分别为车辆动力工程研究所、汽车工程研究所、智能出行研究所和特种车辆与动力研究所。“四所”覆盖了内燃动力、新型动力、交通能源、汽车设计、汽车动力学、汽车安全、产业战略、智能汽车、车路协同、智慧信号、智能出行、特种车辆、特种动力、新型装备等学科方向。学院设有1个本科车辆工程专业，包括汽车底盘、汽车发动机和汽车车型与车身设计3个专业方向。学院下设车辆工程和动力机械及工程2个工学硕士、专业硕士和博士学位授权点；车辆工程和动力机械及工程2个博士后流动站。车辆工程和动力机械及工程是国家重点学科。

吉林大学是一流大学建设高校。汽车工程学院设有车辆工程，工业设计（车身工程），热能与动力工程（汽车发动机）和热能与动力工程（热能工程）4个本科专业。学院下设车辆工程和动力机械及工程2个博士后流动站；车辆工程、动力机械及工程和车身工程3个博士学位授权点；车辆工程、车身工程、动力工程及工程热物理、流体力学、设计学5个学术型硕士学位授权点，车辆工程、动力工程和工业设计工程3个专业硕士学位授权点。车辆工程是首批国家重点学科、国家重点实验室、国家特色专业。

同济大学是一流大学建设高校。汽车学院现有一个车辆工程本科专业，设有3个专业方向，分别是汽车工程、车用动力工程、汽车电子工程及智能化。学院下设车辆工程和动力机械及工程2个工学硕士、专业硕士和博士学位授权点；管理学科和机械工程一级学科2个博士后流动站。

北京理工大学是一流大学建设高校。机械与车辆学院拥有机械工程、动力机械及工程2个国家重点学科。学院现有车辆工程、装甲车辆工程、能源与动力工程、机械工程、工业工程5个本科专业，1个机械工程全英文教育专业。其中，装甲车辆工程、车辆工程、机械工程是国家级特色专业，车辆工程、能源与动力工程专业是工信部重点专业，工业工程是国防紧缺专业，装甲车辆工程同时还是国防重点专业。此外，装甲车辆工程、车辆工程、机械工程、能源与动力工程是教育部卓越工程师培养计划专业，车辆工程、机械工程专业通过了中国工程教育专业认证。学院下设3个博士后流动站；3个一级学科博士授权点，2个二级新兴与交叉学科博士授权点，1个工程博士授权点；3个工程硕士授权点。

华南理工大学是一流大学建设高校。机械与汽车工程学院设有机械工程（国家级特色专业、广东省名牌专业）、机械电子工程（广东省名牌专业）、过程装备与控制工程、安全工程、材料成型及控制工程、车辆工程等6个本科专业及机械工程创新班、机械工程卓越双语班两个特色班。学院下设机械工程、材料科学与工程2个博士后流动站；拥有机械工程一级学科博士学位授权点和机械制造及其自动化、机械电子工程、机械设计及理论、车辆工程、制造工程智能化检测及仪器、材料科学与工程、化工过程机械等7个二级学科博士学位授权点；拥有机械制造及其自动化、机械电子工程、机械设计及理论、车辆工程、制造工程智能化检测及仪器、材料科学与工程、动力机械及工程、化工过程机械、安全科学与工程等9个学术型硕士学位授权点；拥有机械工程、仪器仪表工程、材料工程、安全工程、车辆工程等5个全日制专业硕士学位授权点。

湖南大学是一流大学建设高校。机械与运载工程学院设有机械设计制造及自动化、车辆工程、能源与动力工程、工程力学和工业工程等5个本科专业。学院现设有机械工程和力学2个一级学科，车辆工程、机械设计制造及自动化、机械电子工程、机械设计及理论、固体力学、流体力学、工程力学和一般力学与力学基础8个二级学科博士学位授权点，机械工程和力学2个博士后流动站；机械制造及其自动化、车辆工程、机械电子工程、机械设计及理论、动力机械与工程、热能工程、固体力学、流体力学、工程力学和一般力学与力学基础10个二级学科硕士学位授权点，机械工程、车辆工程、工业工程、动力工程4个专业硕士学位授权点。机械工程学科为一级学科国家重点学科，涵盖机械制造及其自动化、车辆工程、机械设计及理论、机械电子工程4个学科为二级学科国家重点学科。

武汉理工大学是一流学科建设高校。汽车工程学院设有车辆工程、能源与动力工程和汽车服务工程3个本科专业。学院设有3个博士后流动站；车辆工程、动力工程及工程热物理、汽车运用工程和汽车电子工程4个博士点（硕士点）。车辆工程为国家特色专业，车辆工程、能源与动力工程、汽车服务工程为教育部“卓越工程师教育培养计划”试点专业。车辆工程、动力工程及工程热物理是国家“211工程”重点建设学科和湖北省重点学科。新能源汽车和智能汽车关键材料与技术入选国家“双一流”学科建设领域，车辆工程、动力工程及工程热物理是湖北省重点学科。

长安大学是一流学科建设高校。汽车学院设有交通运输工程、车辆工程、物流工程、汽车服务工程、能源与动力工程5个本科专业（部分专业2019年整合到运输工程学院，如交通运输）。学院设有载运工具运用工程、车辆工程2个博士后流动站，交通运输工程、机械工程2个一级学科博士学位授权点、5个二级学科博士学位授权点，10个硕士学位授权点，4个专业学位授权点。载运工具运用工程和交通运输规划与管理为国家级重点学科。交通运输工程学科列入国家“双一流”建设学科名单。车辆工程是国家特色专业，陕西省一流建设专业。

重庆大学是一流大学建设高校。汽车工程学院设有车辆工程本科专业，设置汽车设计制造与试验、汽车电子、汽车发动机3个专业方向。“车辆工程”本科专业是国家特色专业。拥有“车辆工程”博士学位点、“车辆工程”和“动力机械及工程”硕士学位点，“车辆工程领域”工程硕士学位点，“车辆工程”学科为国家重点学科。

合肥工业大学是一流学科建设高校。汽车与交通工程学院下设5个系（车辆工程系、动力机械与工程系、制冷与低温工程系、道路与交通工程系和运输与物流工程系），1个实验中心和11个研究所。学院设有车辆工程1个二级学科博士点，动力工程及工程热物理、交通运输工程2个一级学科硕士点，车辆工程、能源与动力工程、交通工程、交通运输和交通设备与控制工程5个本科专业。

江苏大学汽车与交通工程学院设有车辆工程、能源与动力工程（动力机械工程及自动化）、交通工程、交通运输等4个本科专业。学院有交通运输工程博士后科研流动站；交通运输工程、机械工程（共建）和动力工程及工程热物理（共建）3个一级学科博士学位授权点；车辆工程、交通运输工程和动力工程及工程热物理3个专业硕士学位授权点。车辆工程专业是国家特色专业、教育部首批“卓越工程计划”专业、江苏省品牌专业（A类）。车辆工程学科是全国高校第四个获得该领域博士学位授权点的学科，新能源汽车学科和动力工程及工程热物理学科是江苏省优势学科。

西安科技大学机械工程学院设有机械设计制造及其自动化、工业工程、车辆工程和机械电子工程4个本科专业。拥有机械工程一级学科博士授权点和仪器科学与技术一级学科硕士授权点，机械设计及理论、机械制造及其自动化、机械电子工程、车辆工程、矿山机电工程、机械工程材料、精密仪器与机械、测试计量技术及仪器、矿山设备安全与评价9个二级学科硕士授权点，工程硕士授权点3个；机械工程一级学科博士授权点，机械设计及理论、机械制造及其自动化、机械电子工程、车辆工程、矿山机电工程、机械工程材料等7个二级学科博士授权点；机械工程博士后流动站。机械设计制造及其自动化专业是国家级特色专业。

重庆交通大学机电与车辆工程学院设有机械设计制造及其自动化、车辆工程、电气工程及其自动化、机械电子工程、材料成型及控制工程、能源与动力工程6个本科专业。机械工程一级学科硕士学位授权点（下设5个二级学科），机械工程、车辆工程2个专业硕士学位授权点。材料加工工程二级学科硕士学位授权点。机械工程是重庆市重点学科和重庆市“三特行动计划”特色专业。

山东交通学院汽车工程学院设有交通运输、车辆工程、汽车服务工程、能源与动力工程4个本科专业和汽车运用与维修技术1个专科专业。交通运输工程（汽车运行安全节能与环保方向）1个专业硕士学位授权点。载运工具运用工程为山东省“十二五”特色重点学科。交通运输专业为山东省特色专业和国家级特色专业，2013年被教育部确定为本科专业综合改革试点专业，被山东省教育厅确定为卓越工程师试点专业；车辆工程专业为山东省特色专业；汽车运用与维修技术专业为山东省教学改革试点专业，被教育部确定为示范性工科专业。2017年，交通运输专业群（交通运输、车辆工程、能源与动力工程、汽车服务工程）获批山东省高水平应用型立项建设重点专业群。

## 二、就业情况

2019年，全国汽车类专业高校就业人数约39548人，总体就业率约为93.6%。本科生就业人数为34690人，硕士生就业人数为4858人，如图4-4所示。其中全国车辆工程专业就业人数约为17987人，总体就业率约为96.7%，本科生就业人数为15847人，硕士生就业人数为2140人，如图4-5所示。以清华大学、同济大学、华南理工大学、合肥工业大学、武汉理工大学、西安科技大学、重庆交通大学以及山东交通学院等高校为例，部分高校车辆工程专业本科及硕士毕业生毕业情况统计见表4-3和表4-4。就业总体情况、深造总体情况、国企就业总体情况以及就业去向等分别如图4-6~图4-15所示。

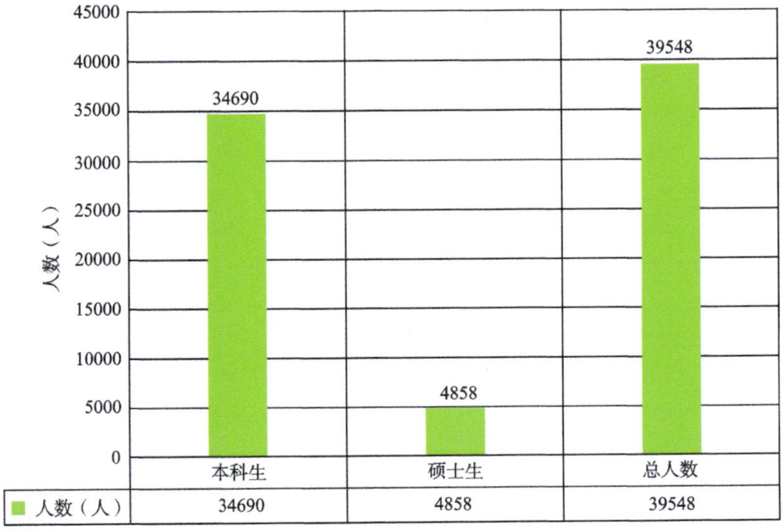


图4-4　2019年全国汽车类专业院校就业人数统计

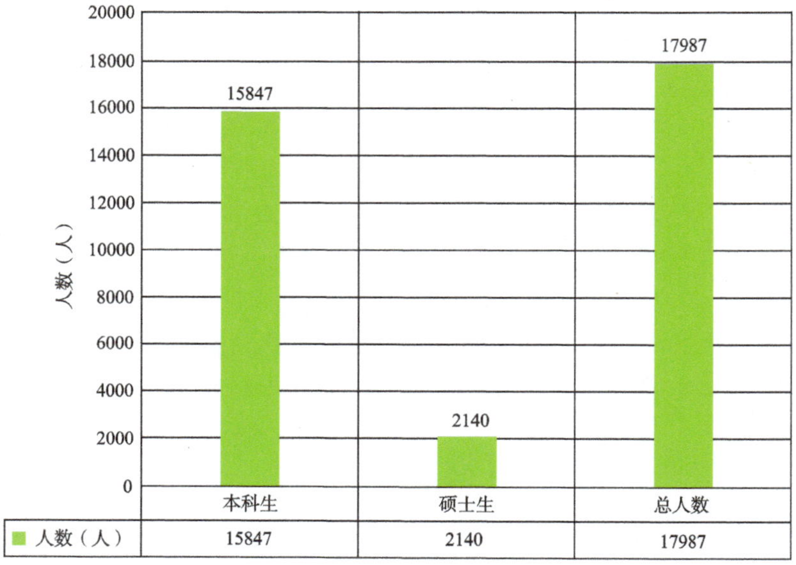


图 4-5　2019 年全国车辆工程专业就业人数统计

**2019年部分高校车辆工程专业本科毕业生毕业情况统计表**　　**表4-3**

| 学　校 | 毕业去向 | | | | 就业分布 | | | |
|---|---|---|---|---|---|---|---|---|
| | 直接就业比例（%） | 国内深造比例（%） | 国外深造比例（%） | 自主创业比例（%） | 国企就业比例（%） | 三资企业比例（%） | 其他企业、高校及科研单位比例（%） | 政府机构或其他事业单位比例（%） |
| 清华大学 | 10.8 | 66.2 | 18.9 | 4.1 | 32.5 | 8.4 | 44.8 | 14.3 |
| 吉林大学 | — | 40.11 | 8.11 | — | 31.6 | 15.48 | 40.07 | 12.11 |
| 同济大学 | 41.03 | 37.21 | 20.5 | — | 28.7 | 14 | 37.7 | 17.4 |
| 华南理工大学 | 53.31 | 34.2 | 9.5 | 0.4 | 32 | 10 | 48 | 10 |
| 长安大学 | 57.72 | 34.39 | 2.98 | 4.91 | 46.58 | — | 47.94 | 4.36 |
| 合肥工业大学 | 58.92 | 32.70 | 4.39 | 3.99 | 51.76 | 6.65 | 36.79 | 4.11 |
| 武汉理工大学 | 51.95 | 37.05 | 6.02 | 0.27 | 32.81 | 9.86 | 52.77 | 3.37 |
| 西安科技大学 | 81.71 | 13.09 | 0.68 | 0.13 | 47 | 9 | 39 | 4 |
| 重庆交通大学 | 72.76 | 15.67 | 2.10 | 0.37 | 49.21 | 2.86 | 45.90 | 2.01 |
| 山东交通学院 | 71.04 | 13.27 | 1.43 | 0.24 | — | — | — | — |

**2019年部分高校车辆工程专业硕士毕业生毕业情况统计表　　　　表4-4**

| 学　校 | 毕业去向 | | | | 就业分布 | | | |
|---|---|---|---|---|---|---|---|---|
| | 直接就业比例（%） | 国内深造比例（%） | 国外深造比例（%） | 自主创业比例（%） | 国企就业比例（%） | 三资企业比例（%） | 其他企业、高校及科研单位比例（%） | 政府机构或其他事业单位比例（%） |
| 清华大学 | 75 | 2.5 | 7.5 | 12.5 | 35.4 | 5.1 | 37.4 | 22.1 |
| 吉林大学 | 55.14 | 30.93 | 6.41 | 0.28 | 21.03 | 11.21 | 28.51 | 32.56 |
| 同济大学 | 90.96 | 4.63 | 4.15 | — | 29.38 | 19.08 | 37.44 | 12.49 |
| 华南理工大学 | 96.5 | 2.6 | 0.9 | — | 27 | 8 | 41 | 23 |
| 长安大学 | — | — | — | — | 41.51 | — | 48.85 | 9.65 |
| 合肥工业大学 | 92.11 | 5.10 | 0.72 | 0.32 | 42.61 | 4.98 | 47.83 | 4.59 |
| 武汉理工大学 | 91.57 | 3.53 | 0.97 | 0.22 | 30.60 | 12.09 | 51.58 | 5.72 |
| 西安科技大学 | 89.04 | 4.50 | 0.23 | 0.23 | — | — | — | — |
| 重庆交通大学 | 85.02 | 4.17 | 0.60 | 0.20 | 44.38 | 2.69 | 45.43 | 7.50 |
| 山东交通学院 | 72.22 | — | — | — | 37.23 | — | — | 9.62 |

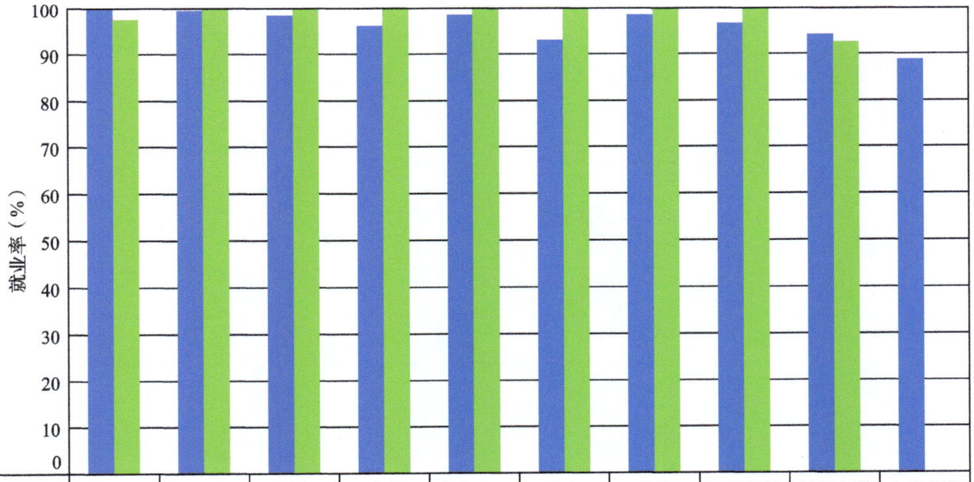


| 院校 | 清华大学 | 吉林大学 | 同济大学 | 湖南大学 | 华南理工大学 | 长安大学 | 重庆大学 | 西安科技大学 | 重庆交通大学 | 山东交通学院 |
|---|---|---|---|---|---|---|---|---|---|---|
| 本科生（%） | 100 | 99.5 | 98.5 | 96.1 | 98.6 | 93 | 98.6 | 96.7 | 94.2 | 88.9 |
| 硕士生（%） | 97.5 | 100 | 100 | 100 | 100 | 100 | 100 | 100 | 92.5 | 0 |

图4-6　2019年部分高校车辆工程专业毕业生就业总体情况

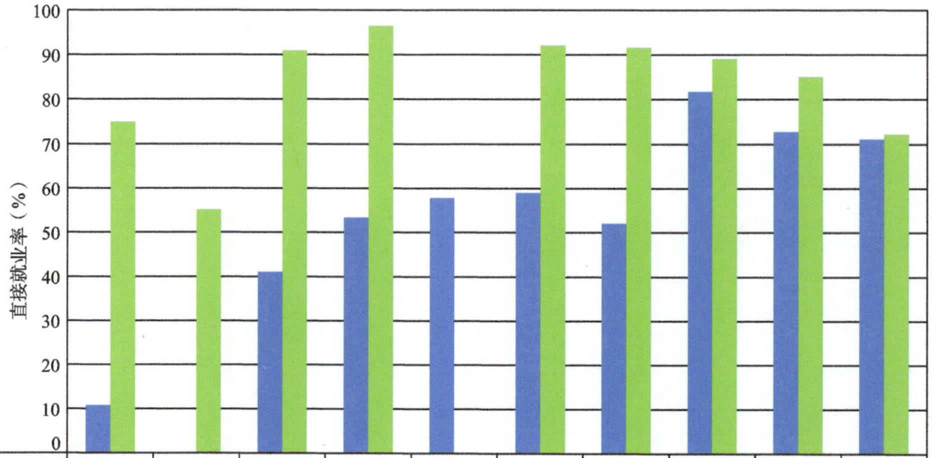


| 院校 | 清华大学 | 吉林大学 | 同济大学 | 湖南大学 | 华南理工大学 | 长安大学 | 重庆大学 | 西安科技大学 | 重庆交通大学 | 山东交通学院 |
|---|---|---|---|---|---|---|---|---|---|---|
| ■本科生（%） | 10.8 | 0 | 41.03 | 53.31 | 57.72 | 58.92 | 51.95 | 81.71 | 72.76 | 71.04 |
| ■硕士生（%） | 75 | 55.14 | 90.96 | 96.5 | 0 | 92.11 | 91.57 | 89.04 | 85.02 | 72.22 |

图 4-7　2019 年部分高校车辆工程专业毕业生直接就业总体情况

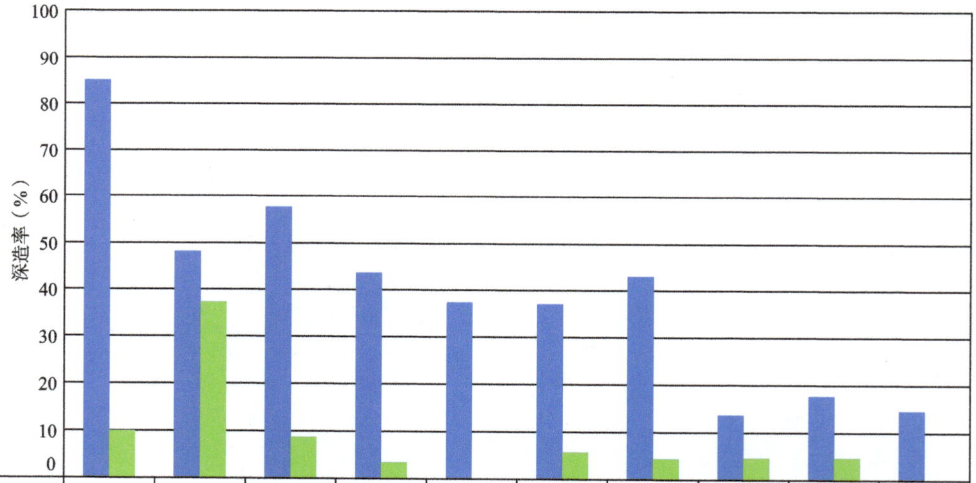


| 院校 | 清华大学 | 吉林大学 | 同济大学 | 湖南大学 | 华南理工大学 | 长安大学 | 重庆大学 | 西安科技大学 | 重庆交通大学 | 山东交通学院 |
|---|---|---|---|---|---|---|---|---|---|---|
| ■本科生（%） | 85.1 | 48.22 | 57.71 | 43.7 | 37.37 | 37.09 | 43.07 | 13.77 | 17.77 | 14.7 |
| ■硕士生（%） | 10 | 37.34 | 8.78 | 3.5 | 0 | 5.82 | 4.5 | 4.73 | 4.77 | 0 |

图 4-8　2019 年部分高校车辆工程专业毕业生深造总体情况

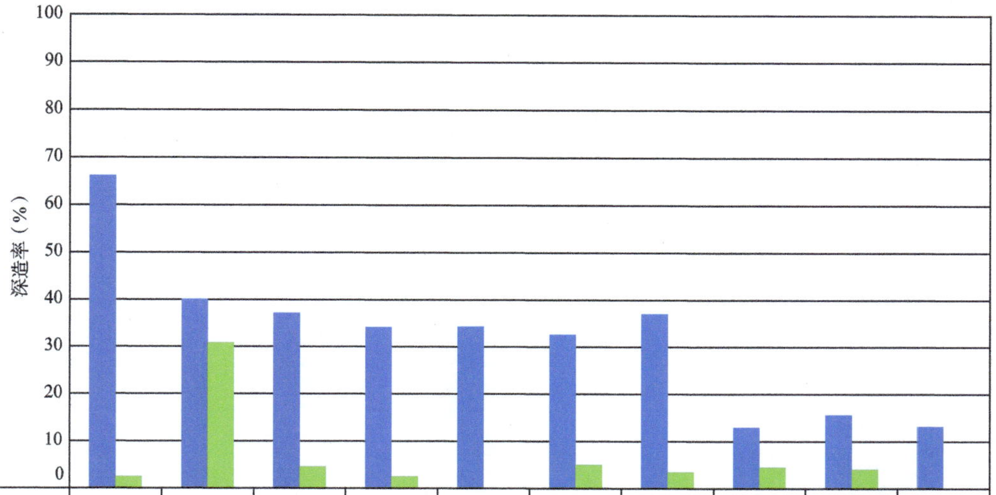


| 院校 | 清华大学 | 吉林大学 | 同济大学 | 湖南大学 | 华南理工大学 | 长安大学 | 重庆大学 | 西安科技大学 | 重庆交通大学 | 山东交通学院 |
|---|---|---|---|---|---|---|---|---|---|---|
| 本科生（%） | 66.2 | 40.11 | 37.21 | 34.2 | 34.39 | 32.7 | 37.05 | 13.09 | 15.67 | 13.27 |
| 硕士生（%） | 2.5 | 30.93 | 4.63 | 2.6 | 0 | 5.1 | 3.53 | 4.5 | 4.17 | 0 |

图 4-9　2019 年部分高校车辆工程专业毕业生国内继续深造总体情况

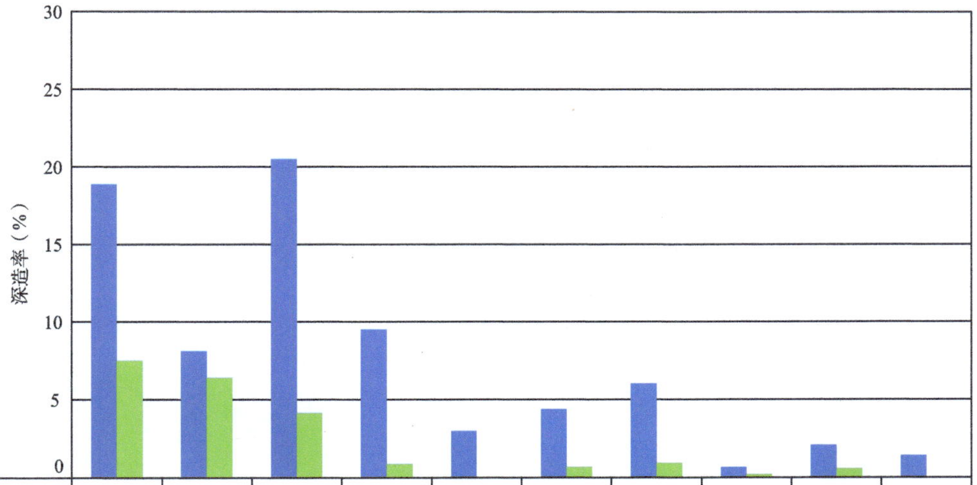


| 院校 | 清华大学 | 吉林大学 | 同济大学 | 湖南大学 | 华南理工大学 | 长安大学 | 重庆大学 | 西安科技大学 | 重庆交通大学 | 山东交通学院 |
|---|---|---|---|---|---|---|---|---|---|---|
| 本科生（%） | 18.9 | 8.11 | 20.5 | 9.5 | 2.98 | 4.39 | 6.02 | 0.68 | 2.1 | 1.43 |
| 硕士生（%） | 7.5 | 6.41 | 4.15 | 0.9 | 0 | 0.72 | 0.97 | 0.23 | 0.6 | 0 |

图 4-10　2019 年部分高校车辆工程专业毕业生国外深造总体情况

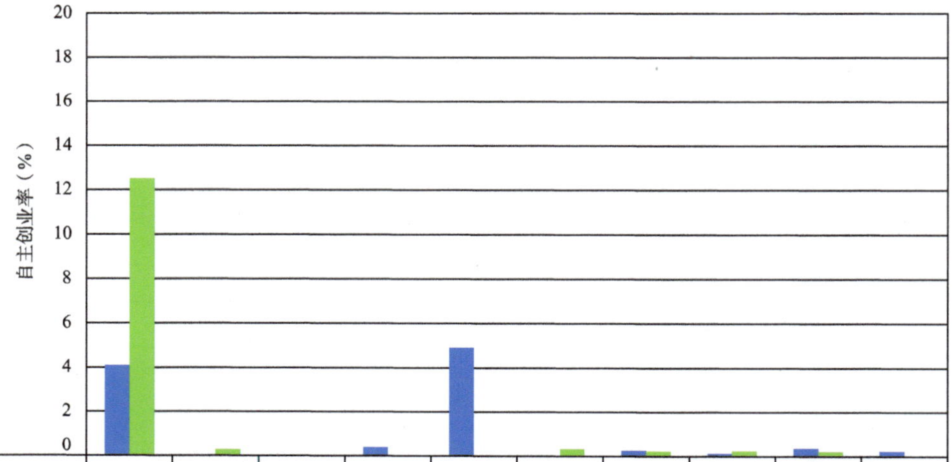


| 院校 | 清华大学 | 吉林大学 | 同济大学 | 湖南大学 | 华南理工大学 | 长安大学 | 重庆大学 | 西安科技大学 | 重庆交通大学 | 山东交通学院 |
|---|---|---|---|---|---|---|---|---|---|---|
| ■ 本科生（%） | 4.1 | 0 | 0 | 0.4 | 4.91 | 0.01 | 0.27 | 0.13 | 0.37 | 0.24 |
| ■ 硕士生（%） | 12.5 | 0.28 | 0 | 0 | 0 | 0.32 | 0.22 | 0.23 | 0.2 | 0 |

图 4-11　2019 年部分高校车辆工程专业毕业生自主创业总体情况

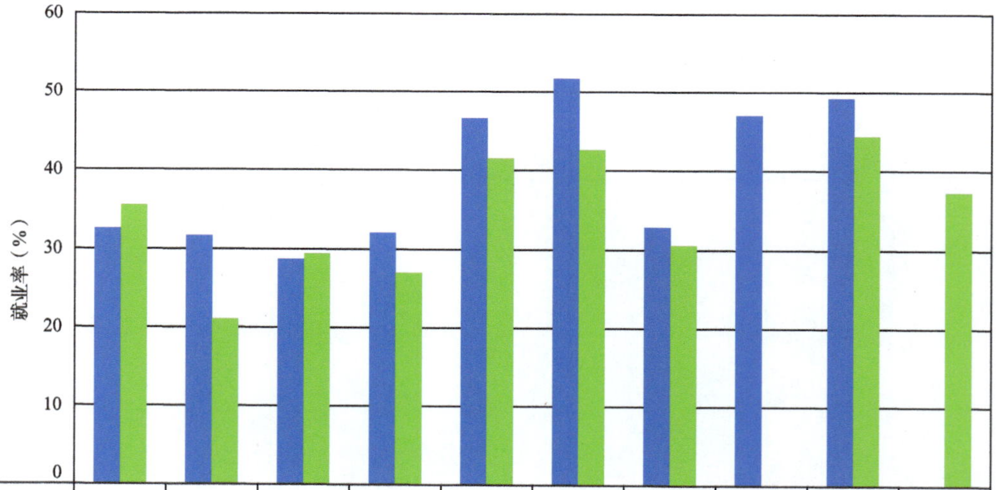


| 院校 | 清华大学 | 吉林大学 | 同济大学 | 湖南大学 | 华南理工大学 | 长安大学 | 重庆大学 | 西安科技大学 | 重庆交通大学 | 山东交通学院 |
|---|---|---|---|---|---|---|---|---|---|---|
| ■ 本科生（%） | 32.5 | 31.6 | 28.7 | 32 | 46.58 | 51.76 | 32.81 | 47 | 49.21 | 0 |
| ■ 硕士生（%） | 35.4 | 21.03 | 29.38 | 27 | 41.51 | 42.61 | 30.6 | 0 | 44.38 | 37.23 |

图 4-12　2019 年部分高校车辆工程专业毕业生国企就业总体情况

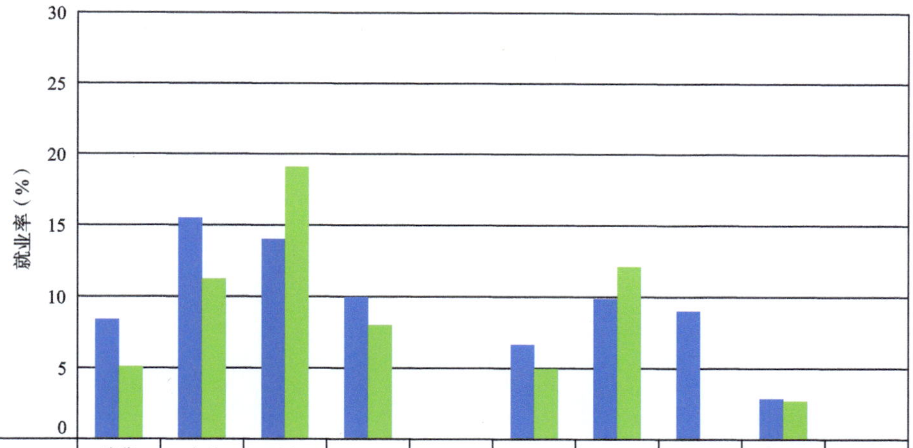


| 院校 | 清华大学 | 吉林大学 | 同济大学 | 湖南大学 | 华南理工大学 | 长安大学 | 重庆大学 | 西安科技大学 | 重庆交通大学 | 山东交通学院 |
|---|---|---|---|---|---|---|---|---|---|---|
| ■本科生（%） | 8.4 | 15.48 | 14 | 10 | 0 | 6.65 | 9.86 | 9 | 2.86 | 0 |
| ■硕士生（%） | 5.1 | 11.21 | 19.08 | 8 | 0 | 4.98 | 12.09 | 0 | 2.69 | 0 |

图 4-13　2019 年部分高校车辆工程专业毕业生三资企业就业总体情况

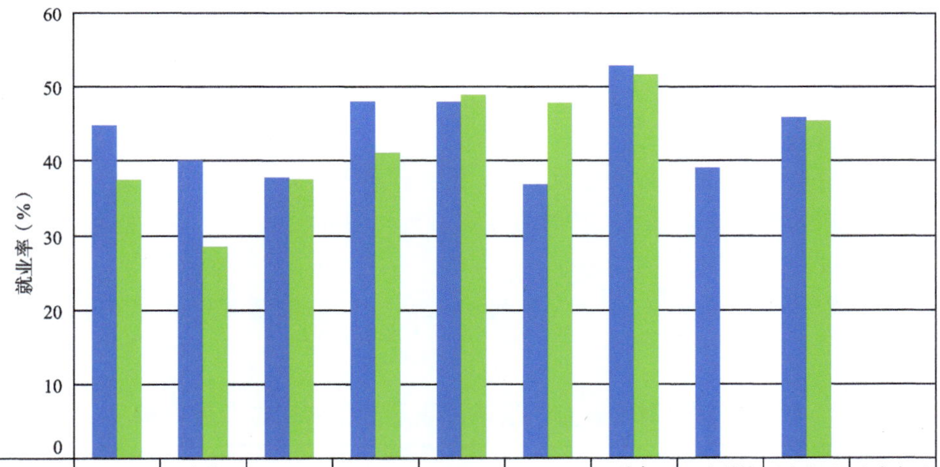


| 院校 | 清华大学 | 吉林大学 | 同济大学 | 湖南大学 | 华南理工大学 | 长安大学 | 重庆大学 | 西安科技大学 | 重庆交通大学 | 山东交通学院 |
|---|---|---|---|---|---|---|---|---|---|---|
| ■本科生（%） | 44.8 | 40.07 | 37.7 | 48 | 47.94 | 36.79 | 52.77 | 39 | 45.9 | 0 |
| ■硕士生（%） | 37.4 | 28.51 | 37.44 | 41 | 48.85 | 47.83 | 51.58 | 0 | 45.43 | 0 |

图 4-14　2019 年部分高校车辆工程专业毕业生其他企业、高校及科研单位就业总体情况

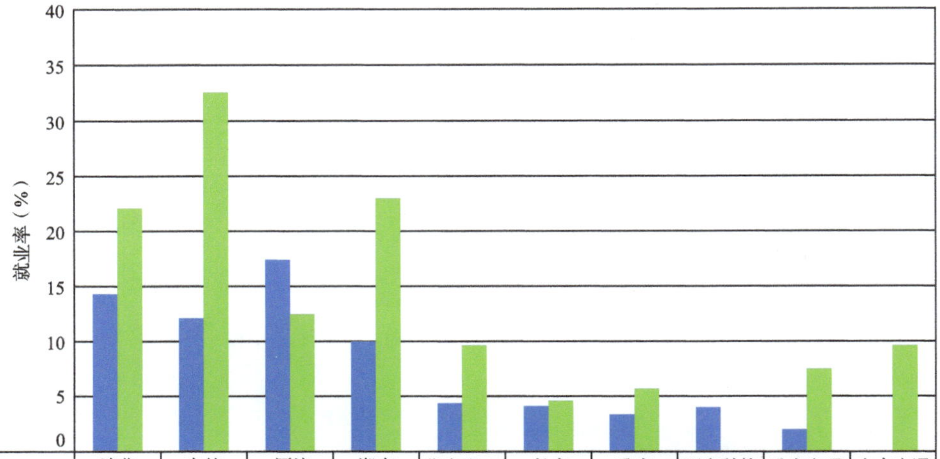


| 院校 | 清华大学 | 吉林大学 | 同济大学 | 湖南大学 | 华南理工大学 | 长安大学 | 重庆大学 | 西安科技大学 | 重庆交通大学 | 山东交通学院 |
|---|---|---|---|---|---|---|---|---|---|---|
| 本科生（%） | 14.3 | 12.11 | 17.4 | 10 | 4.36 | 4.11 | 3.37 | 4 | 2.01 | 0 |
| 硕士生（%） | 22.1 | 32.56 | 12.49 | 23 | 9.65 | 4.59 | 5.72 | 0 | 7.5 | 9.62 |

图 4-15　2019 年部分高校车辆工程专业毕业生政府机构或其他事业单位就业总体情况

## 第三节　职业院校汽车人才教育概况

目前全国开设有汽车类专业的职业院校数量持续增加，其中部分职业院校属于各省交通运输厅。以培养汽车实践操作人才为目标，开设了汽车运用与维修、汽车技术服务与营销以及汽车制造与装配技术等16个专业方向。职业院校汽车人才就业人数不断增大，人才就业率也在逐渐提升。人才就业单位主要集中在汽车维修、服务及营销类、汽车制造类的民营企业。

### 一、职业院校概况

截至2019年，全国汽车类职业院校共207所，其中有26所院校隶属于各省交通运输厅。开设了包括汽车运用与维修、汽车技术服务与营销、新能源汽车运用与维护、汽车车身维修技术、汽车制造与装配技术、汽车整形技术等16个汽车类方向的专业。

2019年，全国汽车类职业院校招生总人数约70962人。部分隶属省交通运输厅职业院校汽车专业教育情况如表4-5所示。

**2019年部分隶属省交通运输厅职业院校汽车专业教育情况　　表4-5**

| 院校名称 | 招生（人） | 毕业（人） | 在校（人） |
|---|---|---|---|
| 北京交通运输职业学院 | 442 | 413 | 432 |
| 贵州交通职业技术学院 | 1110 | 860 | 1533 |
| 云南交通技师学院 | 1100 | 724 | 6621 |
| 内蒙古交通职业技术学院 | 362 | 633 | 641 |

续上表

| 院校名称 | 招生（人） | 毕业（人） | 在校（人） |
| --- | --- | --- | --- |
| 山东交通技师学院 | 550 | 650 | 4075 |
| 陕西交通职业技术学院 | 851 | 706 | 1748 |
| 四川交通职业技术学院 | 745 | 704 | 2071 |
| 江苏省交通技师学院 | 210 | 226 | 1397 |
| 广西交通高级技工学校 | 970 | 833 | 2655 |
| 浙江交通职业技术学院 | 580 | 374 | 2188 |

北京交通职业技术学院是由昌平区人民政府主办，市教委主管、教育部备案的全日制普通高等职业学校。学院汽车系设有计算机应用技术专业、新能源汽车技术、汽车技术服务与营销专业（北京现代订单班）3个专业。目前，汽车系汽车专业设有汽车发动机拆装、汽车底盘拆装、汽车电气设备检测、整车检测、汽车商务、汽车基本技能等6个实训区的校内汽车实训中心；并与北京现代汽车集团、北京市祥龙博瑞汽车服务有限公司（集团）、北京新能源汽车公司、北汽福田、北京运通集团等10余家知名企业开展校企合作、深度融合，为学生零距离实习、就业搭建桥梁与平台；计算机应用技术（移动互联）专业以共建专业形式，采用“2+1”合作模式与中软国际集团开展校企融合、工学结合，为北京及周边地区培养移动互联开发、软件测试、计算机网络管理应用型高技能人才。

贵州交通职业技术学院是经贵州省人民政府批准成立，教育部备案的全日制公办普通高校，隶属于贵州省交通运输厅。下设的汽车工程系是由原贵州省交通学校汽车运管专业科与贵州省驾驶技工学校汽车教研室合并，现开设有汽车运用技术专业（国家示范专业、省级示范专业）、汽车整形技术专业、汽车电子技术专业、汽车检测与维修技术专业、汽车技术服务与营销专业、汽车技术服务与营销专业（汽车保险理赔方向）、新能源应用技术专业（能源汽车方向）、汽车制造与装配等专业。系部以“厂中校、校中厂”办学模式为先导，与一汽大众、上海大众、贵阳市公共交通总公司等企业开展深度合作，积极深化改革本专业自身特色的“平行交替、岗群轮训”的工学结合人才培养模式。

云南交通技师学院是隶属于云南省交通运输厅管理的全日制技师学院，国家级重点技工学校，全国交通职业教育示范院校，国家中等职业教育改革发展示范学校，国家级高技能人才培训基地，云南省高技能人才培养基地。下设汽车应用技术、汽车商务2个汽车类教学机构，在玉溪、大理、昭通等地市开设4个分校和3个办学点。学院建有上海大众、华晨宝马、东风雪铁龙、德国博世等多个校企合作培训中心和人才培养基地，与200多家企业建立了稳定的校企合作关系。

内蒙古交通职业技术学院是自治区唯一一所公办全日制交通类高等职业院校，全国交通类职业教育示范院校。下设汽车工程系。现有汽车检测与维修技术、汽车电子技术、汽车营销与服务3个自治区级品牌专业；同时还开设新能源汽车技术专业、焊接技术与自动化（生产与管理）等专业。其中汽车检测与维修技术专业是自治区确定的重点建设专业。汽车工程系实训场地充足，现有中德汽车机电合作项目（SGAVE）实训室、博世柴油电控系统实训室、博世工程师合作项目实训室、一汽大众TQP项目实训室、汽车整车维护实训室等合计9000余平方米校内实训场所。在满足学生实训需要的同时，还对外承担车辆维修、技术咨询、专业培训等业务。

山东交通技师学院隶属于山东省交通运输厅，是一所以培养交通行业高技能人才为主，集短期培训、成人教育、技能鉴定、驾驶培训于一体的综合性国办全日制技师学院。下设的汽车学院有汽车应用系和工程机械系。开设汽车检测与维修、汽车电器维修、汽车维修与驾驶等7个专业，分为预备技师、高级工、中级工3个培养层次，在校生达4000余人。与中德诺浩、德国博世、奔腾公司、潍柴动力、山东远通、北汽福田、上汽通用五菱、众泰集团、广汇汽车等国内外知名企业建立了长期深入的合作关系，为社会输送了大批汽车维修技能人才。2018年成为世界技能大赛重型车辆维修项目山东省集训基地。是人社部批准的全国技工院校汽车专业一体化课程教学改革第二批试点单位，是山东省省级示范专业群“汽车应用与维修”项目建设单位，是潍柴、博世校企合作项目首批合作单位全国第2家签约单位。

陕西交通职业技术学院是陕西省人民政府主办，省教育厅、省交通运输厅共建的公办高等职业院校。目前，依托交通运输和机械制造两大行业，以“现代制造业”与“现代服务业”为主线，开设了汽车检测与维修技术、汽车电子技术、汽车营销与服务（定损与评估方向、技术营销与服务方向）、汽车制造与装配技术（汽车设计与制造方向）、汽车车身维修技术、新能源汽车技术、汽车智能技术7个专业（方向）。汽车工程学院先后与大众、丰田、福特、标致雪铁龙、中德汽车机电、吉利、陕汽、宝能等世界名企开展校企合作。通过开设“品牌订单班”等方式实现了“合作共建、合作育人、合作就业、合作发展”的合作模式。学院设有大众、丰田、福特、标致雪铁龙、中德（奔驰、保时捷、奥迪）、吉利等技术培训（服务）中心6个，拥有1个现代化的汽车专业教学实训中心，其中实训室34个、仿真实训室5个、生产性实训工作区10个、操作工位620个、专业教学设备360台套，场地面积12000$m^2$，设备总值3000万元。

四川交通职业技术学院是公办全日制普通高等学校，隶属于四川省交通运输厅。汽车工程系开设有汽车运用技术、汽车技术服务与营销、汽车整形技术、汽车定损与评估4个专业。其中汽车运用与维修技术专业是国家示范性高职院校重点建设专业，教育部精品专业，国家技能型紧缺人才培养培训基地；汽车营销与服务专业是四川省重点建设专业。汽车工程系拥有四川省高校交通安全重点实验室、四川省成都市汽车检测中心等研究和生产基地。与全球国际知名汽车品牌厂商深度合作，在校内共建拥有宝马成都培训基地、一汽奥迪培训中心、一汽丰田成都培训中心、东风雪铁龙成都培训中心、东风标致培训中心、东风本田培训中心、上海通用实训中心、一汽大众实训中心、上海大众实训中心等学习训练区和模拟生产性实训基地25个，建筑面积13200平方米。合作企业捐赠的实训用车和专用工具达4000多万元，实现了车辆和设备与市场同步更新。学生在学习期间能掌握市场最新技术，实训设备和教学条件国际领先。

江苏省交通技师学院建于1978年，由江苏省汽车技工学校和镇江交通职工技术学校合并组建，是全国交通运输系统第一所培养高技能人才重点技师院校。学院隶属于江苏省交通运输厅，为全日制公办院校。下设车辆工程系拥有工程机械、汽车2大专业群，开设有新能源汽车检测与维修、汽车运用与维修、汽车检测、汽车维修、汽车钣金与涂装、工程机械运用技术、工程机械运用与维修等专业。其中汽车维修、工程机械运用与维修专业是国家职业教育改革发展示范学校重点建设专业，主要培养新能源汽车检测与维修、汽车制造装配、汽车检测维修、汽车保险理赔、汽车美容、车身修复，工程机械操作维护、机械施工管理、工程机械技术服务与营销等方面的技能型人才，涵盖中级工、高级工及技师三个层次。系部拥有建筑面积达13000$m^2$的实训中心，教学设备资产达1800万元，是省新能源汽车职业教育实训基地、省筑路机械操作工竞赛省队培训基地。

广西交通高级技工学校隶属于广西壮族自治区交通厅，是国家重点技工学校。汽车工程系开设有汽车检测专业、汽车维修专业、汽车装饰与美容专业、汽车电器维修专业、汽车钣金与涂装专业、新能源汽车检测与维修共6个专业。系部设有汽车专业基础理论、基础构造、汽车电气、小修项目、汽车维护、汽车故障诊断、汽车钣金喷漆、汽车电工电子等8个教研室。建有汽车构造拆装基础实训中心、汽车典型维修项目实训中心、汽车电气与空调维修实训中心、汽车整车检测与维护实训中心、汽车数字化虚拟实现实训中心、汽车装饰与美容实训中心、汽车钣金与喷涂实训中心。系部先后与北京现代汽车有限公司、上海景格汽车科技有限公司、美国SPX公司、玉柴重工、北京史宾尼斯机电设备有限公司等企业携手开展的校企合作项目。

浙江交通职业技术学院是公办全日制普通高等学校，隶属于浙江省交通运输厅。学院是全国交通职业教育示范院校，浙江省示范高等职业学院，教育部中德汽车机电合作项目（SGAVE）优秀示范院校。汽车学院开设了汽车运用技术、汽车技术服务与营销、汽车电子技术、汽车整形技术和市场营销等高职专业。其中“载运工具应用”学科（汽车运用类专业群）为浙江省高校重点学科，汽车运用技术专业是国家骨干院校重点建设专业，汽车运用技术和汽车技术服务与营销是浙江省特色专业。学院拥有12000余$m^2$的各类实验实训室，配备有总值3000余万元的汽车实训设备，开设有丰田T-TEP技术班、东风日产N-STEP机电班、东风日产N-STEP营销班等定向培训班，并建立了50多家紧密型校外实习基地。

## 二、就业情况

2019年，全国汽车类职业院校毕业生人数为59654，就业人数为54767，就业率为91.81%；其中26所与各省交通运输厅共建的职业院校毕业人数为14856，就业人数为14290，就业率为96.19%。以北京交通运输职业学院、贵州交通职业技术学院、云南交通技师学院、内蒙古交通职业技术学院、山东交通技师学院、陕西交通职业技术学院以及四川交通职业技术学院等职业院校为例，部分院校毕业生就业总体情况如图4-16所示。全国汽车类职业院校就业单位类型主要为企业。其中其他企业（民营企业为主）占比最高（59.05%），国有企业占23.35%，党政机关占1.05%，事业单位占2.68%，其他性质单位占13.87%。毕业生就业去向统计如图4-17所示。

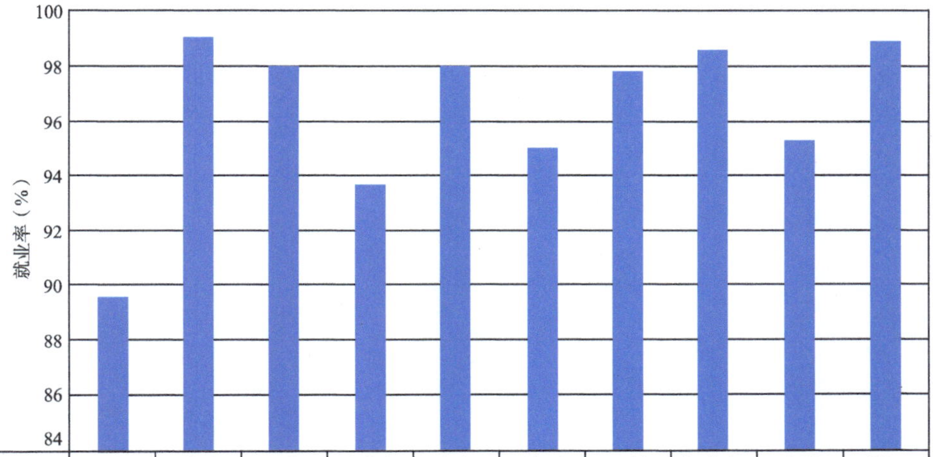


| 院校 | 北京交通运输职业学院 | 贵州交通职业技术学院 | 云南交通技师学院 | 内蒙古交通职业技术学院 | 山东交通技师学院 | 陕西交通职业技术学院 | 四川交通职业技术学院 | 江苏省交通技师学院 | 广西交通高级技工学校 | 浙江交通职业技术学院 |
|---|---|---|---|---|---|---|---|---|---|---|
| ■就业率（%） | 89.59 | 99.07 | 98 | 93.67 | 98 | 95.04 | 97.84 | 98.67 | 95.32 | 98.93 |

图4-16　2019年部分汽车类职业院校毕业生就业总体情况

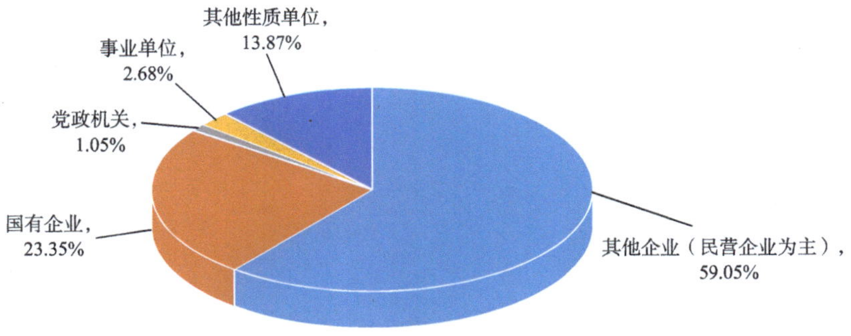


图4-17　2019年全国汽车类职业院校毕业生就业去向统计

## 下篇>>>

# 技 术 篇

# 第五章　客车新技术、新材料应用

客车技术的每一次提升都离不开零部件新技术的创新和新材料的应用，这已成为客车整体技术水平持续发展的源动力。特别是在汽车行业发展的新四化（即智能化、网联化、电动化、共享化）趋势中，在《中国制造 2025》打造行业精品的政策引领下，客车技术又迎来了新的发展契机。

## 第一节　客车底盘新技术

客车底盘新技术的应用和发展主要体现在转向系统新技术、悬架系统新技术和制动系统新技术几方面。

### 一、电动助力转向系统

电动助力转向系统是纯电动、氢能源等新能源公路客车、城市公交客车和自动驾驶客车转向系统的发展方向。它可以实现车辆完全自动驾驶和高级驾驶辅助功能的转向执行部分，如车辆列队行驶、车道保持功能、变线辅助等功能。

电动助力转向系统主要由方向盘、转向管柱、电动助力转向装置、电子控制单元（ECU）、转向节臂、转向横拉杆、轮胎等部分组成。

电动助力转向系统在正常驾驶模式下，是根据汽车行驶速度及驾驶员转动方向盘的方向与力矩大小，通过电子控制单元（ECU）的信号处理与数据运算，控制转向助力电机的运转方向及扭矩输出，推拉转向外拉杆、转向节臂后，带动轮胎转动。

电动助力转向系统在自动驾驶或辅助驾驶模式下，根据车辆发送给电子控制单元（ECU）的转向角度和角速度、方向等信息，并经电子控制单元（ECU）对信号处理与数据运算，控制转向助力电机的运转方向及输出扭矩，推拉转向外拉杆、转向节臂后，带动轮胎转动。

1.新型客车电助力转向系统：

新型客车电助力转向系统 PP-EPS 如图 5-1 所示，工作原理如下：

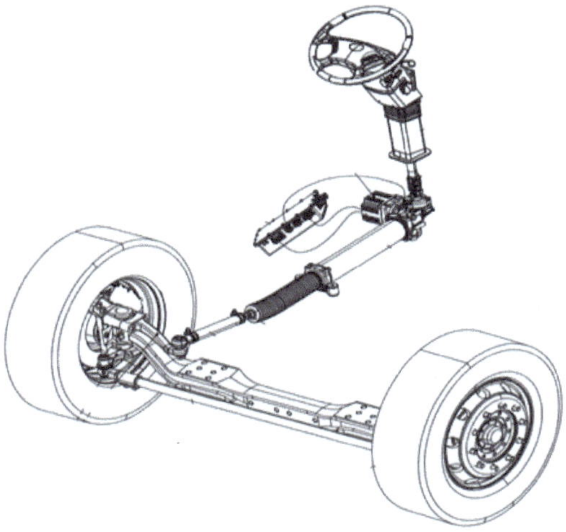

图 5-1　电助力转向系统 PP-EPS

（1）车辆点火后，电子控制单元通电并准备工作，同时获取车辆 ready 和行驶速度信号；

（2）当驾驶员转动方向盘时，通过转向管柱与转向传动轴将转向力矩传输到转向装置输入轴上，电动助力转向装置内的传感器将作用在方向盘上的信号收集后发送给电子控制单元；

（3）电子控制单元将各种信号处理后计算并输出不同的电流值，使助力电机工作；

（4）助力电机通过减速机构带动电动助力转向装置上的伸缩杆进行往复运动，因此伸缩杆得到来自方向盘操舵力和电机助力两个力的叠加；

（5）伸缩杆往复运动，通过转向节臂、转向横拉杆带动轮胎进行左右转向；

（6）轮胎的转向力，绝大部分由助力电机提供，方向盘操舵力很小且调整到驾驶员舒适的状态。

2.自动驾驶 P-EPS 系统如图 5-2 所示，工作原理如下：

（1）车辆点火后，电子控制单元通电并准备工作，同时获取车辆 ready 和行驶速度信号；

（2）整车控制器发送转向信号给电子控制单元；

（3）电子控制单元将信号同车辆速度信号结合处理、运算后，输出给助力电机相应信号；

（4）助力电机通过减速机构带动电动助力转向上的伸缩杆进行直线往复运动；

（5）伸缩杆往复运动，通过转向节臂、转向横拉杆带动轮胎进行左右转向；

（6）轮胎的转向力，绝大部分由助力电机提供，方向盘操舵力很小且调整到驾驶员舒适的状态。

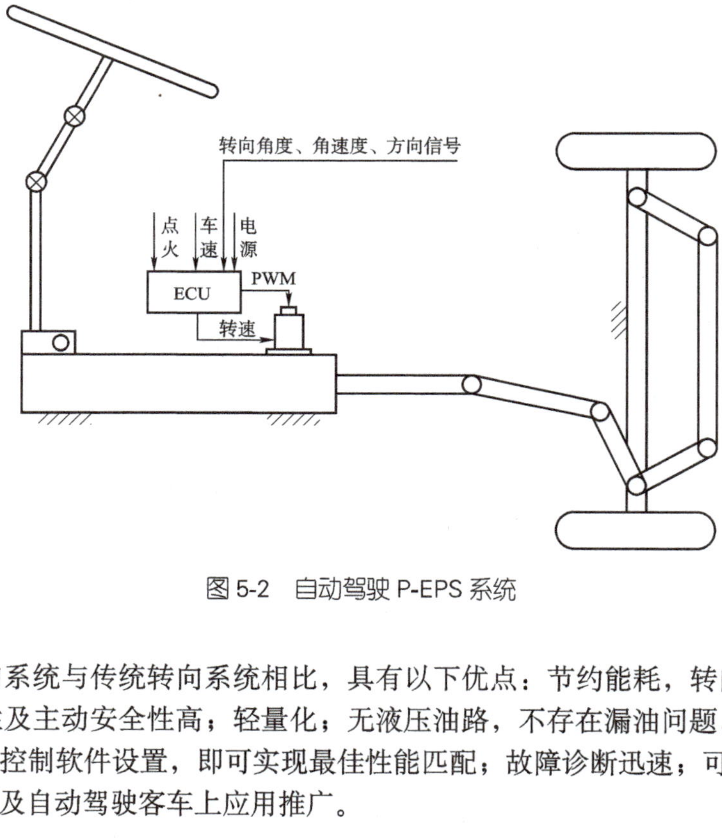


图 5-2　自动驾驶 P-EPS 系统

新型电动助力转向系统与传统转向系统相比，具有以下优点：节约能耗，转向便捷；系统布置自由容易；噪声低，舒适性及主动安全性高；轻量化；无液压油路，不存在漏油问题，同时减小环境污染；快速匹配，只通过转向控制软件设置，即可实现最佳性能匹配；故障诊断迅速；可适应ADAS及自动驾驶需求等，适合在新能源及自动驾驶客车上应用推广。

## 二、客车空气悬架系统

2019 年各悬架专业设计集成系统供应商，将研发重点放在了轻量化上。其中，高压 / 挤压铸造铝合金、锻造铝合金、高强铸钢、高强球磨铸铁、工程塑料等新材料的应用推动了悬架轻量化的新一轮进程主要体现在高强球墨铸铁气囊支座、高强铸钢托梁、铝合金气囊支座 / 吊杆 / 推力杆 / 气囊活塞、工程塑料气囊活塞等零部件产品。使用了新材料的零部件产品在保证可靠性的基础上，平均轻量化减重达 30% 以上。个别零部件可减重 55% 以上。在轻量化的同时，创造了较好的成本控制。目前，高强球磨铸铁、高强铸钢等材质的零部件产品、铝合金吊杆等非高承载类部件已经批量应用于市场；铝合金材质气囊支座、气囊活塞，工程塑料材质气囊活塞目前还处于小批量验证阶段。

2019 年公交客车常用空气悬架结构如图 5-3 所示。

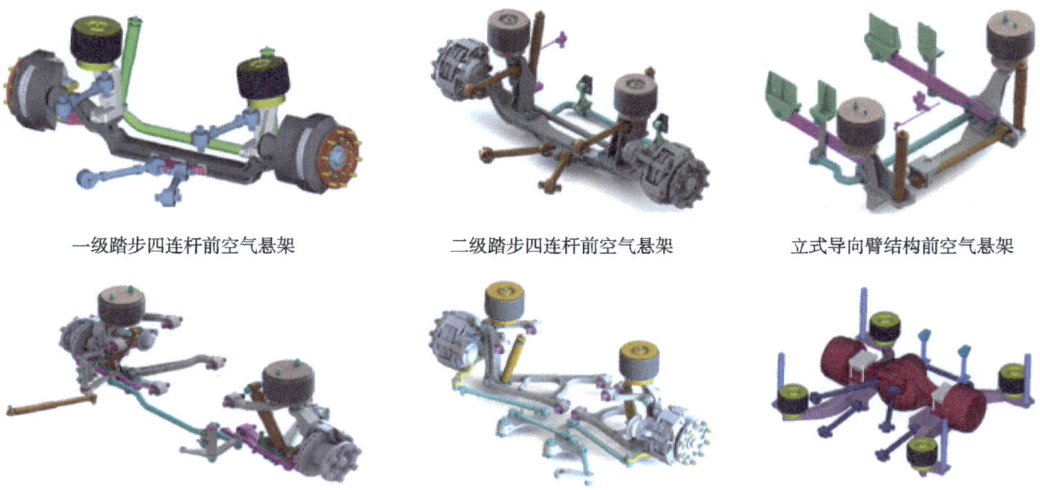


图 5-3　公交客车常用空气悬架结构

另外，2019 年宇通客车完成了 8.5m 纯电动公交客车后独立轮边驱动空气悬架车桥总成的匹配验证，并开始小批量市场接单应用。中国公路车辆机械有限公司完成搭载“驱动 + 减速 + 差速”集成中央驱动系统模块的 4.5t 后独立驱动空气悬架车桥的匹配验证，并具备市场推广能力。这两种驱动悬架车桥总成（表 5-1）的开发与验证，为中国客车的悬架匹配提供了更多的选择。

**后独立轮边驱动与集成式集中驱动后独立空悬车轿总成的特点　　　表5-1**

| 名称 | 后独立轮边驱动空气悬架车桥总成 | 集成式集中驱动后独立空气悬架车桥总成 |
| --- | --- | --- |
| 示意图 |  |  |
| 特点 | 实现了后独立空悬，布置空间较小，可实现短后悬布置；采用分布式电机驱动，加载电子差速控制；电机和减速机布置在车桥上，车辆簧下质量较大，动载冲击较大 | 相对于普通型，进一步将电机与机械差速集成化，集成效果更佳，占用的空间更小，综合重量更轻 |

## 第二节 客车主被动安全新技术

安全性指标一直是汽车产业的核心要素，而汽车的安全性能又分为主动安全性能和被动安全性能。主动安全性能是指车辆防止事故发生的能力，主要依靠车辆底盘性能和相应避免事故发生的装置，如制动、防滑、限速、照明等。而被动安全性能是指车辆在事故发生时大幅减低碰撞强度的功能，以最大程度保护乘客，尽可能避免重大伤亡事故的能力，其主要依靠车身的强度、吸能结构、座椅强度、安全带、逃生出口、消防设施等。

随着《营运客车安全技术条件》（JT/T 1094）的实施和推广，一大批主、被动安全装置先后在客车上得到了广泛应用，营运客车的安全性有了很大的提高，对保护人民生命财产安全、减轻重大事故伤亡起到了关键作用。

### 一、主动安全技术

主动安全技术除了常规的制动系统外，还可分为防滑控制和智能安全两个系统。防滑控制系统主要包括防抱死制动（ABS）、驱动防滑控制（ASR）、电子制动力分配（EBD）、电子驻车（EPB）、电子助力制动（EHBS）、驱动力控制（TCS）和电涡流缓速器、液力缓速器、发动机进排气辅助制动、轮胎气压自动监测系统及辅助充气装置等；智能安全系统主要包括智能避撞（前面碰撞预警、车道偏离预警、疲劳驾驶预警、自动泊车、行人识别和标志识别等）、电子稳定控制、自适应巡航控制、环境感知、夜视增强、夜视巡航、抬头显示、自适应前照灯控制和 360° 全景环视等装置。

#### 1. 电子助力制动系统 EHBS

当前，辅助制动系统已经成为汽车的标配。传统车大多采用由内燃机产生的真空压力差来辅助驾驶员进行制动操作，然而对于新能源汽车，尤其是纯电动汽车，由于动力来源被电机所取代，导致传统的真空助力方式已经不能完成辅助制动的功能。

为了解决上述问题，零部件企业研发出了电子助力制动系统 EHBS 如图 5-4、图 5-5 所示，以适应和满足新能源客车的辅助制动。电子助力制动系统 EHBS 通过网联化还可实现车车通讯，提前获取前车运动状态，可让制动系统更具“先知”功能。主动制动尤其适用于 L3 级别智能驾驶领域，根据系统指令，实现主动制动高速响应、高动态性能 TTL 控制在 165ms，并能改善 NVH 性能，缩短制动距离，降低布置难度及达到轻量化和舒适性要求。

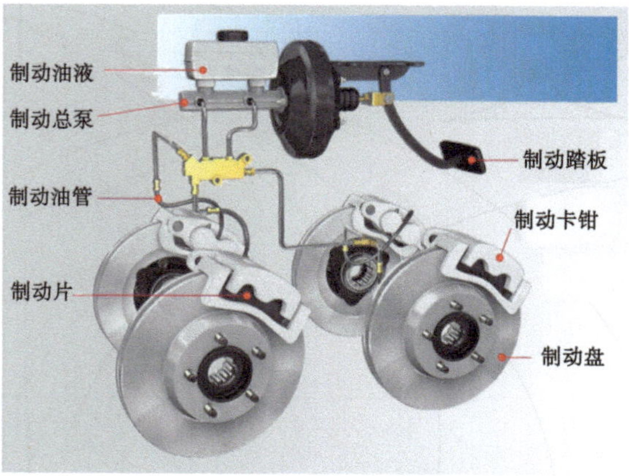


图 5-4 电子助力制动系统 EHBS 布置图

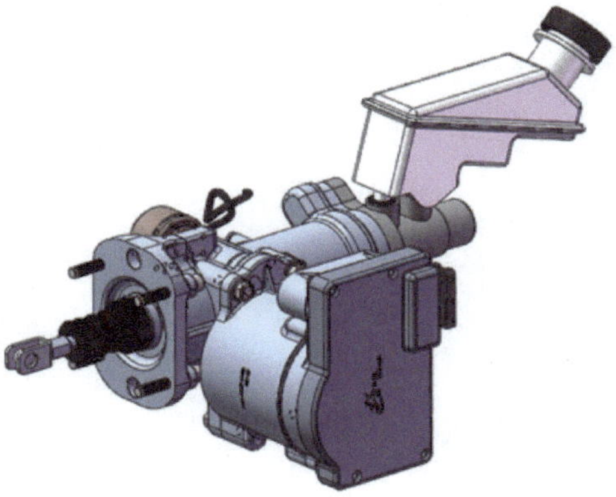

图 5-5 电子助力制动系统 EHBS

电子助力制动系统（EHBS）硬件架构主要组成包括：控制电路、电源电路、驱动电路、模型信号采集电路组成（表 5-2）。其中控制电路最高功能安全等级达到 ASIL-D 级（Automotive Safety Integration Level，汽车安全完整性等级，描述系统能够实现指定安全目标的概率高低），为后续符合 ISO 26262 标准功能安全开发提供硬件架构基础。

**电子助力制动系统（EHBS）硬件组成及作用　　表5-2**

| 主要部件 | 作　用 |
|---|---|
| 控制电路 | 实现电机控制核心算法的载体，包括主控芯片和监控芯片及相关采样，输出电路，其中主控芯片选用 TMS5701224，电源监控芯片 TPS65381 |
| 驱动电路 | 实现对 MOSFET 的驱动，实现直流电到交流电的变换 |
| 接口连接 | 实现部件的链接 |
| 壳体 | 整体部件的安装支撑 |

电子助力制动系统（EHBS）软件主要组成包括：应用层软件、应用程序连接层、底层软件、启动程序等（表 5-3）。

**电子助力制动系统（EHBS）软件组成及作用　　表5-3**

| 主要模块 | 作　用 |
|---|---|
| 应用层软件 | 实现电机建压控制、模式管理、故障保护等功能 |
| 应用程序连接层 | 实现应用层软件与底层软件的链接 |
| 底层软件 | 实现 MCU 驱动、通信协议、标定协议、诊断协议、任务调度等 |
| 启动程序 | 实现软件启动控制 |

电子助力制动系统（EHBS）的主要性能指标见表 5-4。

**电子助力制动系统（EHBS）的主要性能指标　　表5-4**

| 基本性能 | 参　数 | 基本性能 | 参　数 |
|---|---|---|---|
| 使用环境温度 | −40~125℃ | 主缸缸径 | 25.4mm |
| 防护等级 | IP67 | 行程 | 21.5+21.5 |
| 电池电压 | 10V~26VDC | 最高压力 | ＞10MPa |
| 电机最大线电流 | 65A | 产品重量 | 5.6kg |
| 最大助力 | 550kg | 外观安装尺寸 | 270×270×250mm |

### 2. 驾乘综合监测装置

驾乘综合监测装置如图 5-6 所示，是一款应用于公共交通安全的多功能监测装置，具有体温监测、易燃易爆物品监测、驾驶员岗前状态监测、客流量统计、数据记录及远程传输等功能。

驾乘综合监测装置具体功能如下：

（1）其采用红外热成像原理，能自动搜索并识别人脸；对人体温度进行自动测量、记录，并对体温异常乘客进行图像信息采集，实时远程传送到监控服务平台；

（2）具有易燃易爆物品监测功能，对乘客携带物品进行监测，并能进行语言播报；

（3）具备驾驶员岗前状态监测功能，采用 RFID 对驾驶员身份进行识别，并对驾驶员体温和饮酒状态进行测试，确保驾驶员安全上岗。

（4）通过人脸识别和人脸追踪技术，能够精准地对客流量进行统计和通过远程数据传输对数据进行采集，为通过大数据分析实现未来公共交通的智能调度提供了可靠的数据来源。

图 5-6　驾乘综合监测装置

驾乘综合监测装置能够实现重大疫情的监测追踪、驾驶员安全上岗、防止携带易燃物品、大数据采集等功能，对预防重大安全事故的发生起到了关键作用。

## 二、被动安全技术

被动安全技术直接决定了事故发生时和发生后乘员的伤亡及损失严重程度。而客车作为公共交通工具，对被动安全性的要求要远高于其他车辆。应针对碰撞、倾翻、火灾等主要事故形态，从设计、制造等方面采取相应的安全技术措施，配备完善安全设施和设备，以达到提高客车被动安全性的目的。

### （一）公共汽车客舱固定灭火系统

公共交通为人们带来便捷的同时，各类安全事故也在不断增加，火灾事故便是其中重要的一种。成都 9 路公交车火灾事件、厦门 BRT 事件等多起典型乘客舱火灾事故，造成了群死群伤，给无数家庭带来了巨大的损失，给全社会敲响了安全警钟。因此做好公共交通的消防安全工作是城市安防体系中重要的一环，对保障广大人民群众的生命财产安全，维护社会秩序稳定具有重要的政治意义和现实意义。

公共汽车车厢为乘客高度密集的区域，该区域内存在大量内饰件，在发生火灾时，火势蔓延迅速，厢内乘员疏散缓慢，危险性高，灾情后果严重。因此车辆使用过程中如果发生客舱起火，必须采取快速灭火的措施，在快速灭火的同时需具备降温、降烟、除尘作用，确保乘客的生存空间，增加乘客逃生时间。

公共汽车客舱固定灭火系统正是为应对上述情况而研发的。中汽客汽车零部件（厦门）有限公司研制的固定灭火系统能够在客舱内部发生火情时及时响应，快速扑灭客舱火情并降温、除烟，保障客舱内人员安全。

#### 1. 系统组成及工作原理

公共汽车客舱固定灭火系统如图 5-7 所示，由灭火装置主机、车身管路、细水雾喷头、控制器、仪表启动报警开关等部件组成。其工作原理为如图 5-8 所示，当乘客舱发生火灾时，司乘人员按下仪表台上的手动启动开关，灭火装置主机启动，系统通过加压将水基型灭火剂经管路输送到分在车厢内的各个水雾喷头，通过喷头雾化喷洒，水基型灭火剂在车厢内形成全覆盖喷洒，从而达到快速灭火，同时达到降温、除烟、降尘的效果。

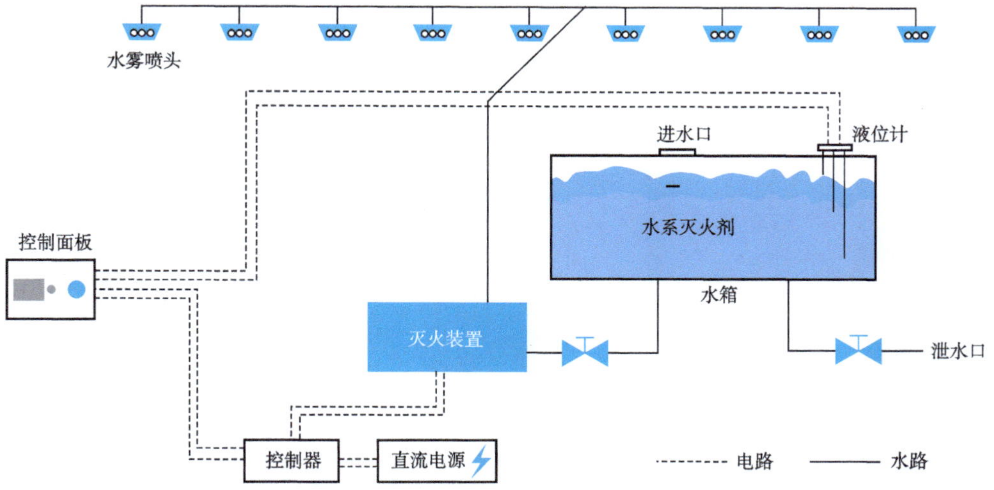


图 5-7　客舱固定灭火系统主要组成部件

## 2. 整车系统布置

客舱固定灭火系统在整车上布置方案为：喷头布置在车辆顶部，沿中轴线分布，喷头数量根据车长而定，一般为 7~10 个；管路固定在风道和顶棚骨架上；一体式灭火装置主机安装在乘客舱内，一般安装在下客门侧边位置；手动启动报警开关布置在仪表台通过车身线束与灭火装置主机连接。整车布置示如图 5-9 所示。

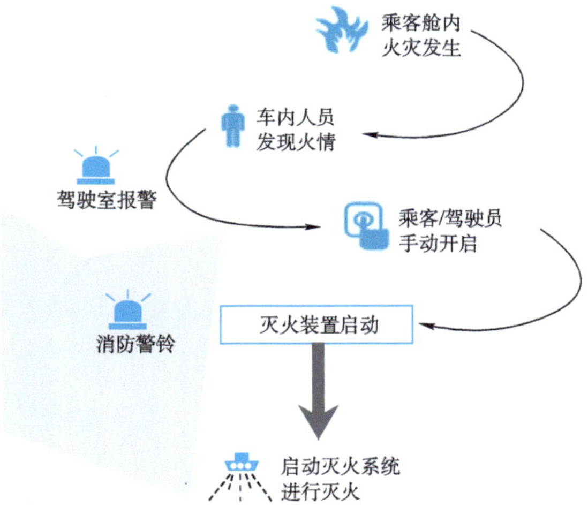


图 5-8　客舱固定灭火系统工作原理

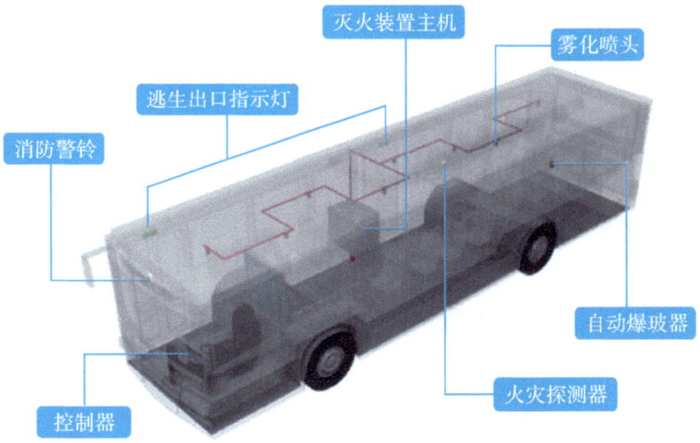


图 5-9　公共汽车客舱固定灭火系统布置图

## 3. 系统的优点

（1）公共汽车客舱固定灭火系统雾化程度高。采用区别于喷淋系统的雾化系统，将水基灭火剂以细雾态喷射出来，增加了灭火剂的比表面积，提升降温及除尘效率，使雾化水滴在车厢形成全覆盖灭火。

（2）响应时间快。水雾化装置在操作人员按下启动按钮 3~4s 内启动水雾系统喷洒，快速及时为乘客提供有效保护，抑制火情蔓延。

（3）灭火同时降温除烟。细小水雾能快速吸热的同时还吸附空气中的烟尘，达到降温、除烟、降尘效果。

（4）无死角全覆盖灭火。多孔双流道喷头，高达 150° 的喷雾角度，形成车厢内无死角全覆盖灭火。

（5）灭火剂安全环保。水基型灭火剂无毒无害，高效环保。

4. 市场应用

公共汽车客舱固定灭火系统产品目前已在北京、上海、江苏等全国各大城市的公交企业陆续配装，如图 5-10 所示。在国内郑州宇通、苏州金龙、厦门金龙、厦门金旅、中车时代、比亚迪等各大客车企业也形成了批量配套。

图 5-10　公共汽车客舱固定灭火系统安装实例

## （二）电动客车锂离子动力电池（箱）火灾防控系统

新能源车辆在静止停放、充电中、充电后、行驶过程中和碰撞后等情况下，火灾事故时有发生，而锂离子电池热失控是其最主要的根源。

为了应对这一风险，解决车辆的安全隐患，烟台创为新能源科技股份有限公司自主研发了一套电动客车锂离子动力电池（箱）火灾防控系统。该产品专注于电动汽车电池箱内部热失控火灾的防控，实现了电池箱内部早期火灾感知、智能判断、抑制初期火灾，具备电池热失控早期预警、自动及手动灭火功能。

该系统主要组成部分如图 5-11 所示。

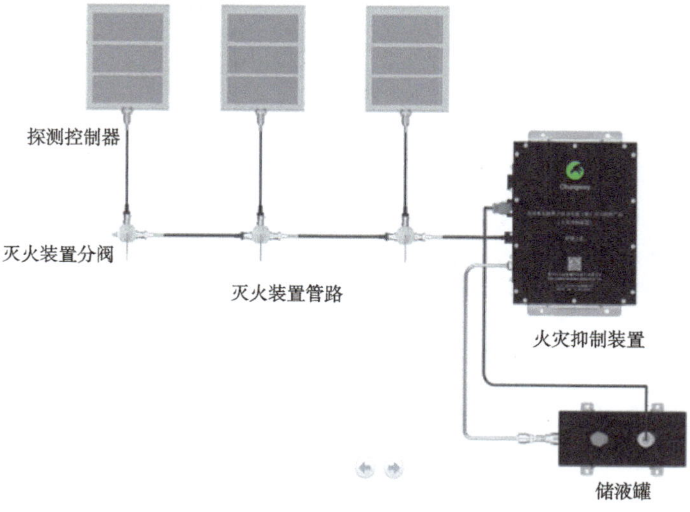


图 5-11　电动客车锂离子动力电池（箱）火灾防控系统组成

（1）火灾探测器采用多传感器融合技术，满足汽车应用环境和寿命需求，可有效防止误报和漏报；对电解液泄漏、电气阴燃和电池热失控具有准确预警功能；对电池热失控具有准确报警功能；同时采用多级预警和报警策略，实现整车的主动安全联动。

（2）火灾抑制装置采用全氟己酮作为灭火药剂。全氟己酮是一种环保、不导电、具有优良降温效果的洁净灭火剂，并且产品采用非储压式储存技术，具有多次可调式喷放策略和便于日常维护的显著特点。

（3）探测控制器安装在电池箱内，灭火装置安装在电池箱外（电池舱），系统由整车供电。探测控制器的数据会通过火灾抑制装置内的数据集中器上传至整车 CAN 网络，并在智能仪表上显示电池箱火灾防控装置的工作状态、故障代码、预警信息和灭火器状态信号。

## 第三节　智能监控平台技术

随着新能源汽车的发展与城市环保理念的推广，新能源公交车已然成为整个城市交通系统中不可或缺且日益发展壮大的重要组成部分。截至 2019 年底，中国新能源公交车数量已达 34 万辆，在中国公共客车保有量中占比 51% 以上。在新发展机遇下，车联网、大数据、人工智能技术为智能化调度、智能充电、驾驶员健康监测等的实现提供了坚实的基础。

### 一、运营企业面临的问题

纯电动公交车辆由于日常运营里程较长，受限于蓄电池容量和续航里程的限制，所以充电的频率较高。在相对固定充电资源配比情况下，实际充电运营中存在极大无序性，进站即充电、充电资源争抢等现象时有发生，严重影响纯电动公交车运营效率（图 5-12）。在纯电动公交车能耗分析功能的基础上，需要对车辆运行耗电和充电需求进行准确的预测，并结合科学的充电策略对纯电动公交车进行充电调度管理，可以有效缓解充电桩配比不足时的资源争抢问题，真正做到有序、高效充电，提升纯电动公交车整体运营效率，并保障车辆充电和运行安全。

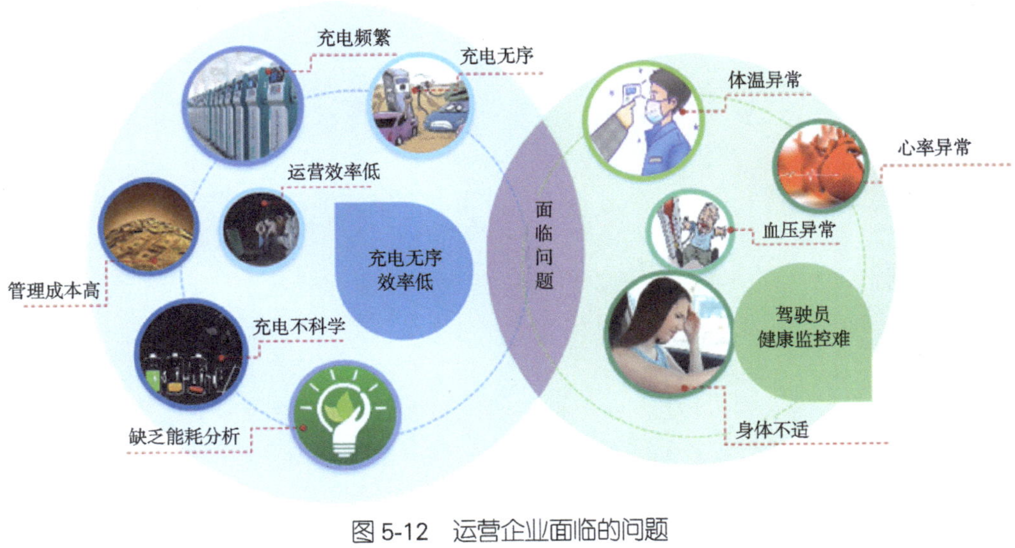


图 5-12　运营企业面临的问题

由于公交客车载客量大、驾驶时间久，且城市交通容易拥堵，路况变化大，对驾驶员的身体和心理健康提出了更高的要求。

## 二、人车桩网智能调度与安全监管平台

该平台融合了公交车辆智能充电调度、驾驶员健康监测和配套智能终端产品，实现人车联动，提高公交车辆风险管控能力，提升车辆充电调度管理智能化水平，并预防驾驶者突发疾病带来的安防隐患，降低管理成本。平台包含充电调度系统、驾驶员监控检测系统和智能 App3 个组成部分。

### 1. 充电调度

基于车辆排班计划、充电需求预测、充电效率评估以及充电策略，对充电资源使用方案进行优化，生成充电次数最少、平均充电等待时长最短、充电成本最低的充电方案，如图 5-13 所示。

图 5-13　充电调度

（1）车桩网数据融合。

将车、桩数据打通进行融合，打造车桩网一体化平台，构建完整的车辆运行体系。

（2）耗电量预测。

运用随机森林算法对纯电动公交车每趟运行路程所需耗电量进行精准预测。

（3）充电效率分析。

通过对车辆充电数据的统计，分析车辆在不同条件下的充电效率，进行车辆充电所需时长的估算。

（4）车辆充电调度方案。

基于车辆排班计划表、充电资源占用情况、车辆耗电量预测、充电效率预测，结合充电策略，生成充电调度功能。

### 2. 驾驶员监控检测

驾驶员监测包含基础信息、司机信息、实时监控信息、健康异常信息及求救信息的管理、分析和展示，管理员对司机进行分组管理，通过监控后台批量监管司机健康情况（图 5-14）。

驾驶员健康监测系统包含智能监控手环（以下简称“智能手环”）和智能监控系统两大部分。

（1）智能手环。

驾驶员佩戴手环，支持定时采集驾驶员的健康数据，包括血压、血氧饱含度、心率、体温等数据，以及驾驶员的实时定位数据，所采集的健康和定位数据由智能监控 App 实时上报监控系统。

当驾驶员在驾驶期间发生意外或身体感到不适时，通过手环一键 SOS 发送求助信号。监管人员在监

牢系统上通过查看求助信号源信息，对当前驾驶员所属的监管人员和救援队伍进行智能消息推送；辅助相关人员快速定位驾驶员当前所处位置以及身体不适原因，为驾驶员提供更加及时高效的救援服务。

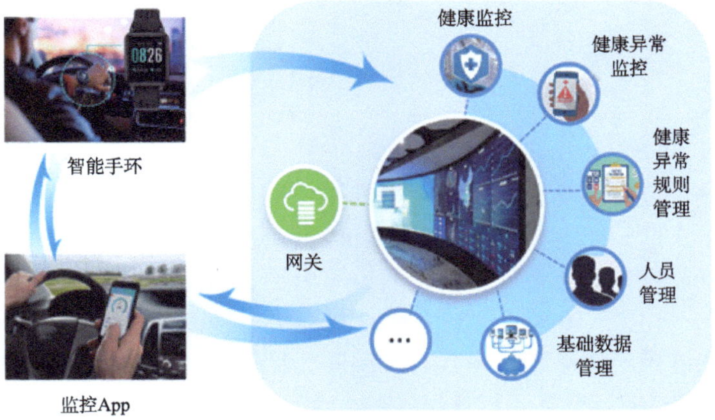


图 5-14　驾驶员监控检测场景图

（2）智能监控系统。

系统包含智能手环信息、驾驶员信息、实时信息、健康异常及求救报警的管理，并对数据进行分析和展示，提供多方位智能监管驾驶员健康情况等管理功能，使监控更高效，管理更方便。

### 3. 智能监控 App

根据智能手环采集到的健康数据，平台判断驾驶员当前健康状况是否正常。当健康数据异常时，平台发出异常报警，并推送报警信息至驾驶员和所属管理人员的智能监控 App。当驾驶员感到身体不适，通过 App 或手环发送求救信号，平台收到信号后，立即推送求救信号至管理人员的智能监控 App，以便管理人员及时联系驾驶员了解真实情况（图 5-15）。

图 5-15　App 功能示例

管理人员和驾驶员可通过 App 查看最近车辆排班任务，并实时获取管理部门发布的临时或紧急调动信息，方便快速调整任务。当驾驶员班次结束回站场时，平台根据排班计划和车辆电量信息以及站场充电桩的使用情况，智能综合分析后推荐充电方案到驾驶员 App，驾驶员可选择最优方案进行充电。

## 第四节　新材料应用

客车除了铝合金、镁合金、碳纤维以及聚合物基复合材料等轻量化材料的应用外，为了在车辆火灾事故中进一步保障驾乘人员的安全，车身防火阻燃内饰材料也得到了广泛应用。

客车内饰材料在整车部件中占比很大。传统的填充内饰材料主要有玻璃纤维、聚氨酯海绵发泡、波峰海绵、绒布棉及 PE 等，如图 5-16 所示。这些传统材料吸音性能较好，具有一定的减震和隔热能力，但均存在很多弊端。比如玻璃纤维易吸水并且对环境和人体健康都会造成危害；聚氨酯阻燃性能很差，易熔滴，且燃烧后会释放大量有毒气体；PE 材料隔音、吸音性能较差，烟毒性很大。如果不使用新材料，一旦客车发生火灾，会迅速产生大量浓烟、滴落物、黑色吸附物、有毒气体，不利于驾乘人员快速有效地逃生，将会造成重大人员伤亡和社会影响。

图 5-16　常规内饰填充

随着我国新能源汽车的发展和技术升级，客车行业越来越重视车身内饰阻燃材料的性能。特别是在 2016 年交通运输部发布了《客车内饰材料的阻燃特性》（JT/T 1095—2016），与原国标《汽车内饰材料的燃烧特性》（GB 8410—2006）相比，除水平燃烧外，将客车内饰材料的垂直燃烧、烟密度、氧指数纳入评判内容，使客车内饰材料的安全性得到进一步加强。

安洁利德科技有限公司通过引进、吸收及自主创新，研发出采用优质阻燃、环保的原生 PES 三维中空纤维丝的新型阻燃隔热降噪棉系列产品，如图 5-17 所示。该产品在遇火时不燃烧，无有毒有害气体产生，不熔滴，烟雾量极小，且阻燃属性为全生命周期（表 5-5）。

图 5-17　新型阻燃隔热降噪棉系列产品

**新型阻燃隔热降噪产品性能参数对比表**　　**表5-5**

| 产品类型 | 安洁利德产品 | 某品牌产品 | JT/T 1095—2016 | GB/T 38262 | EN45545-2 | TB/T 3237—2010 |
|---|---|---|---|---|---|---|
| 氧指数 | 35 | 26 | ≥ 28 | ≥ 26 | — | ≥ 32 |
| 烟密度等级 | 36.5 | 65.85 | ≤ 70 | ≤ 75 | — | — |
| 水平燃烧 | A-0 | A-0 | A-0 | A-0 | — | — |
| 垂直燃烧 | 0 | 0 | ≤ 100 | ≤ 100 | — | — |
| CO（$mg/m^3$） | 23.68 | 56.84 | — | — | < 1380 | < 4000 |
| $CO_2$（$mg/m^3$） | 1066.46 | 4205.21 | — | — | < 72000 | < 90000 |
| HBr（$mg/m^3$） | 0 | 126.73 | — | — | < 99 | < 330 |
| HCl（$mg/m^3$） | 0 | 87.49 | — | — | < 75 | < 150 |
| HCN（$mg/m^3$） | 0 | 54.92 | — | — | < 55 | < 110 |
| HF（$mg/m^3$） | 0 | 28.16 | — | — | < 25 | < 82 |
| Nox（$mg/m^3$） | 0 | 36.28 | — | — | < 38 | < 190 |
| $SO_2$（$mg/m^3$） | 0 | 247.68 | — | — | < 262 | < 260 |
| 降噪系数 NRC | 0.75 | 0.6 | — | — | — | — |
| 热传导系数 20℃ | 0.035W/(M·K) | 0.039W/(M·K) | — | — | — | — |
| 甲醛释放量 | 未检出 | 未检出 | — | — | — | — |
| 憎水率（%） | 99.6 | 96 | — | — | — | — |
| 耐霉菌 | 0 级 | 0 级 | — | — | — | — |

此外，该公司还研制出纳米防火毯系列产品。通过将高阻燃布和气凝胶复合，内部由胶体粒子互聚构成多孔网络结构，并在网络结构的空隙中充满固态纳米级分散介质。此项新产品能有效抑制热传导、热对流和热辐射，并且高阻燃，可耐1350℃高温，是一种有巨大应用价值的防火绝热材料，能达到和超过汽车、轨道交通、船舶等其他特种行业燃烧特性的标准要求。

# 第六章　新能源客车技术

新能源汽车技术与传统燃料汽车技术不同，是采用非常规的车用燃料作为动力来源，或使用常规的车用燃料但采用新型的车载动力装置、综合车辆的动力控制和驱动方面的先进技术。

相比于传统燃料汽车技术，新能源汽车技术将有效降低碳排放、提升燃料利用率、降低使用成本，还兼有运行平稳噪音低的优点。但目前新能源技术还在探索和发展阶段，对现有电池技术、精密机械电控技术和各项配套设施等的要求极高，还需要时间进一步完善。

目前，新能源汽车主要包括纯电动汽车、增程式电动汽车、混合动力汽车、燃料电池电动汽车、氢发动机汽车、其他新能源汽车等。2001年，新能源汽车研究项目被列入国家“十五”期间的“863”重大科技课题，并规划了以汽油车为起点，向氢动力车目标挺进的战略。第一阶段是以混合动力汽车为主，燃料电池车等新能源汽车为辅的发展方向，开拓新能源汽车市场；第二阶段是在纯电动汽车技术成熟的基础上，纯电动汽车逐步替代混合动力及燃料电池汽车直至完全占据新能源汽车市场，进入零排放的阶段。

本章主要聚焦在纯电动客车、混合动力客车、燃料电池客车以及新能源客车新技术及创新零部件这几方面，并对其进行展开描述。

## 第一节　纯电动客车

纯电动客车是指以车载电源为动力，用电机驱动车轮行驶，符合道路交通、安全法规各项要求的客车。纯电动客车具有无污染、噪声低、能量转换效率较高、使用维修方便等优点。

### 一、整车控制集成技术

#### 1.高压系统集成控制技术

随着新能源客车产业的持续发展，目前高压集成控制系统及多合一集成式控制器，正在成为一种技术发展趋势。高压集成控制系统（即集成式控制器）是连接车载动力电池和驱动/转向/空压电机的重要纽带，充、放电均通过高压集成控制系统实现电能的变换（图6-1）。

行业主流的“多合一”主要包括：驱动电机控制器、DC-DC变换器、转向电机控制器、空压机控制器、漏电传感器、高压配电模块、CAN控烧结检测。

主要优势：（1）集成度高；（2）体积小，功率密度大；（3）EMC等级本机达到CLASS3，而且可以集成EMC套件，提升整车EMC等级；（4）汽车级物料，寿命长，可靠性高；（5）防护等级满足IP68&IP69；（6）200A快充可兼容9~36V供电；（7）驱动器可适配各种电机；（8）模块化设计，主要器件定制，减少线缆连接，提高稳定性及效率；（9）具备国际标准的控制、保护功能和软件设计，采用汽车CAN总线通讯，具备在线程序升级及故障诊断功能。

#### 2.驱动模块集成

传统的低压控制技术采用的是保险和继电器来满足整车的低压供电需求。但是机械式继电器有着寿命限制，长时间使用容易出现磨损或接触不良；而保险只有最基本的保护功能，无法实现诊断机制，也不具备PWM输出功能。新一代的汽车采用智能功率器件，减少了保险和继电器的使用。

比亚迪汽车工业有限公司开发的驱动模块，内部采用驱动芯片和MOS管，可以诊断出电路中出现的过流、开路、短路等故障现象，同时可以监控出回路电压、电流等电气参数；通过CAN报文形式发送到

CAN网络上，用于仪表显示。大大简化了整车的诊断和维修工作。

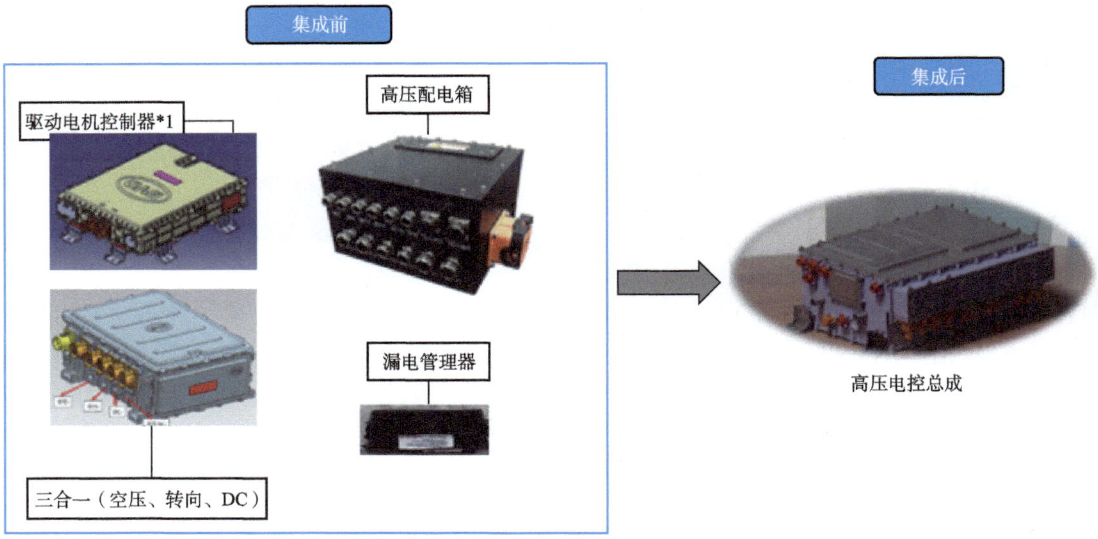


图6-1　高压控制总成集成前后示意图

驱动模块在整车上分布式布置（图6-2），信号全面采用CAN传输。采用就近采集就近驱动的原则，优化了整车线束走线和线束成本，提升了整车控制功能稳定性和可靠性。

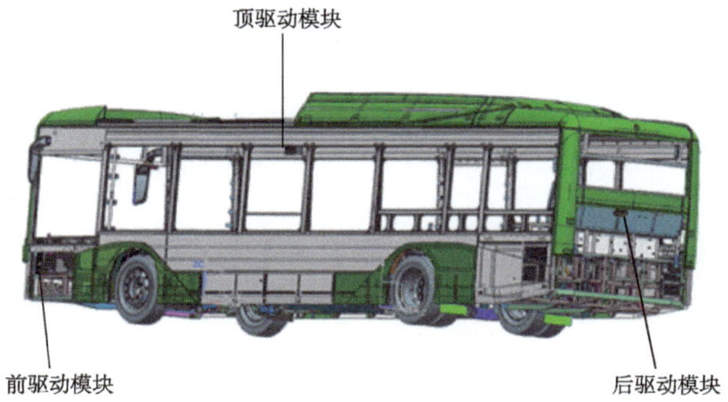


图6-2　驱动模块在整车上分布式布置

### 3.多合一组合仪表总成

随着汽车行业的快速发展，汽车电器产品更加趋于智能化、集成化。现在汽车大多采用组合仪表。仪表一般由面罩、边框、表芯、印制电路板、插接器、报警灯及指示灯等部件组成。有些仪表还带有稳压器和报警蜂鸣器。不同客车的组合仪表个数不同。一般仪表板上主要仪表有：燃油表、冷却液温度表、发动机转速表和车速里程表。仪表板上还有许多指示灯、报警灯、仪表灯等。

比亚迪汽车工业有限公司开发了一款多合一组合仪表总成作为客车低压控制的“核心”，是集仪表显示、低压控制于一体的高度集成化的低压控制模块（图6-3）。

系统功能：集成了仪表显示、智能钥匙系统、灯光控制、仪表台开关采集、信号输出、雨刮控制、视频接口、语音提示、引擎音模拟器驱动以及部分低压供电功能。

通信接口：配置4路CAN接口，其中一路CANFD通信接口。

视频接口：配备2路视频接口，可显示中门、倒车影像。

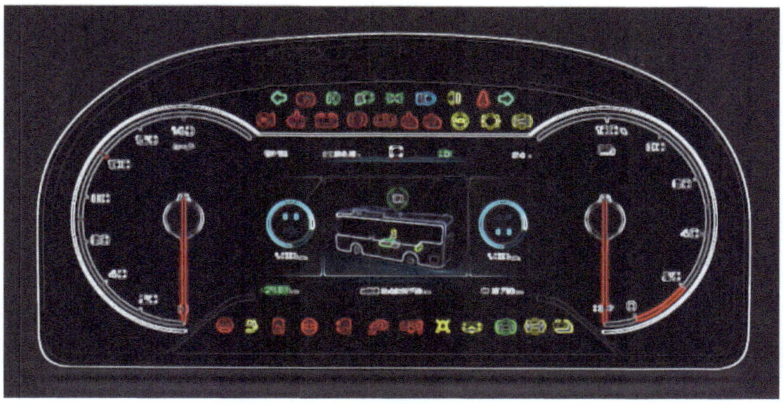

图6-3　多合一仪表控制

界面效果：8寸高清TFT显示屏+实体表盘，结合全新设计的UI界面，效果绚丽，内容丰富，科技感十足。

显示内容：可全面的显示整车状态信息，包括车速、挡位、气压、蓄电池电压、动力电池电量、冷却水温、实时功率、转速以及多个指示灯和文字提示，可通过菜单界面进行车辆设置，还可以实现参数化配置，更全面、安全地满足驾驶需求。

车辆安全：基于RFID技术、采用先进的加密算法实现车主身份识别、无钥匙进入、无钥匙启动和遥控门锁等功能。

## 二、电池热管理系统

电池管理系统（Battery Management System）是连接车载动力电池和电动汽车的重要纽带。电池管理技术由电池管理系统（BMS）实现。其主要技术有电池状态估算，充放电管理，热管理技术。

热管理技术即电池冷却技术，行业主流3大电池冷却方式主要有3个：自然冷却、风冷、液冷等，其中，液冷延缓电池衰减效果最好。图6-4为液冷方式的示意图。

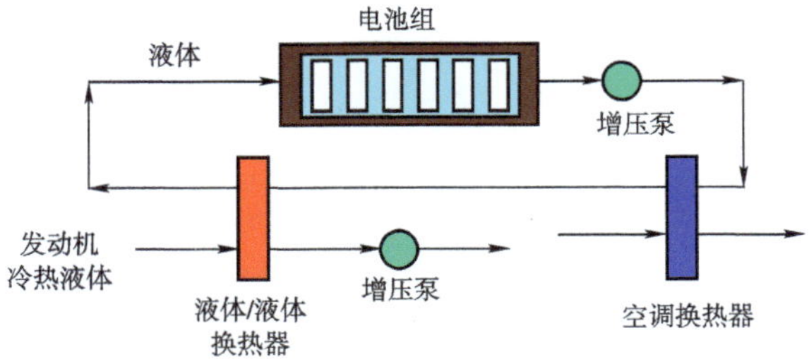


图6-4　液冷实现示意图

电池冷却技术特点:热管理与空调集成+智能控制+多样化标准配置。一是电池热管理系统与车载空调系统高度集成，二是通过智能控制的方式，监控并实时调节电池温度，三是可以根据运营环境进行不同的配置：（1）单冷却模块；（2）冷却和加热集成模块，如图6-5所示。

针对高温、高寒、高海拔等不同地区及使用环境，通过对动力电池进行冷却或加热方式，保障动力电池适宜的工作状态，可进一步延长动力电池使用寿命，全面提升整车安全性，满足多地客户需求（图6-6、图6-7、图6-8）。

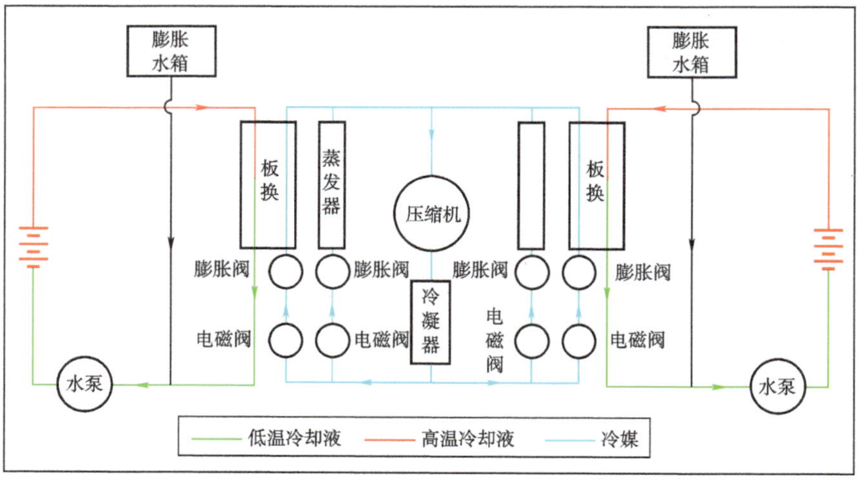


图6-5　电池冷却

图6-6　新疆“火洲”吐鲁番地表峰值温度88℃

图6-7　内蒙古海拉尔-47℃极寒低温

图6-8 西藏拉萨海拔5190m

比亚迪于2005年开始从事动力电池研发，2015年进入应用，超过50万台装机量，未出现过一起电池安全事故。其电池热管理技术从可靠连接、高压防护、碰撞、过充、短路、主被动放电、热失控7个维度，在电池电芯设计、电池模组设计、电池包设计、电池管理系统4个层面，全方位有效保障电池安全（图6-9）。

电池包设计：每个电池包均配置保险装置。当电池包或系统发生外部短路时保险快速熔断，可起到保护电池短路的作用，提高电池包及系统安全性。电池防护等级达到IP69，领先于行业。

全新一代电池管理：全新一代电池管理系统（图6-10），从电池安全保护、电池状态预估、均衡及热管理、功率及能量管理4大板块，12个方面对动力电池系统进行360°全方位保护及管理，24h对电池信息进行监控，全天候保障电池安全。

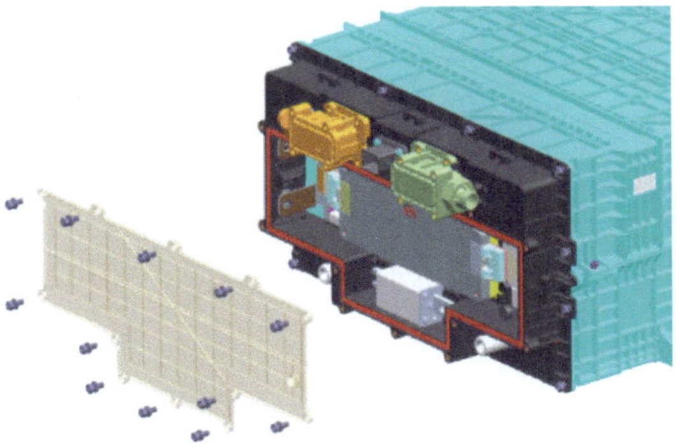

图6-9 电池包保险装置

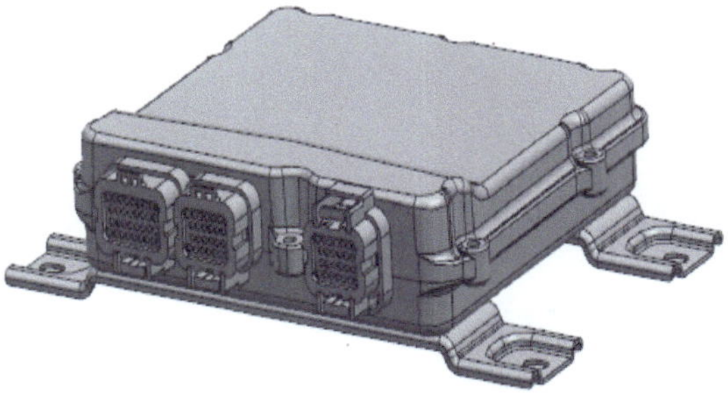

图6-10 电池管理模块

全新一代电池热管理：行业首创电池热管理系统，从2017年起已成熟应用4年，可靠性及效果得到市场的充分认可。全新一代电池热管理系统，温度控制更为迅速准确，提升电池寿命10%~20%，保障电池安全。

## 三、整车电磁兼容性技术

与内燃机客车和电动乘用车相比，电动客车有着产品定制化、线束复杂化、电池大容量化、电机高功率化、电控高度集成化等特点，这使得电动客车的电磁兼容问题日益突出。同时，随着电动客车自动驾驶技术的快速发展，车上同时使用了多种频段的不同雷达，数据处理设备更加的集成化、高速化，这给自车和多车之间的电磁兼容又带来了新挑战。

目前没有完全适用于电动客车的电磁兼容性能要求和试验方法的相关标准，国际标准和国家标准发布的相关电磁兼容性试验规范主要适用于传统燃油乘用车和混合动力乘用车，只有少数标准如ISO 11451-2和GB/T 33012.2里面提到了传统燃油客车，但并未对电动客车进行相关电磁兼容性试验方法的规定。

现有标准对比情况见表6-1。

**相关标准对比说明表** **表6-1**

| 项目 | 用途 | 国际相关标准 | 国家标准 | 客车适用性 | 说明 |
|---|---|---|---|---|---|
| 车外辐射发射 30-1000MHz | 考核车辆对外界的辐射发射强度是否符合要求 | ECE R10.05 /CISPR 12 | GB 34660 GB 14023 | 不完全适用 | 现有国际、国家标准测试点无法全面覆盖大型以上客车发射情况 |
| 电磁场发射 0.15-30MHz | 考核车辆对外界的低频电磁场发射强度是否符合要求 | SAE J551-5—2012 | GB 18387 | 不完全适用 | 现有国际、国家标准测试方法无法全面覆盖中型以上客车发射情况 |
| 车外辐射抗干扰 | 考核车辆对外界电磁辐射的抗扰性能是否符合要求 | ECE R10.05 | GB 34660 | 不完全适用 | （1）现有国际、国家标准规定的测试点无法全面考量电动客车抗扰水平；（2）现有国际、国家标准试验条件和失效判定标准未明确电动客车关键零部件相关要求 |
| 充电电源线传导发射 | 考量车辆充电系统对电网的传导发射强度 | SAE J551-5—2012<br>ECE R10.05 | — | 不完全适用 | 现有国际标准测试布置图、测试方法不能完全适用于电动客车 |
| 车内电磁环境 | 考量车内电磁环境对司机/乘客的影响程度 | ICNRP 2010 | GB 37130 | 不完全适用 | 现有国际、国家标准无法明确规定电动客车测试点 |

现有标准主体对象为一般车辆，长度与配置差异大的客车无法适用，如图6-11、图6-12、图6-13所示。

图6-11 单点天线无法覆盖超长客车

图6-12　客车充电工况未形成系统要求

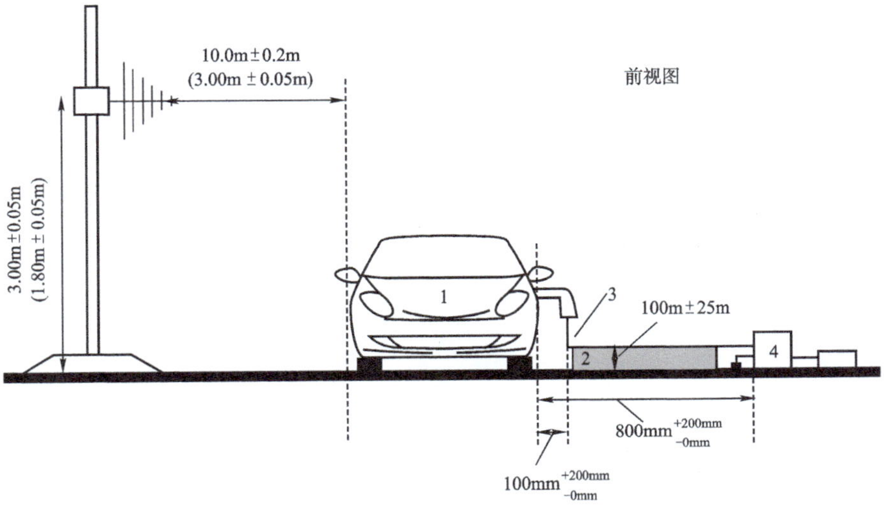


图6-13　缺少客车布置图示，部分项目操作难

电动客车配置大容量电池、高功率电机、长线缆、并具有复杂集成和市场定制化等特点，使整车电磁干扰问题日益突出。表6-2是关于客车和乘用车电磁干扰问题的对比情况。

**客户和乘用车电磁干扰问题的对比情况**　　**表6-2**

| 乘用车类型 | 燃油客车 | 某 12m 纯电客车 | 某纯电乘用车 |
|---|---|---|---|
| 高压线束总长 | 无 | 约 100m | 约 50m |
| 高压模块数量 | 无 | 约 14 个 | 约< 10 个 |
| 最大功率 | 无 | > 100kW | > 60kW |
| 低压线束总长 | 长 | 很长（约千米级别） | 长（约百米级别） |
| 低压模块数量 | — | 很多 | 很多 |

比亚迪通过对电动客车电驱动总成、动力电池、DC/DC等系统特性数年测试与研究积累，全面地规定了适用于电动客车的整车车外辐射发射、电磁场发射、充电系统电源线传导发射、车外辐射抗干扰以及车内电磁环境的测试方法，天线布置、测试工况和判定方法等。通过以上多项测试，可较为精准地对电动客车电磁兼容性水平进行评价（图6-14）。

图6-14　比亚迪某型电动客车整车电磁兼容测试

## 第二节　混合动力客车

混合动力客车是指由2种或2种以上不同类型的动力源联合驱动的车辆。其行驶动力依据车辆实际的行驶状态由单个驱动系单独提供或多个驱动系共同提供。兼顾了纯电动汽车节能、低排放、绿色环保以及传统汽车长续航等优势，是新能源汽车发展的重要方向。相关企业院校围绕“节能、环保、安全”的目标，重点在“动力系统、电机及控制技术、电池及管理技术、节能减排技术、智能安全与电控技术”等关键技术领域开展研究。

### 一、混合动力系统匹配

动力系统是新能源客车的核心部件之一，决定整车的动力性、经济性、安全性、可靠性等属性要求，是国内外研究机构和汽车企业的研发热点。混合动力构型按照结构可分为串联、并联和混联3种模式。

国外客车混合动力系统混联、并联和串联3类构型均有采用。混联构型以行星混联为主，代表厂商为艾利逊；并联以P2构型为主，虽然节油潜力不高，但成本低，相对传统动力系统改动较小，伊顿、采埃孚、沃尔沃等企业依托变速箱技术优势采用P2并联构型；串联构型结构简单、开发难度低，但节油效果差，目前MAN、BAE以及福伊特等企业采用串联构型。

国内客车混合动力系统构型以混联构型为主，主流混联构型又分为双电机直驱混联、双电机+机械式自动变速箱（AMT）混联和行星排功率分流式混联3类。双电机直驱混联结构简单可靠，但系统重量重、爬坡能力差；双电机+机械式自动变速箱（AMT）混联系统改善了AMT换挡动力中断，提升了系统动力性，但发动机转速无法实现与车速的解耦，发动机效率提升受限；行星排功率分流式混联系统（图6-15）可实现发动机转速、扭矩与车速、驱动扭矩的双解耦，同时可实现无级变速，节油效果佳、动力性好，是发展的主流方向。

如图6-15 所示为郑州宇通客车开发的行星排混联驱动系统。采用高度集成的设计理念，形成了机电接口标准化、关键系统模块化、关键部件通用化的插电式混合动力系统平台，能有效解耦发动机和负载，实现发动机的最优控制，调节发动机始终工作在高效区。经测试，在标准工况下这种技术使整车节油率大于60%，无级变速平顺性好，起步加速有力，爬坡能力强。

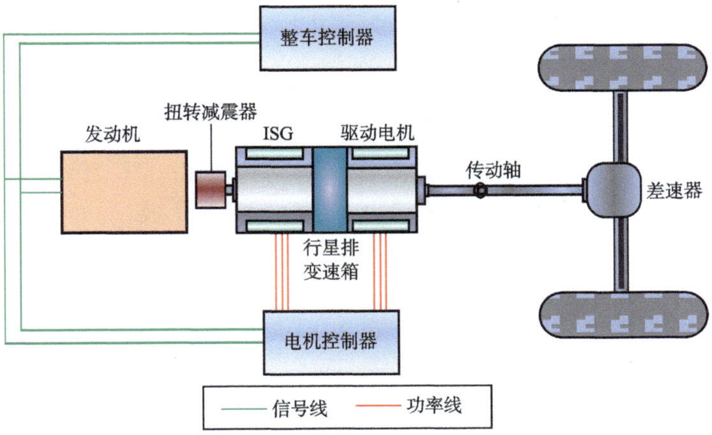


图6-15　行星排功率分流式混联系统

## 二、电机及控制技术

电机控制器方面，国外插电式混合动力客车电机系统多采用电机+单电机控制器的方式，国内插电式混合动力客车通常采用电机+多合一集成控制器的方式。宇通集成控制器除控制主驱电机以外还同时控制发电机、整车高压配电、24V-DC/DC、助力转向电机等。相比国外，国内大部分厂家控制器集成度更高，高压线束连接点更少，安全系数更高，线束连接精简、布置规范整齐，提高了高压系统安全性的同时方便客户维护。电机类型方面，国内外客车大多数均采用永磁同步电机，其综合性能相对其他类型电机较为优异。但考虑到各国原材料成本差异，国外方面除永磁同步电机外其他类型电机也有小部分应用。比如MAN采用了开关磁阻电机、奔驰采用异步感应电机等。

鉴于近年来我国大多数城市频繁发生城市内涝的情况，宇通开发了高防护等级集成式电机控制器，以应对城市内涝、连续大雨等恶劣天气，提升整车安全性、可靠性。集成控制器通过优选高防护等级高低压接插件、采用内部灌胶密封工艺等措施，使其防护等级从原有的IP67提升到IP68。控制器可在1m水深环境下浸泡24h保证内部无进水，给客户预留出足够的抢修时间，增加客户处理被泡车辆的灵活性，降低客户损失。

## 三、电池及管理技术

国内插电式混合动力客车采用的动力电池主要分为两种类型，一种是锰酸锂电池，另一类为磷酸铁锂电池。国外插电式混合动力客车则主要采用三元NCM锂离子电池。相比而言，磷酸铁锂、锰酸锂电池及系统比能量低于三元NCM锂离子电池，但是在循环寿命及安全方面优于三元NCM锂离子。其中，锰酸锂电池在低温性能、大倍率充放电以及成本方面有更明显的优势，使得锰酸锂电池在国内插电式混合动力客车行业中得以广泛推广应用。

为了进一步保证电池系统安全与可靠性、提升客户使用体验，宇通开发了电池24h监控、远程升级等功能。针对低温下动力电池功率受限影响整车动力性问题，开发了动力电池预约加热功能，通过手机App等终端进行预约操作，实现电池自加热开启，保证车辆运营时电池温度处于最佳工作温度范围内，从而保证整车性能。

随着新能源客车的推广普及，插电式混合动力客车用动力电池系统也会朝着比功率提升、成本降低、寿命延长、同时兼顾电池系统比能量的方向发展。

### 四、节能减排技术

随着“国六标准”实施，对整车排放提出了更高的要求，需在整车层级实施PEMS试验。受限于混合动力系统的发动机频繁启停的工况特性，发动机后处理系统温度相对低于传统车辆，对整车PEMS试验带来了较大挑战。针对此问题，宇通通过发动机后处理保温措施优化、发动机扭矩加载路径优化、整车后处理温度智能维持等策略，在行业内率先完成了“国六标准”排放升级。

工况对于插电式混合动力汽车的能耗具有重要的影响。基于逻辑门限、等效燃油消耗最小的控制策略都无法实现工况自适应，达到能效最优的目的。基于工况大数据的混合动力公交和公路客车典型工况构建方法，宇通建立了行驶工况特征参数、控制参数与车辆性能参数的映射关系，完成了插电式混合动力系统在线工况识别的能量管理和动力分配的节能控制。

### 五、智能安全与电控技术

随着智能网联技术的推广，智能化技术已渗透到车辆经济性、动力性、安全性、舒适性和操控性等多个领域。宇通在对车辆经济性、可靠性和安全性持续提升的基础上，也大力投入基于智能感知的安全辅助驾驶控制技术研发，开发了包含360°全景环视预警辅助系统、碰撞缓解控制系统（CMCS）和驾驶员行为监控系统（DMS）等智能辅助驾驶技术，提升车辆驾驶安全性、舒适性。通过全面梳理驾驶特性和工况特性，开发了基于道路环境感知和驾驶意图识别睿盾安全包系统，包括坡度辅助起步系统（HSA）、停车制动系统（Auto Hold）、电子驻车系统（EPB）、油门误踩防护系统（EAPM）等安全功能，对安全风险高的驾驶员不规范操作进行警示，提升了行车安全性。

随着智能网联技术的推广，对车载控制器的计算性能、通信带宽和信息安全要求大幅提升。针对这一问题，宇通搭建了基于域控制器互联，面向功能需求的分布并行计算电子电气架构，开发了集功能安全、信息安全、多核异构于一体的新一代硬件系统及基础软件平台。控制器防护等级达IP68，满足了系列化车型对智能化、网联化功能不断迭代升级的需要。宇通自主研发的“Vehicle+”云计算平台，具备百万级接入能力，在新能源客车上已经实现了远程状态监控、远程故障分级预警、危险驾驶行为管理、能耗分析等先进技术，且具备算法分析、数据可视化、数据场景化等大数据基础能力，达到了国内领先水平。

## 第三节 燃料电池客车

燃料电池客车是指采用燃料电池为电驱动系统提供电能的客车。目前，燃料电池客车主要以氢气作为主要能源，锂离子动力电池作为辅助能源。与传统客车、纯电动客车相比，燃料电池客车具有能量转换效率高、续驶里程长、绿色环保、电池过载能力强、低噪声等优点。

燃料电池客车关键技术有5个方面，即燃料电池系统、车载储氢系统、车载蓄电池、动力传动系统匹配和电机及控制技术。近两年，我国燃料电池客车的研发测试取得较大的进展，动力性、续驶里程和冷起动等基本性能指标不断优化。

福田欧辉面向冬奥会使用环境，自主研发的BJ6122FCEVUH氢燃料12m级城间客车（图6-16），攻克了寒冷地区燃料电池电堆冷启动、整车低温热管理、耐低温动力电池、高性能电驱动及整车动力系统集成和能量综合管理优化等关键技术。

图6-16　BJ6122FCEVUH燃料电池客车造型

## 一、整车性能及控制策略

燃料电池客车以燃料电池和蓄电池作为能量源，通过DC/DC调节燃料电池发动机输出电压，以跟踪蓄电池电压共同满足整车功率需求。整车以启动速度快、动力性强、具有制动能量回收功能、续驶里程长、燃料电池可稳定工作在中负荷区域、燃料电池寿命长。以氢耗最低为目标函数，以燃料电池输出功率为控制变量，并考虑燃料电池耐久性对控制变量进行约束，设计整车的控制策略，实现在不同工况下具有较好的燃料效率和动力性能。

### 1.能量管理策略

在燃料电池客车能量管理设计上采用了功率跟随式的能量管理策略，结合燃料消耗量最小为目标的全局优化控制。采用该最优控制策略进行能量管理，可以实现以下目标：

（1）最优的燃料电池性能。在保证燃料电池系统输出特性良好及较长的使用寿命的基础上，控制燃料电池系统的输出功率范围，在车辆急加速时由锂离子电池组提供功率补偿，保证燃料电池系统输出功率上升曲线平缓；若锂离子电池的功率不足以承担功率波动，则适当牺牲整车动力性，对行车曲线进行实时调整。

（2）保证锂离子电池组的合理充放电。确定锂离子电池组的合理充放电范围是SOC保持在30%~80%之间，防止锂离子电池过充与过放情况的发生。

（3）在保证前2条的基础上，尽量满足动力性要求。

### 2.整车性能优化匹配

对燃料电池客车动力系统进行研究，以车辆的动力性、经济性、电池荷电状态及燃料电池的耐久性为研究目标，建立仿真模型，对能量管理策略进行仿真验证。仿真设计包括循环工况、驾驶员模型、VCU模型、电机模型、传动系模型、车辆模型、DC-DC模型、燃料电池模型、电池模型等，如图6-17所示。采用simulink/MATLAB和cruiser软件联合仿真的方法，对整车控制、能量管理策略、动力系统参数、能量系统参数、总成参数匹配进行了验证和优化，优化零部件选型，从而降低整车成本。采用全局优化方法，将整车经济性和整车质量作为多优化目标，以动力性为约束条件进行综合寻优操作。

### 3.基于AutoSAR架构的汽车电子软件开发与集成技术

整车控制器如同电动汽车的大脑，指挥各个系统协调工作，在整车动力性、驾驶舒适性及续驶里程之间取得最佳平衡。包括VCU硬件资源分配、输入信号采集、输出信号逻辑、整车状态管理、上下电管理、扭矩解析、附件管理、故障管理等。在现有整车控制算法的基础上，依照AutoSAR架构标准，使用完整开环环境和工具链，并依照汽车电子软件V形开发验证流程进行，开发出符合AutoSAR标准的整车控制器控制软件系统，以保证软件的可靠性、可验证性要求和分层、模块化要求。

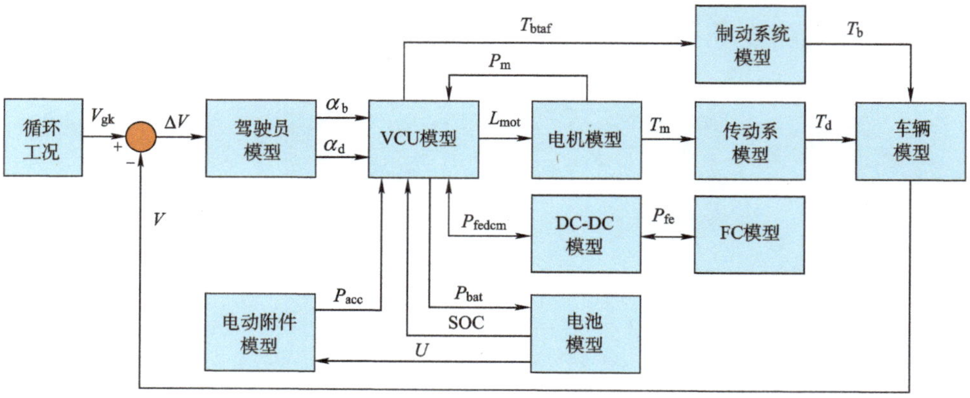


图6-17　燃料电池客车性能仿真模型原理图

基于ISO 26262《道路车辆功能安全》国际标准的系统软硬件开发。在设计之初即对整机系统进行满足ISO 26262功能安全性等级要求的技术需求分析，制定相应的系统开发规格指标，在设计过程中严格落实各项功能安全性要求，以开发出满足ISO 26262功能安全性等级要求的整机软硬件系统。整车控制器软硬件系统设计达到ISO 26262 ASIL-C功能安全等级标准。

## 二、燃料电池系统匹配设计

### 1.燃料电池系统

（1）燃料电池低温启动损伤机理研究。包括电极含水量以及低温启动后损伤的影响；启动温度分布、热量传递的影响；扩散层与双极板表面特性对水运输的影响；所使用的膜、密封件以及电堆结构对高低温交变伸缩机械损伤影响；低温启动时规避反极、反极耐受的影响。

（2）关键结构设计和关键材料遴选。基于低温启动损伤机理研究的基础，遴选燃料电池电堆的关键材料，包括催化剂配方、质子交换膜、膜电极密封材料、电堆密封材料，双极板材料。验证其在低温启动过程中出现的高低温交变膨胀收缩、热量控制失效条件下对冰晶膨胀、启动过程中大负载低电压下膜电极反极等。

（3）低温启动电堆设计与低温启动控制策略验证。基于材料以及零部件试验验证前提下，完成无外界热源-20℃低温启动电堆整体设计，并检验其在高低温环境下电堆压紧力、弹性材料配合、电堆整体密封配合的耐受性。依据损伤机理制定的低温启动控制策略，着重解决大电流启动快速产热与液态水大量聚集的矛盾、温度场均匀性控制与冷却液热容降温的矛盾，以及除水策略与双极板流道水残留的矛盾。

（4）燃料电池系统性能参数，详见表6-3。

**燃料电池系统性能参数**　　　　**表6-3**

| 序　　号 | 参数名称 | 参　　数 | 备　　注 |
|---|---|---|---|
| 1 | 电堆额定输出功率 | 127kW | |
| 2 | 系统额定输出功率 | 100kW | |
| 3 | 额定工作温度 | 85℃ | |
| 4 | 电堆功率密度 | 2.0kW/L | |

续上表

| 序 号 | 参数名称 | 参 数 | 备 注 |
|---|---|---|---|
| 5 | 最高效率（含 DCDC） | 最大 55.8% | |
| 6 | 低温启动 | −30℃ | 根据 GB/T 28183-2011，低温快速暖机时间≤10min |
| 7 | 环境温度 | −30~60℃ | 可以在这个环境温度范围内正常工作 |

2.整车一体化热管理系统及低温启动策略

整车一体化热管理系统原理图如图6-18所示。

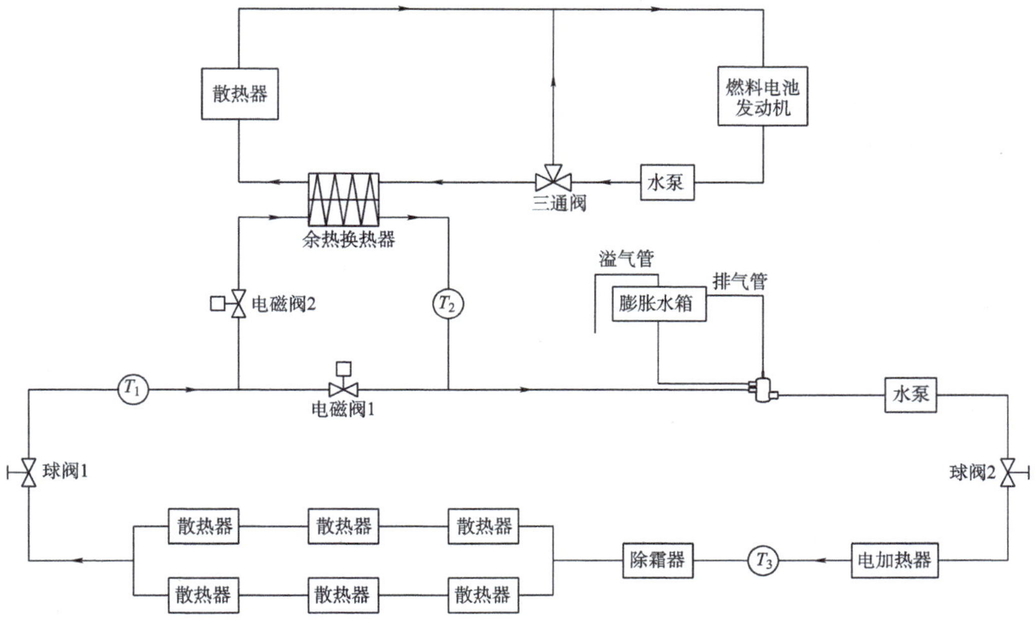


图6-18 整车一体化热管理系统原理图

$T_1$-余热换热器的采暖侧入口水温；$T_2$-余热换热器的采暖侧出口水温；$T_3$-车内暖风散热器的入口水温。

（1）在燃料电池系统和整车采暖系统之间设置余热换热器，如图6-19所示，在低温条件下，利用燃料电池系统余热对乘客舱进行供暖。

（2）整车控制系统监测循环水温，实时调节燃料电池系统的余热利用状态，避免燃料电池系统的温度骤变。

（3）余热换热器选用铝制板翅式换热器，二通道逆流换热技术，体积小，重量轻。换热器真空钎焊成型，通道间完全隔离，设计压力1.0MPa，安全可靠。

（4）在非采暖季，使用手动阀门（球阀1、球阀2）关断水暖循环，避免燃料电池系统向车内散热。余热换热器水暖侧受热产生的膨胀压力，通过膨胀水箱释放。

（5）低温启动策略：采暖系统启动时，电加热器工作和水泵工作，快速提高采暖循环的水温。当余热换热器的采暖侧入口水温（$T_1$，见图6-18）达到目标温度时，余热换热器开始从燃料电池系统获取热量。采暖系统监测获取的余热量，实时调节电加热器的功率。当余热换热器的采暖侧出口水温（$T_2$，见图6-18）达到目标温度时，关闭电加热器，采暖系统完全依靠燃料电池系统的余热供暖。

（6）整车控制系统监测和调节车内暖风散热器的入口水温（$T_3$，见图6-18），确保暖风散热器出风温度的舒适性，避免吹冷风现象。

3.燃料电池散热系统

采用了全新的导流悬浮式集成散热器，如图6-20所示。

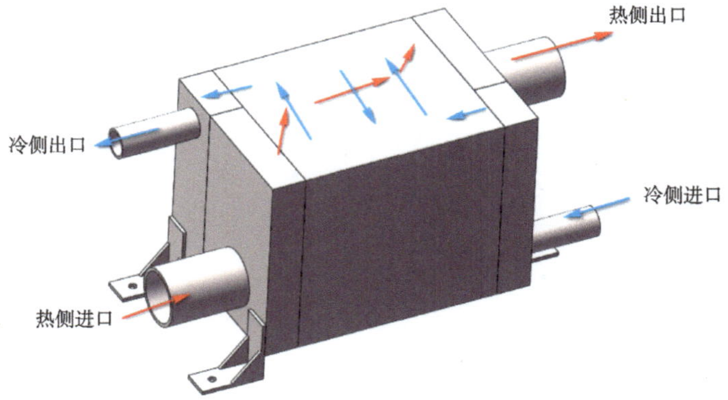


图6-19　余热换热器结构示意图

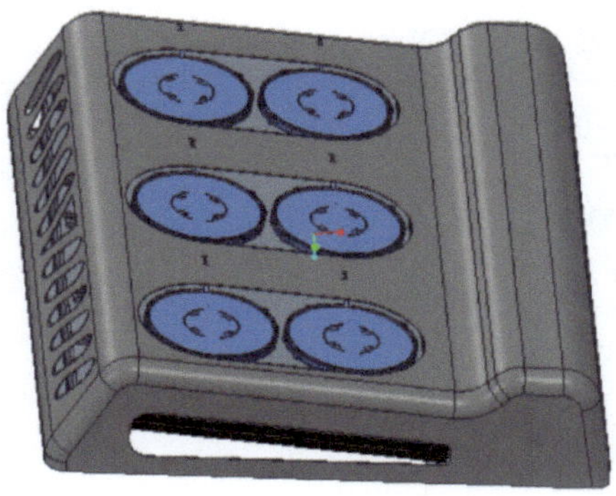

图6-20　全新的导流悬浮式集成散热器

（1）这种新型式顶置散热器区别于其他顶置散热器，其集成散热器、护风罩、风扇、膨胀水箱、导流装饰罩等部件，平铺悬浮在车顶；从下部、侧面进风，从风扇顶部出风；总成高度≤300mm。较低的总成高度稳定性好、美观、可以满足不同车型的需求。

（2）这种新型式顶置散热器模块化集成度高，可以根据不同散热量需求集成不同数量子散热器。

（3）采用新型散热器进风方式和导流结构，散热效率更高，风扇能耗更低。

（4）这种新型式顶置散热器与布置在车身机舱相比，不占用机舱空间，且机舱内各零部件不会因为水、灰引发故障。

（5）散热器总成精准的控制策略，使其可以根据车速、环境温度、散热器进出水口水温、电堆输出功率等参数，控制风扇、水泵的功率，实现精确控制，降低风扇工作噪音，提高整车声振粗糙度NVH。

4.70MPa集成氢系统方案

70MPa氢系统采用铝内胆碳纤维缠绕瓶，系统集成组合阀替代原有系统阀，如图6-21所示红色区域内的所有阀件由几个集成阀替代，（集成功能：瓶口阀、安全阀、泄放阀、溢流阀、电磁阀、压力传感器温度传感器）可以减轻系统重量，缩小阀件体积，减少泄漏点，提高了安全性。

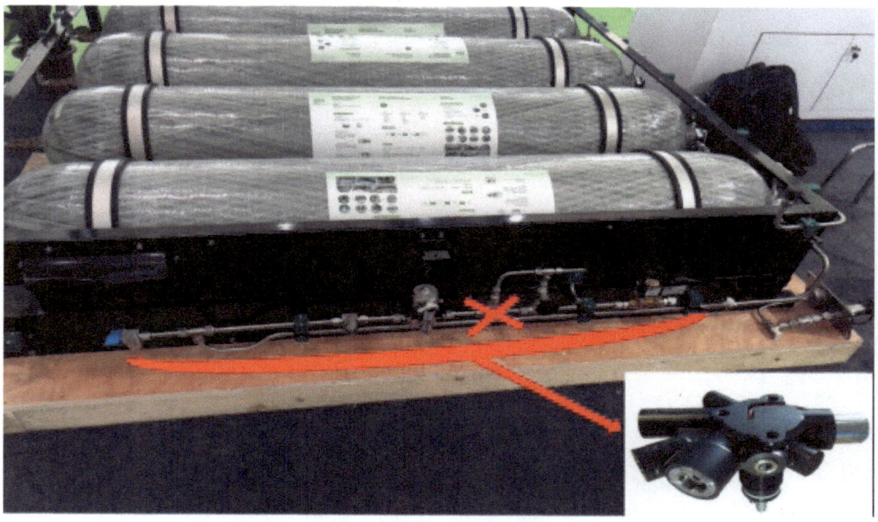

图6-21　70MPa集成氢系统方案图

## 三、动力蓄电池匹配设计

动力电池系统适应–30~55℃环境，采用2C充放电能力的锰酸锂动力电池组，额定电压DC525.6V，动力电池总配电量75.68kWh，动力电池组能够保证8年使用寿命和高安全性。电池箱单箱采用液冷和内部电加热系统，具备全气候工作能力，具备IP67等级防水、防尘、过流保护、温度调节功能。电池舱与电机等具有高温热源的设备舱采取隔热措施，防止外部热源导致电池过热。其主要技术参数见表6-4。

### 1.电池管理系统功能

（1）单体电池电压、电池组电压的检测；

（2）电池组温度的检测；

（3）电池组工作电流的检测；

（4）具有绝缘电阻检测功能或单设绝缘电阻检测装置；

（5）电池组冷却和加热控制（根据需要）；

（6）充放电次数记录；电池组荷电状态（SOC）的估测；

（7）电池故障分析与在线报警；

（8）各箱电池离散性评价与自均衡功能；

（9）与车载监、控设备通信，为整车控制提供必要的电池数据；

（10）与充电机通讯，实现电池的安全充电，并向充电机提供完整的电池技术参数；

（11）符合电磁兼容要求；

（12）具备MSD保险，当电池系统出现问题四级故障时或整车维修时可以立即断开高压回路，保证乘车人员安全。

**动力电池组主要技术参数** **表6-4**

| 项目名称 | 技术参数 | 备注 |
|---|---|---|
| 电芯种类 | 锰酸锂动力电池 | |
| 组合方式 | 3并144串 | |
| 额定电压 / 电压范围 | 525.6V/360V~604.8V | |
| 标称容量 | 144Ah | |
| SOC工作范围 | 10%~95% | |
| 工作温度 | 充电 –10~50℃<br>放电 –20~50℃ | |
| 可持续充 / 放电最大电流 | 288A/288A | |
| 箱数 | 3 | |
| 管理系统型号 | 18.80.0.1/A20 | |
| 冷却方式 | 液冷 | |
| 防护等级 | IP67 | |
| 绝缘阻值 | ＞100MΩ，BMS失电状态 | |

### 2.动力电池组采用先进的液冷热管理系统

动力电池系统采用锰酸锂体系电芯，经过全面测试验证，能够满足持续和峰值两种工况高充放电倍率的要求，低温环境下性能释放程度的要求、额定容量保持率的要求。

电池箱体采用标准动力电池箱体。箱体内部采用液冷方式冷却电芯，电芯极耳与液冷板接触安装，冷却液在液冷板内循环流动，带走电芯通过液冷板壁面传导来的热量，从而保证电芯工作在最佳温度区间。这种电池箱体冷却效果好，结构紧凑。电池Pack（包）示意图如图6-22所示。

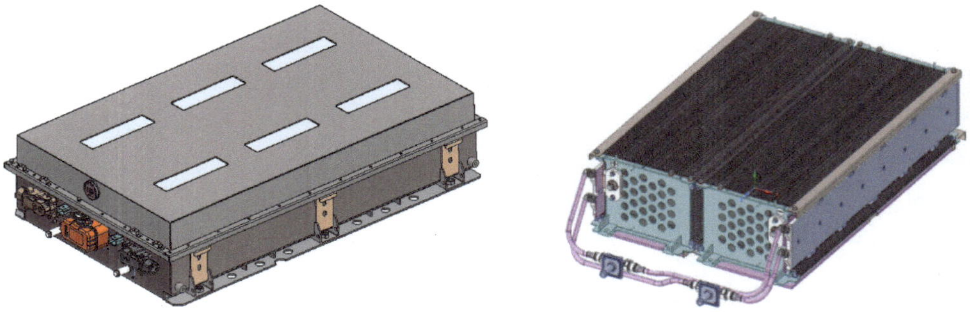

图6-22　BJ6122FCEVUH燃料电池客车电池Pack示意图

箱体内部采用电加热膜方式加热冷却电芯。电加热膜紧贴在液冷板一侧壁面上，液冷板另一侧与电芯极耳接触安装，热量通过液冷板传导至电芯处，从而保证电芯能在低温环境下迅速升温，正常工作。

动力电池系统液冷系统整车空调集成板式换热器的方案原理如图6-23所示。

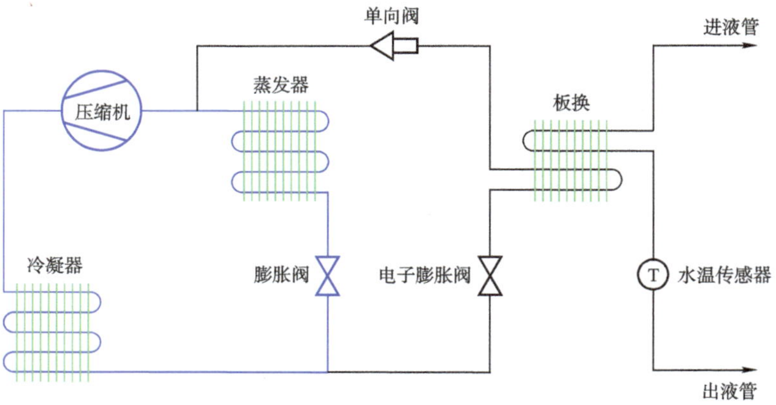


图6-23　BJ6122FCEVUH燃料电池客车热管理方案示意图

创新优化的动力电池液冷系统，采用整车空调集成板换的方案。在板换中通过冷却液和制冷剂进行换热，由制冷剂吸收冷却液从电池系统中换取的热量。本方案具有节能降耗、设备结构紧凑的优点，并充分挖掘了现有整车热管理系统的潜力。

### 3.动力电池组配备动力电池自动灭火装置

（1）动力电池箱体内部配置高效自动灭火装置。

（2）启动功能：按手动启动按钮，系统会进入手动工作模式；自动模式优先，当系统故障时启动手动模式。

（3）消防启动信号反馈功能：当系统感应到火情信号时通过数据线及时反馈到驾驶区并发出蜂鸣声。

（4）故障自动检测功能：灭火系统有自动诊断功能，当灭火系统检测到传感器失效、罐体压力泄漏等故障时能在司机驾驶区发出蜂鸣声。

（5）系统火情识别与启动消防功能：系统具有自动识别火情信号并启动消防工作。

## 四、驱动系统匹配设计

### 1.驱动系统的系统方案

采用双电机匹配行星排式两挡变速器的构型，即将一个电机的输出通过合理变速增扭后，与另一个直连于驱动桥的电机同轴动力耦合。驱动系统总成如图6-24所示，系统架构如图6-25所示。

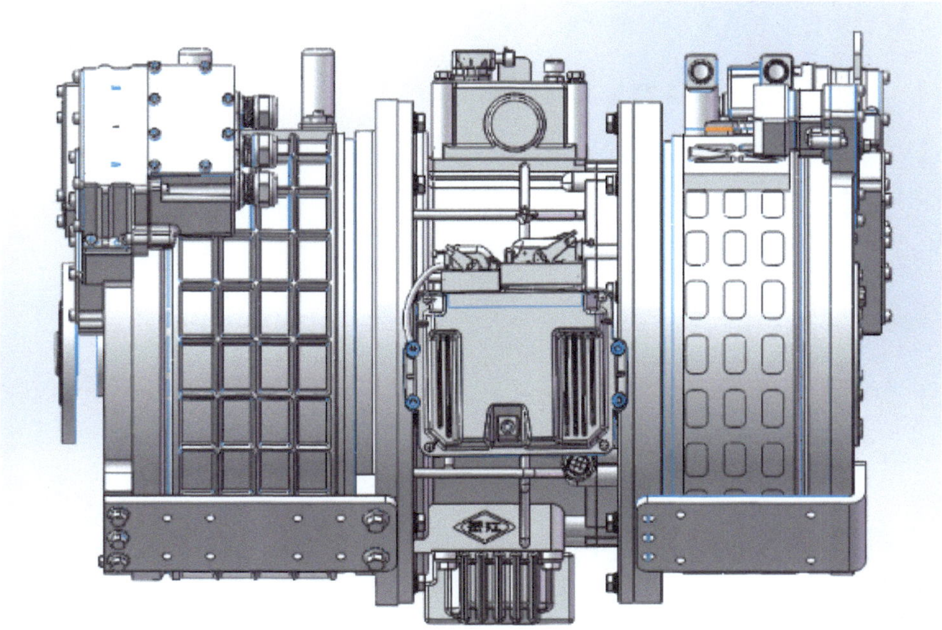

图6-24　BJ6122FCEVUH燃料电池客车驱动系统总成

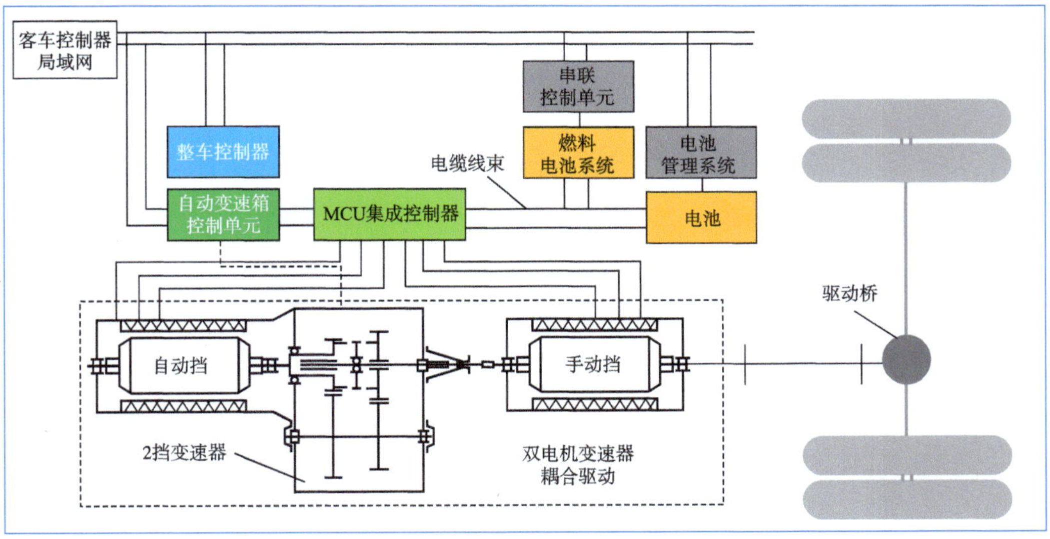


图6-25　BJ6122FCEVUH燃料电池客车驱动系统架构

### 2.驱动系统的特点

（1）换挡过程双电机协同控制持续输出动力，无动力中断；

（2）快速、平顺、可靠的挡位切换；

（3）智能识别工况和驾驶员意图，多模式切换，兼顾动力性与经济性需求；

（4）兼容性系统构型及参数匹配设计，提升总成的多种整车平台适用性；

（5）冗余故障处理机制使系统具备跛行功能。

### 3.最优控制策略

（1）基于动力性的换挡规律制定，如图6-26所示，全踏板开度下换挡车速根据一、二挡外特性曲线交点确定，为44km/h，0踏板开度下的换挡车速则按经验定为20km/h，根据车速增高降挡延迟减小的原则，降挡曲线的各点按照随车速减小逐渐发散的规律排布。

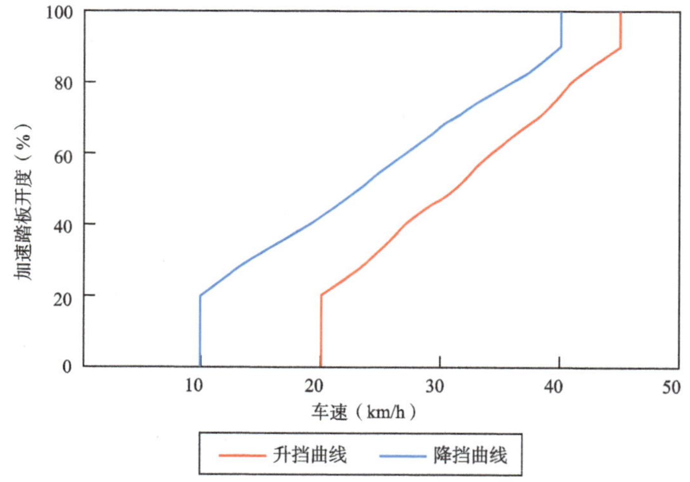


图6-26　基于动力性的换挡规律制定

（2）采用能耗最优的模式识别和扭矩分配策略（图6-27），通过遍历搜索全工况点，找出当前需求扭矩下的最优工作点。最优工作点包括挡位及扭矩分配系数的制定，满足系统消耗电功率最小。考虑到换挡延迟及换挡点稳定性，将上述全工况点搜索后得到的挡位分界线进行提取，得到当前策略下的驱动换挡规律曲线。通过在线实时应用瞬态优化策略，计算得到当前挡位和扭矩分配系数。

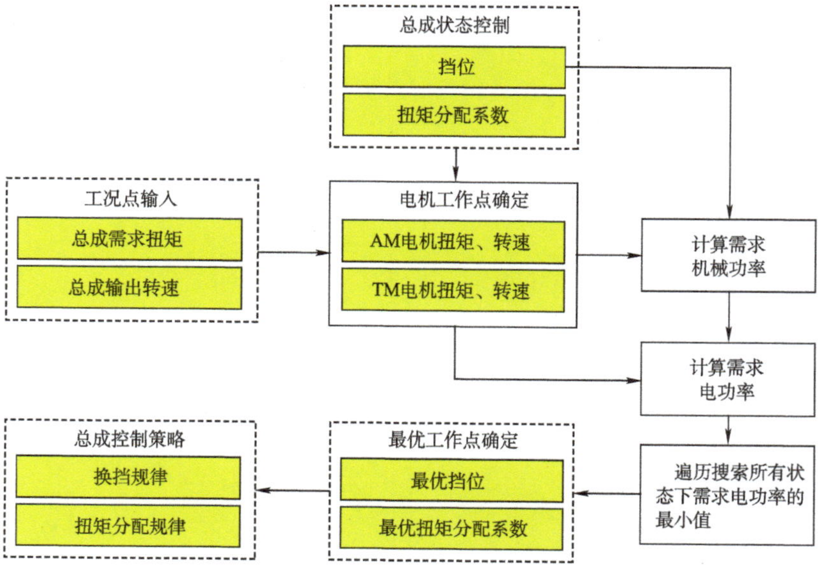


图6-27　基于瞬态优化的模式识别策略

4.主要技术参数

主要技术参数见表6-5。

驱动系统主要技术参数　　表6-5

| 参数名称 | 技术参数 | | | | |
|---|---|---|---|---|---|
| 外观参数 | 总质量（kg） | | 长宽高（mm） | | |
| | 306 | | 763×531×551 | | |
| 变速箱 | 行星排式 2 挡变速箱 | | | | |
| | 重量 76 kg | | | | |
| TM 电机 | 额定 / 峰值功率（kW） | 额定 / 峰值扭矩（N·m） | 最高转速（r/min） | 重量（kg） | 电压平台（V） |
| | 89/170 | 500/1150 | 4500 | 135 | 576 |
| AM 电机 | 额定 / 峰值功率（kW） | 额定 / 峰值扭矩（N·m） | 最高转速（r/min） | 重量（kg） | 电压平台（V） |
| | 80/139 | 255/850 | 4500 | 95 | 576 |
| 最大输出扭矩 | 3700N·m | | | | |

## 五、整车能量管理的动态分配

1.整车控制器区域感知技术的决策管理

VCU是实现车辆控制决策的核心电子控制单元。

VCU带区域定位功能，根据精细化地图将营运区域进行划分，根据地图标定功率分配方案。

（1）VCU采集到车辆处于高海拔区域时，将剩余电量SOC动态调整到低位，在驶入的低海拔的过程进行更多的制动能量回收。

（2）VCU采集到车辆处于低海拔区域时，将SOC动态调整到高位，在驶入的高海拔的过程中保证车辆的动力性。

2.根据运行坡度的智能化能量管理策略

BJ6122FCEVUH燃料电池客车，整车配置坡度传感器，VCU根据坡度传感器采集的坡度信号进行能量的动态管理。

（1）VCU采集到坡度大于某一值（根据实际路况可标定），车辆处于上坡状态后，增大请求电堆的发电功率，并根据坡度的变化实行动态能量分配。

（2）VCU采集到坡度小于某一值（根据实际路况可标定），车辆处于下坡状态后，根据坡度大小和动力电池状态减小发电功率或关闭电堆，开启回馈优先模式，在此模式下，VCU根据动力电池的当前允许充电功率尽量多的将制动能量回收回来。

# 第四节　新能源客车新技术及创新零部件

## 一、动力系统及变速器创新

近年，随着新能源客车在全国范围快速发展，市场竞争焦点逐步回归产品品质。搭载先进高效动力系统是新能源客车彰显核心竞争优势的主要举措。受此影响，传统变速器厂家与三电集成核心技术厂家开展战略合作推出一系列构型先进、高效节能、成本经济、可靠耐用的产品，如行星排动力系统、ISG同轴混联系统、并联系统及分布式动力布局的轮边减速驱动系统。

1.行星排系统

行星排系统主要优势在于高节能率及驾乘舒适性能。国内应用于新能源客车的行星排混合动力系统主要有双行星排混合动力系统、单行星排混合动力系统、二档行星排纯电动系统。对于双行星排产品，如图6-28所示，可以理解为是丰田普锐斯早期行星排序列在客车上的翻版。宇通客车基于这样的构型，与綦江传动联合开发了全新双行星排混合动力系统。而国内最早介入新能源汽车动力系统研发的福工动力，采用綦江单行星排，跳开原有的ISG混联系统，直接迈入了高集成变速箱的序列。二档行星排纯电动系统，主要由北理工与綦江传动研发，主要针对一些团体及旅游客车市场。

图6-28　总装下线的双行星排混合动力系统

2.ISG混联系统

ISG混联系统，即采用“双电机+离合器或定轴变速箱+控制系统”的解决方案的混合动力系统。该系统发动机可以实现随机的怠速启停，发电机可以支撑发电并补充电池组电量。典型的产品如精进电动、上海电驱动等。ISG混联系统控制难度低于行星排系统，节能率稍低，但存在构型简单可靠等优势。

3.并联型系统

并联系统通常是“单/双电机+变速箱+控制系统”的组合方案。并联系统发展时间较长，简单可靠，产品成熟度较高。但存在节能率低、平顺性差、存在换挡动力中断的缺点。并联型系统以苏州绿控、南京越博为企业代表，用价格优势，将并联系统快速地导入新能源客车领域。主要应用于一些有高爬坡度城市公交工况及旅游团体车市场。

4.分布式轮边减速驱动系统

与传统集中动力系统不同，新型轮边减速驱动系统车辆动力呈分布构型。典型的产品是綦江传动先后与宇通客车、盘毂动力研发的轮边减速驱动系统。配套该系统的车辆拥有空间布置灵活、底盘低、装载率高等优势，缺点是没有机械差速器控制，车辆控制难度较大（图6-29）。

图6-29 搭载新型轮边减速器驱动系统的公交车辆

## 二、驾驶员驾驶行为引导系统

### 1.总述

新能源客车（包括并不仅限于混合动力客车、纯电动客车）与传统客车有一个很大的不同点，主要在于新能源客车具备特殊的能量管理及回收系统。因此如何使用科学、合理的方式，对车辆能量消耗、回收进行有效的分析和利用，通过高效数据运算给出合理的驾驶行为指导，并反馈至驾驶员，指导其完成更加安全、高效的车辆驾驶动作，达到车辆行驶安全的高可靠性和车辆运营经济效益的高回报性，一直是行业从业人员长期以来对新能源客车能量管理的重要研究方向。

驾驶员驾驶行为引导系统，旨在通过实时采集车辆数据，动态分析车况和驾驶员驾驶行为，判断驾驶员的驾驶行为合理性，并结合新能源系统相关能耗信息，为驾驶员提供更加安全、高效的驾驶行为规范，以纠正驾驶员不合理的驾驶行为，使车辆驾驶更加安全、高效和经济。

### 2.系统功能说明

系统通过实时采集车辆CAN总线上相关的数据信息，组成驾驶员引导系统数据库，经过软件及数据分析和运算，最终得出合理的驾驶建议。

驾驶员引导系统数据库包括以下数据库。

（1）能耗信息数据库：瞬时能耗、平均能耗、能耗回收以及其他新能源系统中相关辅助信息；

（2）车身信息数据库：车速、加速踏板开度、制动踏板开度、车辆运行状态（载荷状态）、车身姿态（平稳、爬坡、下坡等）等车辆及车身基本状态数据；

（3）车辆行驶路线预感知数据库：通行区域状态（满足车辆通行最小间距、不满足车辆通行最小间距）、道路拥堵状态、路面状态（平稳路面、非平稳路面）、道路弯曲率、前方异常路况与本车距离等。

数据分析及处理：采用仪表对其进行综合分析，获取当前驾驶员的驾驶行为，从数据库获取数据进行运算，完成当前驾驶行为的判定，并给出更为合理的驾驶行为，最终通过常规设备如仪表屏幕等设备进行声音、显示等方式，对驾驶员的驾驶行为进行引导，纠正其错误或不合理的驾驶行为，采用更加安全、科学的驾驶行为。

其他客户特定需求的满足：相关车辆及驾驶员操作的信息数据可以通过车载终端上传至车辆管理方监测平台，方便管理方进行车辆的综合管理与细节化管理；

一个典型的驾驶行为引导系统的网络拓扑图如图6-30所示。

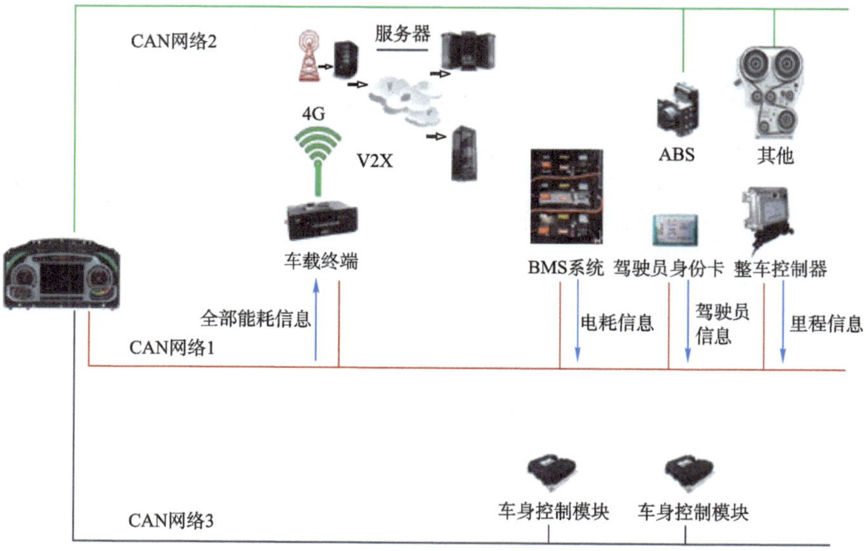


图6-30　驾驶行为引导系统网络拓扑图

仪表CAN1：获取车辆能耗信息（BMS系统）及车辆车身相关信息（整车控制器）、收集和记录驾驶员身份信息，并与当前车进行绑定。

注：仪表处理后的信息可以下发给车载终端，由车载终端上传给服务器，供管理方实时对其进行监控。

仪表CAN2：获取车辆其他ECU信息，如ABS、空调控制器、混合动力发动机系统等。

仪表CAN3：车身控制模块（车辆常规负载控制及信号采集）。

其中通过车载终端上传的车辆行驶信息示例如图6-31所示。

| 时间 | 总里程 | 车速 | 整车状态 | 挡位 | 正向累计电量 | 反向累计电量 | 正向小计电量 | 反向小计电量 | SOC | 小计里程 | 百公里电耗 | 例检开关 | 灯光检查 | 后仓检 | 刹车检 | 前门检 | 中门检 |
|---|---|---|---|---|---|---|---|---|---|---|---|---|---|---|---|---|---|
| 2019-08-26 05:58:38 | 139833 | 38 | GO! | D档 | 151717 | 50988.5 | 0.9 | 0 | 99.6 | 1.2 | 90 | ON | 正常 | 正常 | 无效 | 正常 | 正常 |
| 2019-08-26 05:58:28 | 139833 | 36 | GO! | D档 | 151717 | 50988.5 | 0.7 | 0 | 99.6 | 1.1 | 70 | ON | 正常 | 正常 | 无效 | 正常 | 正常 |
| 2019-08-26 05:58:18 | 139833 | 28 | GO! | D档 | 151717 | 50988.5 | 0.6 | 0 | 100 | 1 | 60 | ON | 正常 | 正常 | 无效 | 正常 | 正常 |
| 2019-08-26 05:58:08 | 139833 | 15 | GO! | D档 | 151717 | 50988.5 | 0.5 | 0 | 100 | 0.9 | 0 | ON | 正常 | 正常 | 无效 | 正常 | 正常 |
| 2019-08-26 05:57:58 | 139833 | 12 | GO! | D档 | 151717 | 50988.5 | 0.5 | 0 | 100 | 0.9 | 0 | ON | 正常 | 正常 | 无效 | 正常 | 正常 |
| 2019-08-26 05:57:48 | 139833 | 27 | GO! | D档 | 151717 | 50988.5 | 0.5 | 0 | 100 | 0.9 | 0 | ON | 正常 | 正常 | 无效 | 正常 | 正常 |
| 2019-08-26 05:57:38 | 139833 | 23 | GO! | D档 | 151717 | 50988.5 | 0.5 | 0 | 100 | 0.8 | 0 | ON | 正常 | 正常 | 无效 | 正常 | 正常 |
| 2019-08-26 05:57:28 | 139833 | 22 | GO! | D档 | 151717 | 50988.5 | 0.4 | 0 | 100 | 0.7 | 0 | ON | 正常 | 正常 | 无效 | 正常 | 正常 |
| 2019-08-26 05:57:18 | 139833 | 15 | GO! | D档 | 151717 | 50988.5 | 0.4 | 0 | 100 | 0.7 | 0 | ON | 正常 | 正常 | 无效 | 正常 | 正常 |
| 2019-08-26 05:57:08 | 139833 | 6 | GO! | D档 | 151717 | 50988.5 | 0.3 | 0 | 100 | 0.6 | 0 | ON | 正常 | 正常 | 无效 | 正常 | 正常 |
| 2019-08-26 05:56:58 | 139833 | 9 | GO! | D档 | 151717 | 50988.5 | 0.3 | 0 | 100 | 0.6 | 0 | ON | 正常 | 正常 | 无效 | 正常 | 正常 |
| 2019-08-26 05:56:48 | 139833 | 9 | GO! | D档 | 151717 | 50988.5 | 0.3 | 0 | 100 | 0.6 | 0 | ON | 正常 | 正常 | 无效 | 正常 | 正常 |

图6-31　车载终端上传信息

1）驾驶行为提示

目前一般在仪表上会有红黄蓝3色LED来指示当前驾驶行为的正确性与合理性。

如图6-32所示为具备Driver AID功能的仪表。

图中仪表采用了红、黄、绿3种颜色LED灯来对驾驶员进行提示。

绿色LED灯：表示当前的驾驶行为安全、高效、经济，驾驶员在整个驾驶过程中应努力保持在绿色LED灯点亮的驾驶状态下。

黄色LED灯：表示当前的驾驶行为有轻微不符合环保驾驶的要求，应该按照仪表屏幕提示信息进行驾驶行为的纠正。

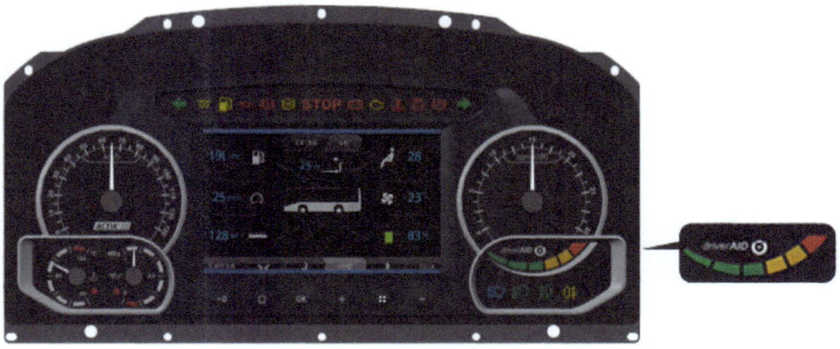

图6-32　具备Driver AID功能的仪表

红色LED灯：表示当前的驾驶行为存在严重的不良驾驶行为，该驾驶行为可能会导致严重的能耗浪费或者安全事故，驾驶员必须立刻改变当前驾驶行为和驾驶习惯。

2）能量显示

在仪表屏幕上有一个关于能量消耗与回收的显示模块，可采用光带或圆环来表示能量消耗状态，其中能量消耗与电能回收分开显示。

在整个电能的中部靠近1/3处为能量平衡点（设定为0），往顺时针方向为电能回收状态，用“+”表示，往逆时针方向为电能消耗状态，用“–”表示。

车辆行驶过程中，当发生电能回馈时，回馈的能量大小将在“+”与0之间显示。当发生电能消耗时，消耗的能量大小将在“–”与0之间显示。

通过观察显示系统，驾驶员可以很直观的判断当前车辆能量是处于消耗状态还是回收状态。

3）升降挡位提示

新能源客车所采用的自动变速箱可以自动完成升高挡位和降低挡位的操作。其原理是将驾驶员加速踏板和制动踏板的信息反馈给变速箱ECU，由变速箱ECU按照预设的程序执行升降挡操作，同时通过CAN总线将信息反馈给仪表，仪表通过相关文字显示并告知驾驶员当前挡位切换点以及升降挡条件。驾驶员在日常驾驶过程中就可以学习该车辆的升降挡逻辑，纠正自己的驾驶习惯，使自动变速箱更完美的进行升降挡操作，达到合理、绿色的驾驶行为习惯。

4）急加速、急减速提示

仪表采集到当前驾驶行为信息后，发现当前车辆存在急加速、急减速、高速转弯等危险驾驶行为后，仪表通过屏幕进行提示“请勿急加速、请勿急减速”等，并有特定的声音报警以提醒驾驶员注意。

5）疲劳驾驶提示

仪表采集到当前驾驶行为信息后，经过系统运算，发现车辆长时间连续运行或驾驶员在长时间无驾驶动作执行后，仪表通过屏幕显示“请勿疲劳驾驶”，并有特定的声音报警以提醒驾驶员的注意。

### 3.实现原理

1）数据标定

由于不同的客车采用的新能源系统、混合动力发动机功率、变速箱扭矩等设备不同，在总线上的报文信息也会不尽相同，因此在客车出厂前不仅需要对其参数进行标定，还需要对相关报文的ID 以及数据进行确定并固化在仪表软件中。

需要进行数据标定或者数据确定的数据如下（不仅限于以下数据）：

混合动力发动机功率大小以及与之对应的转速范围；

混合动力发动机扭矩的数据来源以及最大扭矩转速；

混合动力瞬时油耗、瞬时电耗的数据来源；

加速踏板开度、制动踏板开度的数据来源；

车速的数据来源；

……

2）驾驶行为提示实现

驾驶行为的经济性与合理性是由最大扭矩转速、混合动力发动机瞬时油耗、瞬时电耗、急加速、急减速等数据联合判定的，因此如何进行科学合理的信息采集以及对这些信息进行整合与筛选并最终进行提示，是驾驶行为引导系统的核心部分，需要在实车调试的时候按照车况以及道路情况进行算法优化以达到精准提示。

3）升降档位提示实现

在自动变速箱中通过CAN总线发送当前升档降档信息的同时，仪表罗列显示出当前与升档降档有关的参数，以方便驾驶员更好了解升降挡策略，修正不良驾驶习惯。

4）疲劳驾驶提示实现

驾驶员的疲劳驾驶判定，可以通过在某一段时间内对加速踏板和制动踏板开度以及混合动力瞬时油耗、瞬时电耗的信息采集并联合其他特定信息来进行综合判断。

在一段时间内加速踏板和制动踏板开度、混合动力瞬时油耗、瞬时电耗变化很小甚至不变化可以作为判断在该段时间内驾驶员可能已经进入了疲劳驾驶的状态。此时仪表可以让驾驶员做一些预设的动作来辅助判断疲劳驾驶状态，例如：按下某个固定的开关等。如果仪表未检测到相应的输入信息说明司机已经进入了疲劳驾驶状态，需要开始相关的报警提示。

对于城市公交车，可以在上述判断依据的基础上，增加在某个固定十字路口对转向灯进行检测是否开启来更准确地辅助判断驾驶员的疲劳驾驶状态。

5）急加速、急减速提示实现

对于急加速、急减速驾驶动作的判断，一般采用加速度的大小以及车速的变化率来联合判断是否有急加速、急减速危险动作发生。

## 三、锂离子动力电池箱火灾防控技术

电动汽车锂离子电池热失控是最为严重的安全问题之一，在电动汽车静止停放、充电过程中、充电后、行驶中和碰撞等情况下均有发生。锂离子电池因其自身和外部条件导致热失控并最终燃烧的整个过程，都伴随着可燃气体缓慢释放、泄压、电解液和反应气体释放、快速分解产生烟雾、高热至射流火焰的产生。

### 1.热失控三角模型

导致热失控行为的原因很多，一般来说根据触发的特征可以分为机械触发、电触发和热触发3类。锂离子电池热失控甚至火灾发生必须满足点火源、燃料和氧化剂三要素，锂离子电池火灾只有在电池系统外部环境存在与内部反应产生氧化剂、大量的燃料以及足够高的温度作点火源这三者同时具备的情况下发生。

氧化剂的来源有2种：一种是正极材料的分解产物；另一种是空气中的$O_2$。

燃料的主要组成包括电解液、烷烃气体、酯类醇类化合物等，主要来源于电解液在足够高温度下的分解反应和电解液与脱嵌Li+的反应。

电池体系的高温来源也有2种：一种外界热源，另一种是电池内部反应产热。

氧化剂、燃料和点火源是相互耦合、互相促进的，一旦在某一滥用条件下产生作用，就有可能促使电池内部反应发生多米诺效应，引发电池火灾甚至爆炸，如图6-33所示。

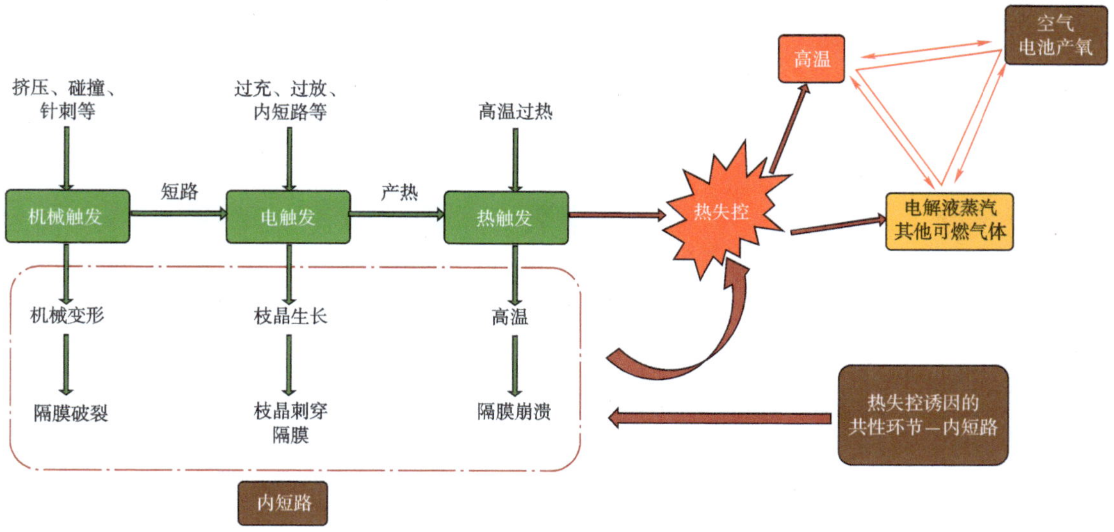


图6-33 热失控三角模型

### 2. 锂离子电池热失控模型

热失控监测预警技术是识别热事故安全隐患的重要手段。针对电池电解液泄漏、电气火灾和电池热失控早期等热事故检测技术，智能识别早期电池质量隐患。电解液泄漏是细微而缓慢的，由漏液到热失控起火，要经过数月乃至更长时间。在单体电池出现热失控时，表现形式为喷射、燃烧、爆炸，伴随有毒有害气体，通过对箱体内部特征气体、烟雾和温度等参数的监测，结合参数的充分条件与必要条件算法模型，实现热失控全周期的多级预警和整车联动策略。

烟台创为新能源开展基于气象分析的热失控识别技术，基于多年的研发积累和大量燃烧试验，首创了“锂离子电池热失控模型”（图6-34）。分为纵向、横向和垂向三维：纵向为多传感器的数据冗合，即对多组同环境下的传感器数据进行多次拟合，模拟不同材料、不同环境的数据表征曲线；横向为对传感器的历史数据进行连续时间算法，排除噪声干扰，有效解决了阈值法监测方式的漏报、误报、预警滞后问题；垂向采用过充、加热、穿刺和钝针等不同方法模拟不同类型容量动力电池热失控过程数据。

创为专有技术“锂离子电池热失控模型”为纵向、横向、垂向三维。

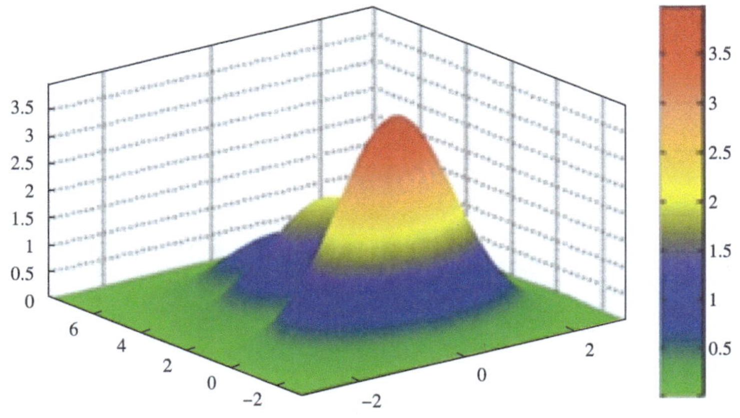


图6-34 锂离子电池热失控模型

通过三维融合，用数学手段，以大量实验及真实运行数据为基础，归纳热失控导致的各种变量之间的内在关系，采用神经学原理，形成极早、高可靠、自运行的“锂离子电池热失控模型”，实现电池火灾隐患的早期预警和智能控制。

## 四、新能源客车空调及空气净化系统

### 1.智能空气净化及监测装置

采用专有强离子车内空气消毒净化技术，具有强效消毒杀菌、有效降低PM2.5、祛除烟味异味、分解有害气体、改善车内空气质量、补充空气维生素（负氧离子）等多重功效，同时可以做到智能化远程监测控制，让驾驶员及乘客远离病毒病菌、车内异味和空气污染，畅享旅途中大自然般的空气清新（图6-35）。

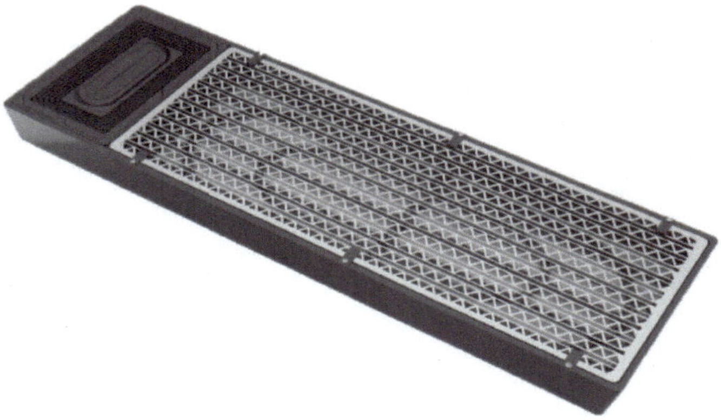

图6-35　智能空气净化及监测装置

### 2.补气增焓

补气增焓空调系统（图6-36）采用带补气卧式涡旋电动压缩机和板式换热器作为系统经济器，适用于新能源客车空调。两路电子膨胀阀，低温下实现对空调补气系统运行的精确化控制。全新大集成电控盒，功能完全、体积更小、重量更轻，性能更可靠。自主研发控制系统，引入排气温度和压力等参数进行控制，系统可靠性获得大的提升。

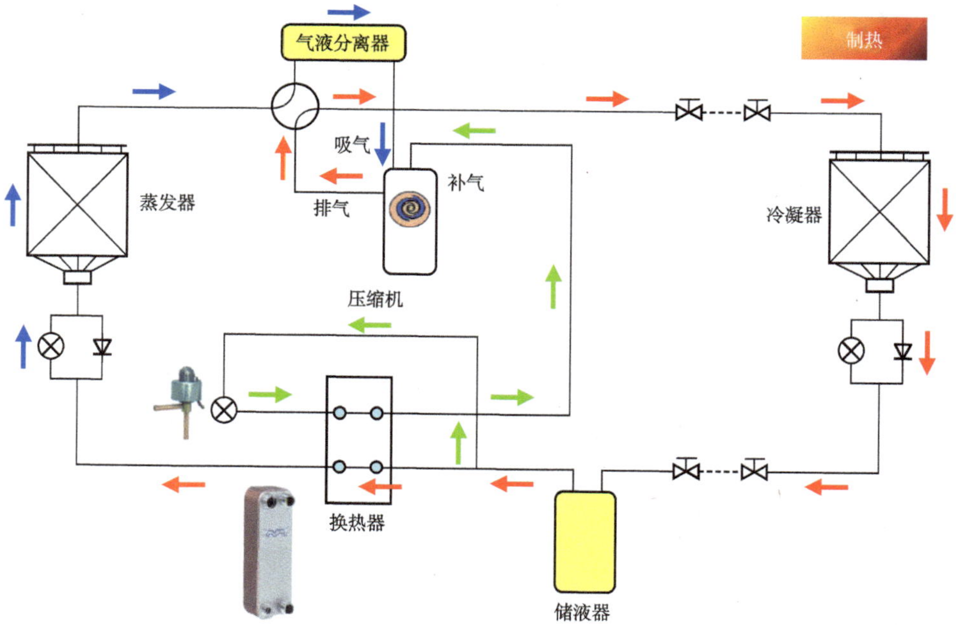


图6-36　补气增焓空调系统示意图

3. 双级压缩低温热泵技术

针对新能源客车的发展，根据我国北方地区的气候条件，以当前常用R410A为制冷剂，通过比较不同蒸汽压缩式制冷系统的制热性能，采用双级压缩的方式，实现在环境温度低至–25℃情况下具有高效制热（COP≥2.0）并能够在–35℃条件下具有一定制热能力，使空调在夏季制冷、冬季普通制热（环境温度高于–5℃）。

两级压缩循环中，制冷剂的压缩过程分两个阶段进行，即将来自蒸发器的低压制冷剂蒸气先进入低压压缩机，在其中压缩到中间压力，再进入高压压缩机，将其压缩到冷凝压力，排入冷凝器中（图6-37）。这样可降低压力比，避免和减少高压力比带来的损失，又可降低压缩机的排气温度，提高实际输气量，提高系统运行的平衡性，并使可靠性、经济性均有所提高。

4. $CO_2$ 空调

$CO_2$相对传统制冷剂，具有不可燃、安全无毒、高密度、高换热系数、低GWP、原料成本低等特点（图6-38）。

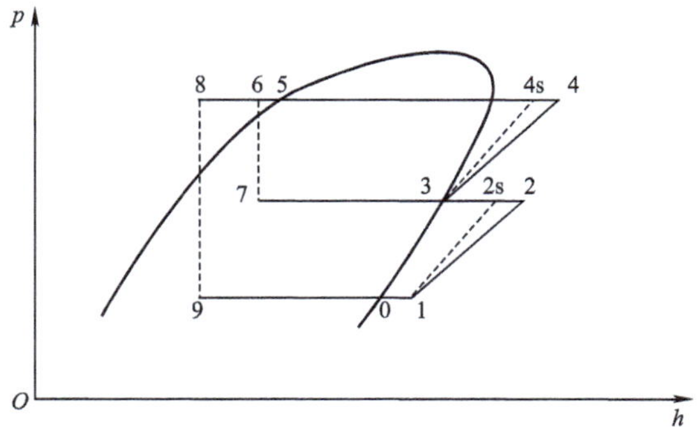


图6-37　两级压缩循环

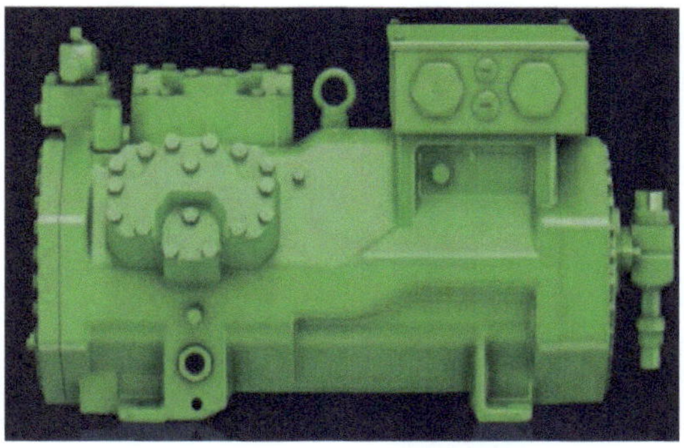

图6-38　$CO_2$定制压缩机

利用$CO_2$跨临界循环特性，在热泵系统中，可实现比传统设备更高的效率，更高的出水温度（90℃）或者出风温度，以满足超低温（–50℃）热泵需求。

5. 电池热管理

1）独立式

机组制冷量2~7kW可调，制冷运行环温–10~55℃，电器整体满足IP67；出水温度波动±1℃，精准控制；制冷系统部件、循环水路部件完全集成机组内部；电控侧部安装，可维修性大大提高。

2）共享式

顶置集成电池热管理系统（图6-39）包括：压缩机、冷凝器、电子膨胀阀、蒸发器、板式换热器、压力传感器、电气控制等。

在原有的空调系统上并联板式换热器，系统采用双电子膨胀阀、压力传感器，精确调节膨胀阀的开度、压缩机频率，精准控制系统冷媒的流量，达到设定的目标水温，同时满足乘客区的热负荷和电池需求。

3）直冷式

配合电池包同步开发，利用制冷剂直接在电池包内部进行冷却换热，具有机组结构简单，成本较低，冷却效果优异等特点（图6-40）。

6. 新型环保材料

随着科技的发展，人们对于客车空调的安全性、可靠性、节能、舒适性都提出了更高的要求，国内主流客车厂已经对客车空调零部件的VOC（有害物质含量）、重量、可燃性等提出了更高的要求。传统材料如玻璃钢的劣势凸显，发展可替代的环保材料迫在眉睫。

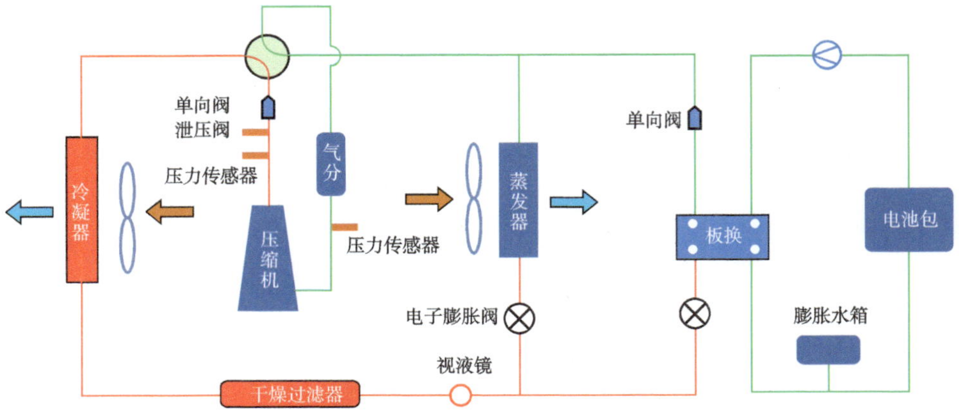


图6-39　顶置集成电池热管理系统

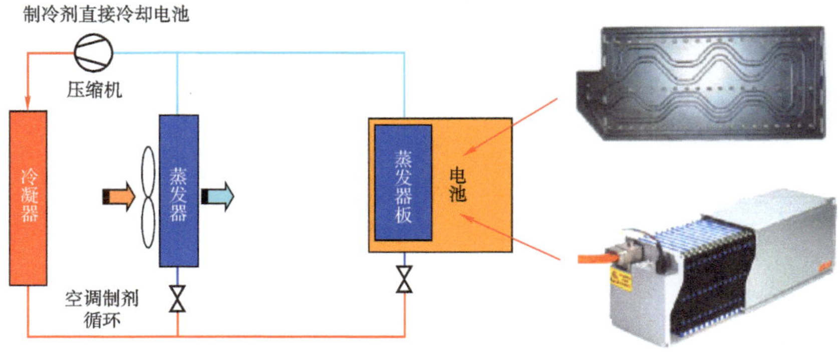


图6-40　直冷式示意图

LFT又称为长纤维增强热塑性塑料或习惯称之为长纤维增强热塑性复合材料，主要由PP和纤维外加添加剂混合而成。LFT材料无毒、无味、边角料及废品可以直接回收再处理，具有较高的经济和环保优势。质量较轻、密度只有1~1.2g/cm$^3$，生产废弃物和结束生命周期的部件可以加以利用。LFT低的塑化要求改善了纤维被剪断的可能性。LFT材料成型周期短，在模具设备中可以在30s内完成成型，生产效率非常高。汽车行业节能减排要求日益严苛，使该技术在国内的应用将逐渐增多，尤其在轻量化过程中替代金属结构件、半结构件中将发挥重要的作用。

新型环保材料对照表如表6-6所示。

**新型环保材料**　　**表6-6**

| 序号 | 项　目 | 手糊玻璃钢 | RTM | SMC | LFT-D | PDCPD |
|---|---|---|---|---|---|---|
| 1 | 材料主要成分 | 环氧树脂和玻璃纤维 | 树脂传递模塑 | 片状膜塑料 | 长纤维热塑性材料 | 聚双环戊二烯 |
| 2 | 密度（g/cc） | 1.6~1.8 | 1.7~1.9 | 1.85 | 1.25 | 1.03 |
| 3 | 拉伸强度（MPa） | 255.1 | 255.1 | 82.7 | 65 | 51 |
| 4 | 比强度（n·m/kg） | 150 | 150 | 45 | 52 | 50 |

续上表

| 序号 | 项　目 | 手糊玻璃钢 | RTM | SMC | LFT-D | PDCPD |
|---|---|---|---|---|---|---|
| 5 | 弯曲强度（MPa） | 317 | 317 | 179 | 152 | 80 |
| 6 | 热变形温度（℃） | 204 | 204 | 220 | 150 | 138 |
| 7 | 导热系数（W/mK） | 0.40 | 0.40 | 0.2~0.3 | 0.3~0.36 | 0.21 |
| 8 | 表面质量 | 低 | 中 | 高 | 高 | 高 |
| 9 | 原料成本 | 中 | 中 | 中 | 中 | 高 |
| 10 | 加工成本 | 低 | 中 | 中 | 中 | 高 |
| 11 | 年产量 | 低 | 中 | 高 | 高 | 高 |

### 7. 云控制平台

空调系统的控制装置具有CAN通信接口，使空调网络架构可与车辆远程终端有通信能力。利用云控制平台保证用户能进行空调相关数据的采集，具有实时参数采集，实时工作状态监控，实时故障报警，远程空调工作状态控制，售后管理等功能，并可兼容客户端和移动端控制（图6-41）。

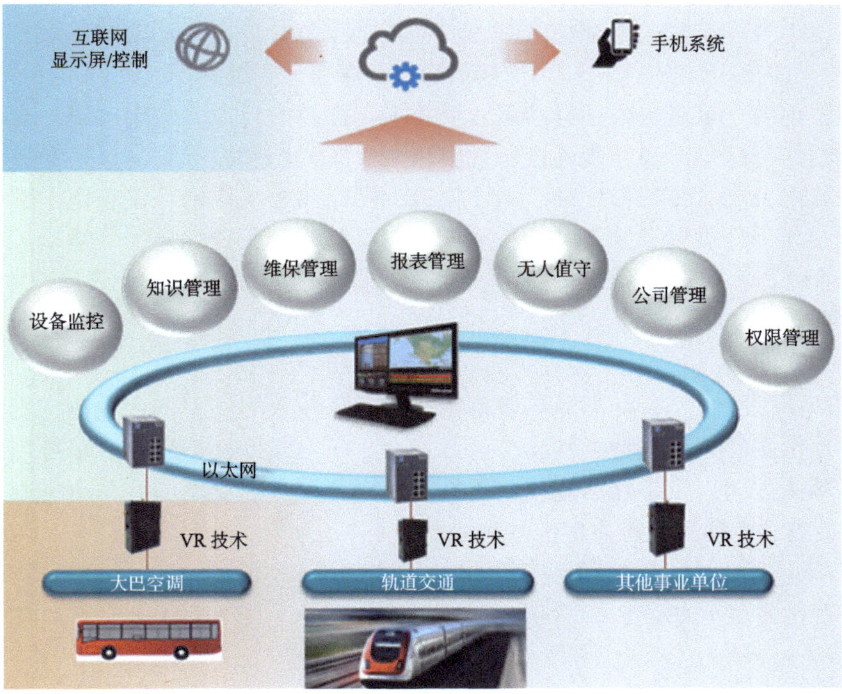


图6-41　云控制平台

# 第七章　客车自动驾驶及智能网联技术

## 第一节　自动驾驶及智能网联技术发展概况

### 一、自动驾驶及智能网联汽车行业发展状况概述

#### （一）自动驾驶及智能网联技术行业范围

按照 SAE 的分级，SAE International（国际自动机工程师学会）制定了 J3016 自动驾驶分级标准，将自动驾驶技术分为 L0~L5 共 6 个等级。L0 代表没有自动驾驶加入的传统人类驾驶，L1~L5 则根据自动驾驶的技术配置和成熟程度进行了分级。L1~L5 分别为辅助驾驶、部分自动驾驶、条件自动驾驶、高度自动驾驶、完全自动驾驶。

国内拟从 2021 年 1 月 1 日起实施《汽车驾驶自动化分级》。和 SAE 分级标准相比，两者在整体分级思路和分级划分标准上大体一致，且都把汽车的自动化程度划分为 6 种不同的等级。对每一等级自动驾驶汽车的具体界定，两种标准也大体相同，仅在某些方面存在一些区别。

自动驾驶、驾驶辅助、车路协同是自动驾驶及智能网联技术行业的集中体现。自动驾驶的实现涉及环境信息感知、车辆信息感知、高精度地图、计算平台、车内辅助、车联网、车身控制等多个环节，需要芯片公司、软件算法公司、传感器厂商、地图厂商、网络服务提供商、汽车电子部件厂商、整车集成商等多类企业共同参与。驾驶辅助则涉及软件算法公司、传感器厂商、电子、通信、汽车等各个领域。车路协同主要涉及通信芯片、通信模组、终端与设备、整车制造、测试验证、运营与服务等行业。

#### （二）自动驾驶及智能网联产业链状况

1. 自动驾驶产业链

作为一项复杂的前沿技术，自动驾驶领域目前已初步形成较为完善的产业链。自动驾驶的实现涉及环境信息感知、车辆信息感知、高精度地图、计算平台、车内辅助、车联网、车身控制等多个环节，需要芯片公司、软件算法公司、传感器厂商、地图厂商、网络服务提供商、汽车电子部件厂商、整车集成商等多类企业共同参与。自动驾驶产业链的分布情况如图 7-1 所示。

目前，低级别自动驾驶或 ADAS（高级驾驶辅助系统）主要由博世、大陆等 Tier-1 供应商主导。未来，随着高级别自动驾驶的发展和渗透，具有更强 IT（互联网技术）基因的软件 / 互联网企业或将赢得更多的话语权。

2. 高级别自动驾驶汽车产业链

大体而言，高级别自动驾驶汽车产业链不如 ADAS 成熟，还未形成类似于博世、大陆这样的头部企业，基本上还是以零部件的各个核心环节划分的产业链环节，大体分为：上游（感知系统、决策系统、执行系统和通信系统）、中游（智能驾驶舱、自动驾驶解决方案、智能网联汽车整车）和下游（出行服务、物流服务和数据增值）。产业链相关的公司上百家，涉及计算机、电子、通信、汽车等各个领域。智能网联汽车行业产业链如图 7-2 所示。

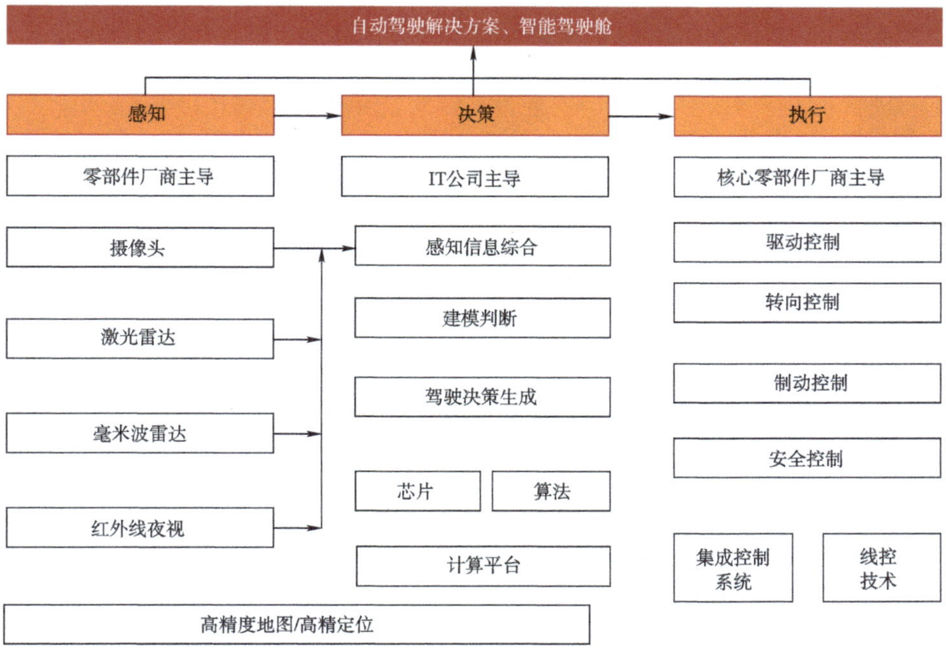


图 7-1 自动驾驶产业链

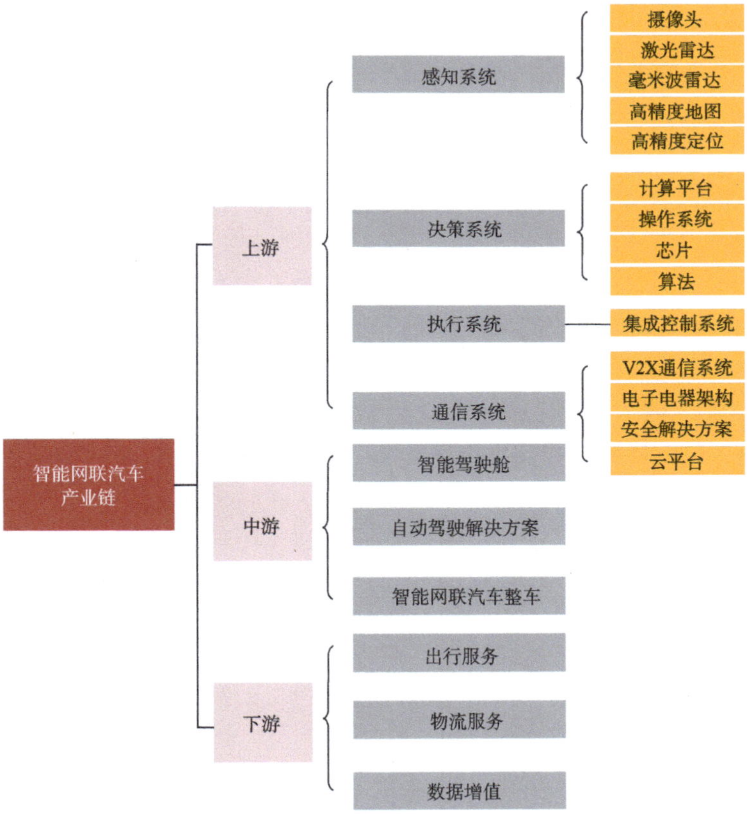


图 7-2 智能网联汽车行业产业链

### 3. 车路协同相关产业链

从产业构成来看，车路协同主要涉及通信芯片、通信模组、终端与设备、整车制造、测试验证、运营与服务等环节，产业链已初步成型，如图 7-3 所示。在通信芯片及模组方面，高通、华为均已有量产芯片产品，移远通信已推出多款车路协同模组；东软、星云互联、千方科技、万集科技等终端/设备厂商可提供支持车路协同的 OBU（On-Board Unit，车载单元）和 RSU（Road Side Unit，路测单元）产品，以及相关的云控管理服务平台、软件开发套件、边缘计算等智能网联产品和解决方案；国内多个整车厂及三大运营商均在积极推进车路协同技术的应用开发以及相应的业务验证示范。

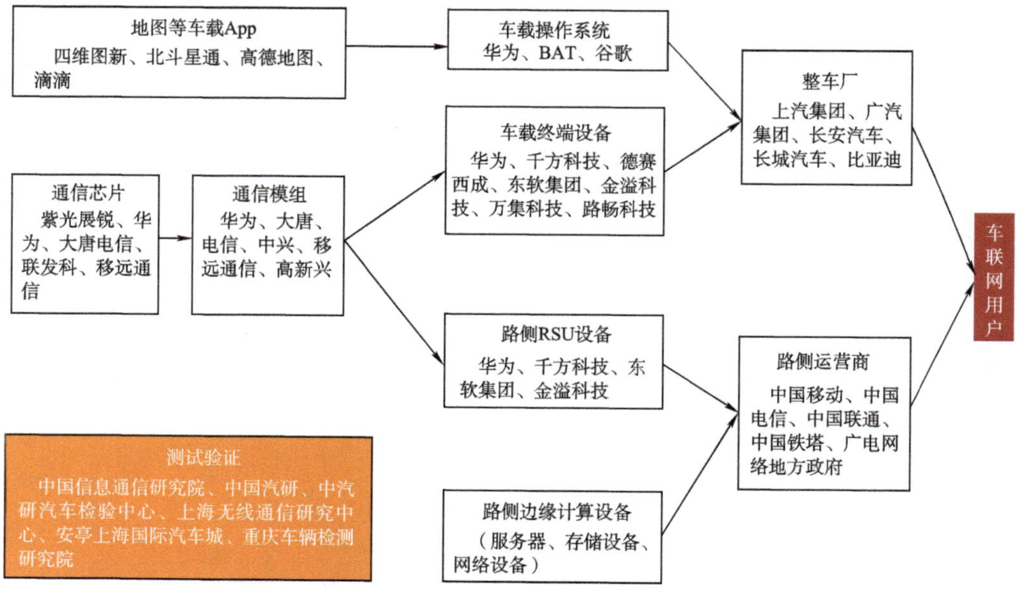


图 7-3　车路协同相关产业链及代表性企业

## （三）自动驾驶及智能网联市场状况

目前来看，汽车整体销量增长乏力，为刺激消费，汽车企业或将加速向智能网联化方向演进。在此背景下，参照智能手机的发展历程，汽车产业有望迎来产业洗牌期，这是各车企积极布局自动驾驶技术的动力之一，有助于促进整体汽车智能化、网联化渗透率的提升。

智能网联示范点、先导区加速建设落成，促进行业商业化和规模化。各地市发改委、工信局、交通局、公安局等发布的智能网联汽车示范区/试点规划情况显示，目前全国已有 2 个国家级先导区、10 个国家级示范区、40 余个地方级测试示范点，满足车联网多场景多环境的测试需求，推动智能网联汽车商业化落地。此外，高速公路是车联网最有可能先行落地的场景，我国还有 8 个智能网联高速公路在进行试点工作。我国自 2016 年以来的示范区数量统计情况如图 7-4 所示。

图 7-4　示范区数量自 2016 年以来迎来大规模增长

车企积极布局智能网联车，抢占新消费增长点（表 7-1）。我国乘用车销量连续两年出现负增长，市场进入新阶段，车联网、自动驾驶等作为下一代消费增长点，吸引了各路汽车厂商的目光。目前国资车企在智能网联车上布局最为积极，一汽、上汽、广汽联合华为、百度、运营商开发智能网联车，部分搭载车联网系统的车型已实现量产，积累了一定的先发优势。

**车企积极抢占智能网联技术高地**　　**表7-1**

| 车企 | 智能网联车研发现状 | 规　划 |
|---|---|---|
| 一汽 | 已于 2018 年推出红旗 H7、红旗 H5、奔腾 X80、奔腾 X40、森雅 R7 等多款智能网联车型 | 世界智能网联汽车大会上，董事长表示将于 2020 年实现自动驾驶 L3 级量产车的生产，之后还将陆续布局 L4 级 |
| 上汽 | 2019 年 8 月上汽 MAXUS 还发布了品牌 L3 级自动驾驶技术，以荣威代表的上汽自主品牌互联网汽车累计销量已突破 60 万辆，上汽 5G 智能重卡成功实现在港区特定场景下的 L4 级自动驾驶 | 上汽集团、中国移动、华为和上海国际汽车城联合启动国内首个“5G 智慧交通示范区”建设，计划在 2020 年建成并向公众正式开放。全球首款 5G 智能网联汽车将于 2020 年量产 |
| 广汽 | 2019 年 7 月广汽推出了和腾讯、华为共同开发的智架互联生态系统 ADiGO，并在 9 月正式量产上市的广汽新能源全新 SUV 上首次搭载 | 2020 年实现 L3 自动驾驶水平 |
| 北汽 | 2019 年 10 月，北汽集团宣布智能网联汽车在高速干线物流、临港物流等商用场景已接近商业化示范运营 | 到 2022 年，北汽集团将力争实现所有产品具备智能互联功能，把 L3 和 L4 级争取率先实现产品化、商业化 |
| 长安 | 2018 年 10 月宣布已建立智能汽车云及全球数据中心，搭载近 60 万辆智能网联汽车，日数据采集量超过 10 亿条 | 2020 年开始，长安将不再生产非联网汽车，实现 100% 联网，到 2020 年实现 L3 量产，2025 年将实现 L4 级自动驾驶量产 |
| 吉利 | 2019 年 6 月宣布发布的“爬行者”智能系统能实现完全自主泊车 | 2020 年量产 L3 自动驾驶，2021 年推出首款量产 5G C–V2X 技术车型 |
| 丰田 | 2019 年 7 月宣布加入百度阿波罗计划，丰田与本田联合研究车联网及人工智能技术 | 2019 年宣布，计划首先在出租车等出行服务车辆上部署 L4 级自动驾驶功能，然后再在个人汽车上部署该功能 |
| 福特 | 2018 年福特中国发布了由福特汽车和百度联合开发的智星信息娱乐系统的 SYNC+ 系统 | 将于 2021 年在大规模部署 L4 自动驾驶商用车，中国量产首款搭载蜂窝车联网技术（C–V2X）车型 |

### （四）自动驾驶及智能网联技术发展状况

自动驾驶及智能网联是汽车与信息、通信等产业跨界融合的典型应用，指通过搭载先进传感器、控制器、执行器等装置，运用信息通信、互联网、大数据、云计算、人工智能等新技术，使汽车具备部分或完全自动驾驶功能，由单纯的交通运输工具逐步向智能移动空间转变。

首先，为了更准确地感知行驶环境，改善人车交互体验，车内外摄像头、超声波雷达、毫米波雷达、红外摄像机等传感器的种类和数量显著增加。例如，被媒体普遍报道的 L3 自动驾驶汽车奥迪 A8 上，配有 12 个超声波传感器、4 个 360° 全景摄像头、1 个前置摄像头、4 个中程雷达、1 个远程雷达、1 个激光扫描仪、1 个红外摄像机，配置可谓豪华；部分车型开始在车内配备摄像头或红外传感器，用于身份识别或 DMS（疲劳驾驶检测）功能。

其次，自动驾驶要求车身控制相关的电子系统升级，通过与摄像头、雷达等传感器结合，基于感知到的信息实时做出应对。在 ADAS 阶段，这主要体现在 AEB（自动制动）、LDW（车道偏离预警）、LCA（生命周期评价）、FCW（前方碰撞预警）、ACC（自适应巡航控制）等一系列分立功能模块中。另如车灯、空调、座椅等亦在智能化进程中，如根据车辆行驶方向、驾驶人身份和状态、车内外环境等自动进行调节。上述功能均要求相应电子系统融入更多信息化技术。智能网联设备及技术分布的情况如图 7-5 所示。

| 感知 | 定位 | 规划和决策 | 控制 |
|---|---|---|---|
| • 摄像头<br>• 激光雷达<br>• 多传感器融合 | • 感知+地图定位<br>• 高精度定位<br>• 组合定位 | • 基于HD地图多级规划<br>• 用户行为学校<br>• 深度学习局部规划、决策 | • 动力学控制<br>• 鲁棒控制<br>• 精确控制 |
| 地图+云计算+深度学习+智能芯片+算法+仿真 | | | |

图 7-5　智能网联设备及技术的分布

车路协同是自动驾驶感知层不可替代的环节。当前的自动驾驶大多依靠雷达、摄像头、定位等手段实现感知层信息的输入，但依靠以上技术远远不够，信息的实时交互能力无法突破，在这一背景下，车联网成为自动驾驶感知层不可替代的环节。图 7-6 给出了车路协同智能设备及基本的原理。

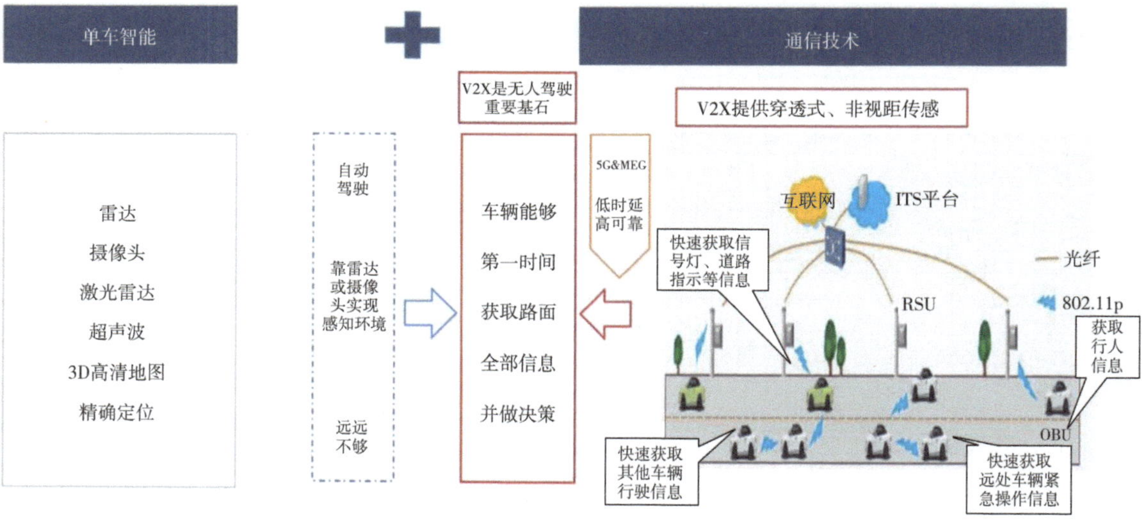


图 7-6　车路协同智能设备及基本原理

目前，国内互联网和 IT 巨头也在积极抢占汽车操作系统的高地。主要代表企业有：百度（Apollo）、阿里（AliOS）、华为（鸿蒙）。其中，百度 Apollo 已形成自动驾驶、车路协同、智能车联 3 大开放平台，在自动驾驶、智能网联、智能交通领域拥有业内领先的解决方案。截至 2019 年，百度 Apollo 开放平台拥有来自全球 97 个国家的 36000 余名开发者，177 个生态合作伙伴，开源了 56 万行代码。在自动驾驶路测方面，Apollo 已获超过 150 张自动驾驶路测牌照数，在 23 个城市开展路测，测试里程超 300 万 km。图 7-7 简要给出了 Apollo 的发展历程。

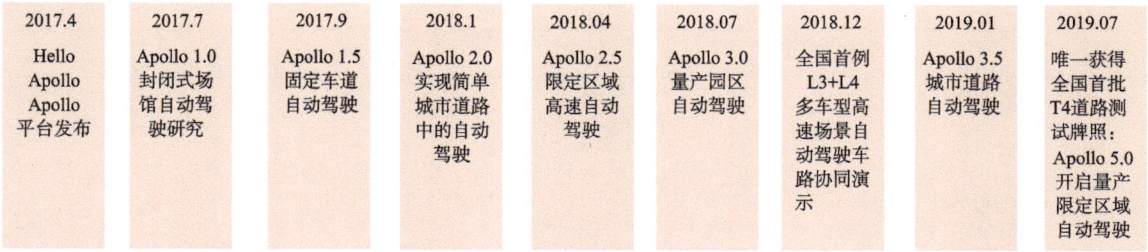


图 7-7　百度 Apollo 发展历程

## 二、自动驾驶及智能网联技术发展状况

### （一）关键开发技术方面

#### 1. 传感器硬件

车辆行驶的道路环境复杂、多变，导致感知无法依赖单一传感器完成，高级别自动驾驶汽车中，定位、雷达、视觉等传感器协作融合，能够以图像、点云等形式输入收集到的环境数据，并通过算法的提取、处理和融合，进一步形成完整的汽车周边驾驶态势图，为驾驶行为决策提供依据。表 7-2 和图 7-8 分别给出了自动驾驶及智能网联汽车中典型环境传感器硬件产品的基本情况以及传感器在智能网联汽车上的基本分布情况。

**典型环境传感器硬件产品**　　　　**表7-2**

| 产品类型 | 厂　商 | 型　号 | 参数水平 |
|---|---|---|---|
| 前向视觉摄像头 | Mobileye | EyeQ4 | 摄像头像素：彩色 150W。<br>分辨率：1280×960。<br>测量距离：>150m。<br>水平视角：52°。<br>垂直视角：43.4°。<br>车道线数量：4。<br>目标个数：10。<br>目标纵向速度误差：<0.2m/s。<br>目标横向速度误差：<0.2m/s。<br>目标纵向距离误差：<10m/100m。<br>横向误差：<0.1m。<br>车道线识别长度：>60m。<br>CAN 通道：2 路 |
| | Bosch | MPC2 | 图像分辨率：1280×960 像素。<br>视场角（水平）：50°（标称值）。<br>视场角（垂直）：28°（标称值）。<br>分辨率：25 像素。<br>帧率：30 帧 /s。<br>动态范围：110Db。<br>波长：400~750nm。<br>功耗：<5.0W（0.35A，14V）。<br>工作温度：−40~+85℃（至 +105℃时仍可进行 CAN 通讯）。<br>接口：2XCAN 或 CAN+Ethernet |

续上表

| 产品类型 | 厂　商 | 型　号 | 参数水平 |
|---|---|---|---|
| 前向视觉摄像头 | Continental | MFC430TA | CMOS 彩色成像器。<br>1280×960 像素。<br>高动态范围成像。<br>高灵敏度 |
| 毫米波雷达 | Bosch | LRR4 | 独立模式以仰角波束测量高度，能够分辨固定障碍物，从而对静止物体也能作出安全制动反应。<br>可在高速行驶状态下使用。<br>自校准功能（水平）减少了相关安装费用。<br>可扩展系统具有多个传感器配置，包括融合传感器收集到的数据（选配）。<br>可隐蔽安装在保险杠 / 雷达罩后。<br>没有可移动部件，因此有极高的抗震稳固性。<br>便于集成在车内的高速 CAN 和 FlexRay 接口 |
| | Continental | ARS 408-2 | 测距范围：0.20~250m（长距模式），0.20~70m/100m（短距模式，±45°范围内），0.20~20m（短距模式，±60°范围内）。<br>距离测量分辨率：1.79m（长距模式），0.39m（短距模式 0.2m）。<br>距离测量精度：±0.40m（长距模式），±0.10m（短距模式，±0.05m）。<br>速度范围 :–400km/h~+200km/h（– 表示远离目标，+ 表示靠近目标） |
| | Delphi | ESR | 覆盖范围：<br>距离 1~175m（前方长距离）；0.5~60m（前方中距离）<br>速度 –100~+25m/s（长距离）；–100~+25m/s（中距离）<br>方位角 ±10°（长距离）；±45°（中距离）。<br>精度：<br>距离 ±0.5m（长距离）；±0.25m（中距离）。<br>速度 ±0.12m/s（长距离）；±0.12m/s（中距离）。<br>角度 ±0.5°（长距离）；±1°（中距离）。<br>多目标区分能力：<br>距离 2.5m（长距离）；1.3m（中距离）。<br>速度 0.25m/s（长距离）；0.25m/s（中距离）。<br>角度 3.5°（长距离）；12°（中距离）。<br>波束宽度（On Boresight）：3.5° Az 12° Az4.5° El 4.5° El |

**续上表**

| 产品类型 | 厂　商 | 型　号 | 参数水平 |
|---|---|---|---|
| 激光雷达 | Velodyne | VLS-128 | 波长：903nm。<br>激光线数：128 线。<br>测量距离：300 米。<br>水平视角范围：360°。<br>垂直视角范围：40°（−25°~15°）。<br>角分辨率：<br>（1）垂直：0.11°（非线性分布）。<br>（2）水平 / 方位角：0.1°~0.4°。<br>旋转频率：5~20Hz；<br>集成的网络服务器便于监测和配置 |
| | 禾赛 | Pandar64 | 激光波长：905nm。<br>激光安全等级：Class 1 人眼安全。<br>采取中间加密的线束分布，最小垂直角分辨率（相邻两激光之间的夹角）达到 0.167°。<br>具有超强测远能力，在物体反射率低至 10% 时，测量距离可达到 200m |
| | 速腾 | RS-LiDAR-32 | 激光波长：905nm。<br>激光安全等级：Class 1 人眼安全。<br>测距能力：200m（150m@10% NIST）。<br>盲区：≤ 0.4m。<br>精度（典型值）：±2cm。<br>水平视场角：360°。<br>垂直视场角：40°。<br>水平角分辨率：0.1°/0.2°/0.4°。<br>垂直角分辨率：0.33°。<br>帧率：5Hz/10Hz/20Hz。<br>转速：300/600/1200rpm（5/10/20Hz） |

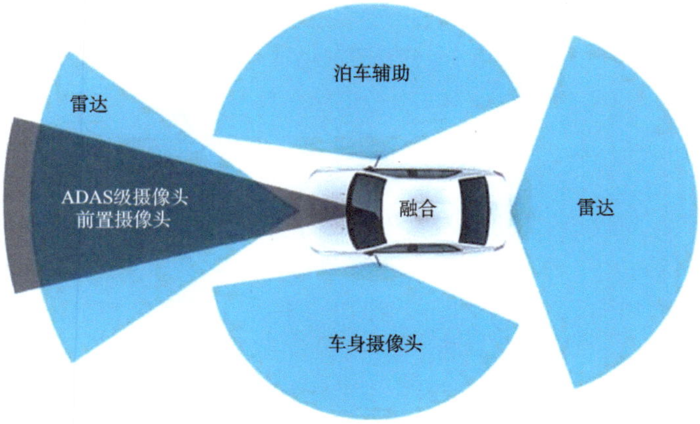


图 7-8　传感器布局

### 2. 控制器

随着汽车电子技术的发展，汽车的电子控制单元（ECU）越来越多，甚至可达上百个。为了解决汽车 ECU 数量庞大的问题，域控制器的概念应运而生。

图 7-9 是智能网联汽车的结构层次，在分布式架构中的传感器端完成环境感知数据处理后，将检测结果发送给自动驾驶域控制器（DCU）。DCU 完成多传感器数据融合处理后，执行规划与决策，发出决策命令后由执行机构完成控制。表 7-3 是典型的自动驾驶车载控制器硬件产品的基本情况。

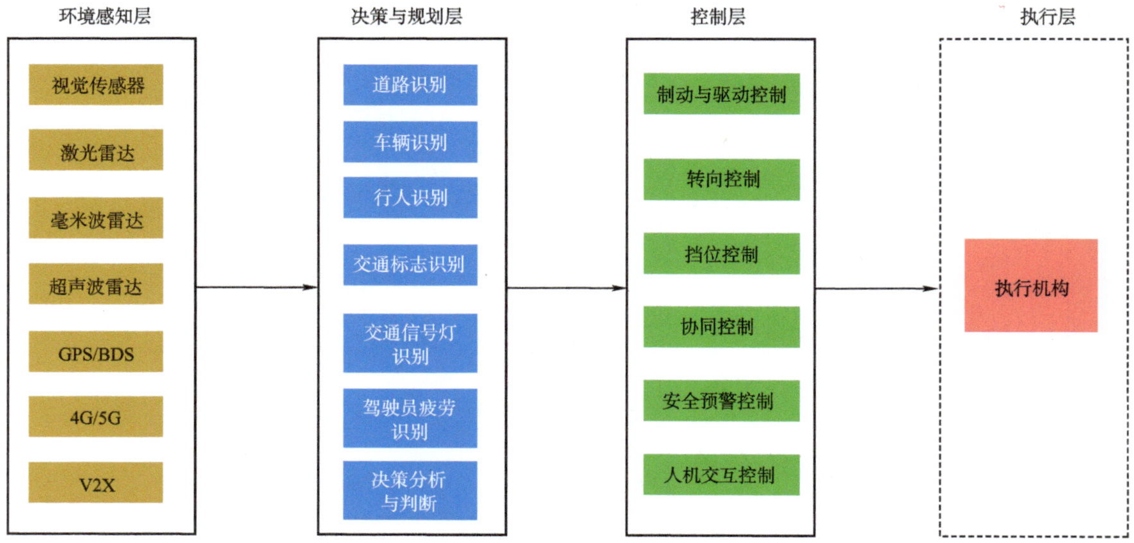


图 7-9　智能网联汽车层次结构

**典型自动驾驶车载控制器硬件产品** **表7-3**

| 产品类型 | 厂　商 | 型号 | 参数水平 |
|---|---|---|---|
| 智能驾驶计算平台 | Continental | ADCU | 模块化分级式处理平台；<br>支持中央域模式的车辆拓扑结构；<br>功能安全，信息安全，性能优越 |
| | 华为 | MDC300 | 包含硬件平台、平台软件、工具链、安全平台 4 部分 |
| | 智行者 | BrainBox | 采用 NVIDIA 的 JETSON Xavier 双模块处理器 + 英飞凌的 TC297 功能安全处理器的异构计算平台，集成了多种通讯、6 口交换机、4G、视频（8 路 720P，GMSL 摄像头输入）等模块，拥有 CAN、以太网、USB、RS232 等丰富接口。BrainBOX 搭载了 AVOS 系统，提供核心的自动驾驶功能、视频推流功能、数据记录功能等。<br>产品特色：适合低速及高速 Robotaxi 自动驾驶应用。<br>防护：IP67，能适应各种扬尘、高湿、沿海等气候。<br>温度：−25℃到 70℃，满足各种极低温、高温环境。<br>功耗：低功耗设计，不需要额外的主动散热装置，增加续航能力。<br>可靠性：满足 3 级以上电磁兼容和环境标准，满足各种严酷环境下的可靠稳定工作 |

### 3.V2X 通信系统

V2X 通信系统的端到端解决方案架构可分为 4 层：终端侧、边缘层、云端和应用侧。整体方案围绕“智能的车”和“聪明的路”展开，以实现车与路的信息及时交互，从而支持指挥交通及自动驾驶的应用场景。

终端层：由车端和路端构成，两端之间须遵循同一标准，当前车载端 OBU 硬件的参数和产业链情况分布如表 7-4 和图 7-10 所示。

**典型V2X OBU硬件产品　　表7-4**

| 产品类型 | 厂　商 | 型　号 | 参数水平 |
|---|---|---|---|
| 华为 LTE-V2X 车载终端 | 华为 | DA2300 | 支持亚米级高精度定位；<br>支持全向覆盖、高增益、小型化等特点 |
| 车载终端、路测终端 | 大唐高鸿 | DTVL3100 | 车载终端接口：支持 USB、以太网、CAN、WiFi 等接口特点，主要用于规模验证和车载后装，提供 V2X 功能预警；<br>路测终端接口：支持高速以太网口，交直流或 PoE（以太网供电）方式，即插即用，支持数据到后台服务器的无线回传，便于数据采集和后期操作维护 |

图 7-10　C-V2X OBU 产业链示意图

边缘层：由边缘侧 RSS（简易信息聚合）、边缘计算平台、差分基准站组成，RSS 是路侧融合感知，智能分析识别行车风险，提供交通预警等，边缘计算平台车路协同数据收集、路由和分发等，差分基站则为高精度定位提供必要的差分信息。

云端：平台是车路协同解决方案中云端必不可少的部件。

应用层：车路协同收集的数据即可用于交通领域自身，也可用于车辆的自动驾驶，还可统一应用第三方交通服务。

### 4. 规划与决策系统

自动驾驶决策系统可以分为基于规则方法的系统和基于学习方法的系统。其中，基于规则方法的系统主要使用有限状态机、决策树、行为树等方法；基于学习方法的系统主要使用深度强化学习方法。基于规则方法的系统目前普遍可以实现车道保持、跟车、换道、避障、让行等基本的自动驾驶功能，部分系统可以实现窄路掉头、借道避障、窄路会车等比较复杂的自动驾驶功能。基于学习方法的系统目前主要还处在研究阶段，因其系统功能的不可解释性，暂未在实车上广泛应用。

### 5. 执行与控制系统

1）线控底盘

（1）驱动系统。自动驾驶 / 智能网联汽车驱动系统的典型技术参数见表 7-5。

**自动驾驶/智能网联汽车驱动系统的典型技术参数** **表7-5**

| 功能 | 信号 | 描述 | 性能要求 | 信号分辨率 | 指令周期 | 响应延时 |
|---|---|---|---|---|---|---|
| 驱动控制 | 使能 | 总线控制驱动系统从人工驾驶状态切换到自动驾驶状态的标志位 | — | 开关量：<br>0：关闭。<br>1：使能 | ≤ 20ms | ≤ 500ms |
| | 加速踏板开度 | 目标加速踏板开度 | | 1% | | |
| 驱动反馈 | 驾驶模式 | 驱动系统的驾驶模式 | — | — | | |
| | 实际加速踏板开度 | 加速踏板开度值 | — | — | | |
| | 实际车速 | 车辆实际纵向车速 | — | 0.1km/h | | |

（2）换挡系统。自动驾驶 / 智能网联汽车换挡系统的典型技术参数见表 7-6。

**自动驾驶/智能网联汽车换挡系统的典型技术参数** **表7-6**

| 功能 | 信号 | 描述 | 性能要求 | 信号分辨率 | 指令周期 | 响应延时 |
|---|---|---|---|---|---|---|
| 挡位控制 | 挡位控制使能 | 挡位系统从人工驾驶状态切换到自动驾驶状态的请求标志位 | R–N 或 N–R 或 N–D 或 D–N 几个挡位之间切换的时间不得超过 3s，R–D 或 D–R 两个挡位之间的切换时间不得超过 5s | — | ≤ 100ms | ≤ 500ms |
| | 目标挡位 | 目标挡位 R/N/D | | — | | |
| 挡位反馈 | 挡位信息 | 当前挡位状态 | — | — | ≤ 100ms | ≤ 100ms |

（3）制动系统。自动驾驶 / 智能网联汽车制动系统的典型技术参数见表 7-7。

**自动驾驶/智能网联汽车制动系统的典型技术参数** **表7-7**

| 功能 | 信号 | 描述 | 性能要求 | 信号分辨率 | 指令周期 | 响应延时 |
|---|---|---|---|---|---|---|
| 制动控制 | 使能 | 总线控制制动系统从人工驾驶状态切换到自动驾驶状态的标志位 | — | — | ≤ 20ms | ≤ 200ms |
| | 制动压力 | 制动目标压力 | 目标制动压力：<br>范围：0~6MPa，对应最大减速度 AMax ≥ 7m/s²。<br>制动压力最大超调量：≤ Max（0.1，target × 10%）。对应减速度最大超调：≤ Max（0.1，target × 10%）。<br>保压时间≥ 5min，<br>主动反应时间应≤ 200ms，<br>主动释放时间应≤ 200ms | 0.1MPa | | |
| 制动反馈 | 当前驾驶模式 | 制动系统的驾驶模式 | — | — | | |
| | 制动压力 | 当前的制动压力（MPa） | — | 0.1MPa | | |

2）纵向控制

纵向控制方法目前主要以反馈控制和 MPC（模型预测控制）为主，输出期望车辆加速踏板开度 / 电机扭矩、期望加速度、期望制动压力等信号，能够实现正常车速范围内的速度跟踪，稳态速度误差普遍能做到 1m/s 以内，部分系统可以做到 1km/h 以内，定点停车精度一般可以到 0.5m 以内，针对泊车等场景能够做到 20cm 以内。

3）横向控制

横向控制方法目前以预瞄、反馈控制和 MPC 为主，输出期望转向盘转角 / 前轮偏角或期望转向盘转矩 / 转速等，能够实现直道、C 形弯、S 形弯、U 形弯等道路的稳定跟随，直道跟踪误差一般可以达到 20cm 以内，部分系统可以做到 10cm 以内。

### （二）测试与验证技术方面

对自动驾驶汽车的测试首先是要验证其安全性，除此之外，还要对技术和方案、用户体验以及车辆与交通流相互影响的问题进行验证和评估。结合自动驾驶汽车自身的技术特点，以及开发和认证过程中每个周期的不同需求，自动驾驶汽车测试可以采用公开道路实车测试、封闭场地实车测试、在环测试等方法。

#### 1. 公开道路实车测试

传统汽车由于是人工驾驶，验证其安全性只需要关注驾驶人无法控制的部分，包括机械系统和电气系统，满足《道路功能功能安全标准》（ISO 26262），达到 ISOD 的要求。这个要求无论对于车辆的机械系统还是电气系统，都是单调可测的，用有限的几种典型工况就可以预测或代表随机失效概率对应的机械及电气系统的设计要求，比如耐久试验、老化试验等。但智能汽车或自动驾驶汽车由于用机器代替了人，测试对象从机械、电气系统变成了机械电气系统 +“机器脑”，这在人类汽车工业史上是从未有过的，“机器脑”也并不具备机械、电气系统那样的单调性能，只能从场景出发，考察其在具体的场景下是否安全可靠。但“场景”是个“无限维”问题，不具备单调性能，也没办法简单地预测，因此道路测试成为最直接的方案——通过道路测试去发现问题，通过道路测试去积累足够长的里程，从而实现概率意义上的“安全”。目前美国、欧洲、日本和中国几个主要的自动驾驶研发阵营都在开展相应的工作。

要想证明自动驾驶的安全性高于人类驾驶，达到 ISOD 级别的安全性，美国兰德公司在《Driving to Safety》（驶向安全）研究报告中指出，要证明自动驾驶汽车相比人类驾驶人能够减少 20% 的交通事故死亡率，需要进行约 80 亿 km 的公共道路测试。美国加州是自动驾驶道路测试的“圣地”，是全球进行自动驾驶道路测试最多和最集中的地区。根据加州车辆管理局（DMV）《2019 年自动驾驶接管报告》，2019 年加州自动驾驶道路测试累积里程为 288 万 mi（463 万 km），里程排名前三的企业分别为 Waymo（145.41 万 km）、Cruise（83.10 万 km）与小马智行（17.48 万 km），其中 Waymo 从 2015 年起积累的里程约为 2000 万 km。相比之下，2019 年北京自动驾驶测试的累积里程为 88.66 万 km，里程排名前三的企业为百度（75.4 万 km）、小马智行（11.12 万 km）和丰田（1.11 万 km），其中百度积累的里程约为 200 万 km。即使对于 Waymo 和百度这两个行业头部的企业，想要达到 80 亿 km 的目标，也是不现实的。

这些数据从一定程度上给了行业一个提醒——公开道路的实车测试作为一种必要的测试手段，虽然可能会继续进行下去，但很难作为一种认证测试标准进入自动驾驶汽车安全性的认证环节，而更多作为一种自动驾驶汽车厂商的开发验证手段。

#### 2. 封闭场地实车测试

封闭场地测试（Field Test）与汽车的发展历程紧密相关，几乎所有的大型车企都有封闭测试场地，以支撑产品的开发。封闭测试场地面积大，可以分割成多个区域，比如长直性能路、ABS 道路、涉水道路、强化路面、坡道、动态广场等等，这些静态的功能区主要用于对传统汽车的机械系统和电气系统的验证。此外，封闭场地可以支撑从研发到认证的全周期测试，测试环境的一致性强，测试成本低，安全性高。

但智能汽车除了要验证车本身的性能之外，更重要的是需要验证它的智能系统，后者是一个场景驱动的系统，需要构建丰富的场景来支撑测试。

美国密西根的 MCity 最开始在封闭场地中加入针对自动驾驶的静态场景，包括隧道、汇流区、弯道、雨雾区域、街景等，成为全世界自动驾驶封闭场地设计的标杆。德国的 PEGASUS（飞马）项目从理论上提出了使用“静态场景 + 动态场景”搭建自动驾驶场景的框架，在场景设计中加入了背景车、平板车、假人假车等工具，丰富了封闭场地的场景内容。交通运输部公路科学研究院的侯德藻主任认为，自动驾驶封闭场地测试是仿真测试和开放道路测试的中间环节，一方面需要将在开放道路上可能遇到的极端场景进行简化和抽象，另一方面又需要将仿真测试中遇到的问题具体化。尽管这些测试场景与自动驾驶验证所需的场景之间的差距还比较大，但由于它们可以支撑 L1、L2 和 V2X 的测试和认证，而且对于场地路面本身的要求要比传统汽车法规测试场地的要求低得多，因此世界范围内出现了大量的自动驾驶封闭测试场地。比如美国交通运输部指定了 10 个自动驾驶封闭测试场，分布于 9 个州，这些测试场除了著名的 Mcity 之外，还有飞机生产基地改造的 Willow Run 测试基地，由废弃的海军基地改造的 GoMentum Station 基地，由空间基地改造的 Castle 基地等。

3. 在环测试

对于自动驾驶来说，里程测试的意义在于：一方面发掘极端场景，另一方面达到 ISOD 所要求的里程数量，从而使得概率意义上的“安全”是可信的。然而，里程测试中的场景是稀疏的，有意义的场景就更少，这对于自动驾驶汽车认证过程来说是一个不可接受的结果。

场地测试将道路测试中一部分场景抽象成典型的场景案例和工况，使用真实被测车辆和背景车辆（或背景车辆测试工具）在封闭场地中进行测试，一定程度上解决了道路测试中场景稀疏的问题，但其测试强度和测试效率还是远不能满足自动驾驶的开发和认证测试的要求。

自动驾驶仿真测试是以虚拟测试作为出发点，将真实硬件系统与虚拟环境结合，形成测试工具链，充分发挥虚拟环境的柔性化优势，实现测试场景的快速部署和自动化测试，并随着工具链中真实系统数量的不断增加，逐级缩减测试场景的数量。仿真测试包括模型在环测试（MIL）、软件在环测试（SIL）、硬件在环测试（HIL）、整车在环测试（VeHIL）和场地在环测试（FIL）。

1）模型和软件在环仿真测试

模型和软件在环仿真都是纯数字仿真测试工具，由模拟场景、车辆动力学模型、传感器模型、规划决策算法等组成，可以对自动驾驶汽车的各个系统以及整车进行仿真测试。模型在环仿真和软件在环仿真一般应用在功能开发早期阶段，在没有实物硬件的情况下，对系统的策略算法进行验证。模型在环比软件在环在更早期的阶段进行，甚至控制逻辑都是使用仿真软件（比如 Simulink），而不是使用工程代码（比如 C 语言）构成的。

目前行业里有大量的商用或开源或自动驾驶虚拟仿真软件，比如 PreScan、IPG（包括 CarMaker 和 TruckMaker）、VTD、SCANNeR、PanoSim、CARLA Simulator、AirSim、USARSim、Apollo、Carcraft 等，结合交通仿真软件，比如 SUMO、PTV VISSIM 等，可以对自动驾驶汽车的各个系统、整车、车辆的交通行为以及与交通环境的相互影响进行仿真测试和评估。

仿真测试可以摆脱对真实测试环境和硬件的需求，测试效率极高，测试成本和测试风险非常低，但主要问题在于：一方面，测试结果严重依赖于传感器模型和车辆模型的正确性，不正确或错误的仿真模型将导致错误的结果；另一方面，现实场景在仿真环境中的快速还原难以实现。不过为了应对第二个问题，欧盟已经在 PEGASUS 项目中引入一种场景记录文件格式 OpenScenario，将采集的场景数据生成场景文件并应用于不同的模拟仿真软件来进行解决。

2）硬件在环测试

硬件在环测试中，自动驾驶系统的部分部件或系统是真实的，而环境是虚拟的。硬件在环测试主要对自动驾驶汽车的环境感知系统、通信系统、决策规划系统和控制执行系统硬件（包括运行的软件）进行测试，典型结构如图 7-11 所示。

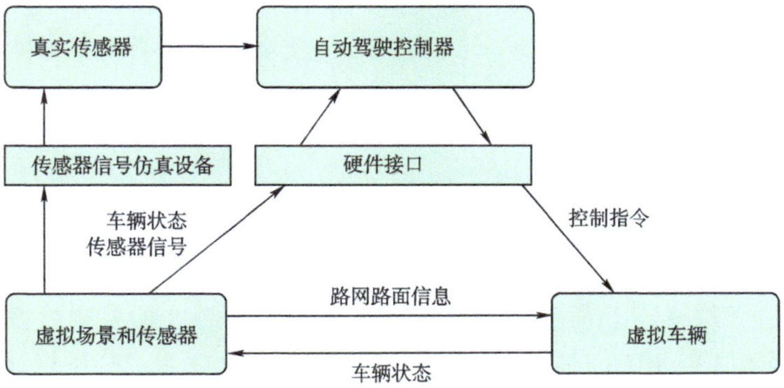


图 7-11 典型的 HIL 测试系统结构

理论上，大部分硬件均可开展硬件在环测试，但部分硬件的在环测试技术手段相对复杂且成本很高，如激光雷达、红外摄像头等，还有部分部件开展在环测试的意义不大，如决策规划系统硬件在环测试，虽然系统最终以硬件呈现，但是功能主要由软件实现。总体来说，硬件在环测试适用于自动驾驶汽车的核心部件。

3）整车在环测试

整车在环测试，即整车作为实物硬件被连接到虚拟测试环境中进行测试，是比硬件在环测试更加复杂的测试工具。将所有部件、系统集成到车辆上进行测试，可以降低模型偏差带来的不良影响，使测试结果更加可靠。

各公司整车在环测试采用的方案大致相同，即将装备了传感器的整车置于转鼓平台，用 4 台伺服电机取代轮胎来实现车辆横向运动，用转鼓来实现车辆的纵向运动。被测车辆的绝对位置是固定不变的，利用机器人运动平台系统，模拟周围交通参与者与被测车辆的相对运动，实现车辆在环测试。典型的整车在环系统如图 7-12 所示。

图 7-12 典型的整车在环测试系统结构

相对于模型、软件和硬件在环测试，整车在环测试要复杂得多，价格也要高昂很多，并且迄今为止，技术还不是很成熟，以至于各大自动驾驶主机厂和第三方检测机构并没有普遍具备整车在环测试能力，而且技术路线尚未统一。但是整车在环中使用的转鼓，是传统汽车测试标准中广泛采用的技术方案，并且整车在环测试能够同时兼顾仿真测试的效率和成本以及考察整车性能的各方面因素，测试过程安全可控，极有可能成为未来自动驾驶测试中的一个重要流程。

4）场地在环测试

场地在环测试，即测试车辆在封闭的空旷场地上进行测试，场景仿真系统生成虚拟场景，由传感器模型和传感器信号模拟软件生成基于虚拟场景的传感器信号，并发送给车辆电子控制单元（ECU），ECU 根据环境感知数据进行决策规划和任务执行，同时场景模拟软件读取车辆 GPS（全球定位系统）及航向信息用于更新参数，并根据新的位置信息给出传感器模拟信号。整个测试系统中，车辆是真实的，环境以及传感器信号是模拟的。相对于 MIL、SIL 和 HIL，场地在环测试的出现要晚得多，目前尚没有完整和成熟的方案，甚至连名称都没有统一，在很多文献中叫作平行测试或者数字孪生测试。但场地在环测试相对于整车在环测试来说，成本要低得多，相对于单纯的封闭场地测试，测试效率和测试强度又要高得多。场地在环测试和整车在环测试以及封闭场地测试能形成互补，相信未来会是有价值的发展方向。

## 三、国内外标准与应用发展状况

### （一）国外标准与应用发展状况

#### 1. 国外标准发展状况

1）联合国和国际标准化组织

（1）联合国世界车辆法规协调论坛（UN/WP.29）。

UN/WP.29 正在推行自动驾驶安全愿景，要保障自动化车辆的安全水平，确保自动化汽车行驶是安全的，不会遭受任何不可承受的风险，保障在自动驾驶汽车运行范围下，自动驾驶车辆不会导致任何可预见和可预防的有人员伤亡的交通事故。GRVA（联合国智能网联法规工作组）正在制定全球自动驾驶汽车的相关文件，主要基于指南和安全原则层面进行定义，以及定义自动驾驶汽车的功能。

2016 年年初，UN/WP.29 在日内瓦召开会议，日本和德国率先联合提出方案，要求制定自动驾驶的国际安全标准。联合国负责车辆管理的机构已经开始起草 1 套新的国际安全法规，对自动驾驶汽车技术进行规范管理。UN/WP.29 于 2016 年 12 月在其智能交通与自动驾驶工作组（ITS/AD）内建立了信息安全标准制定任务组，并完成了职能范围文件的制定，后续将围绕汽车网络安全、数据保护及软件升级 3 部分开展相关工作。UN/WP.29 于 2018 年 6 月成立联合国智能网联法规工作组（GRVA），专门从事智能网联汽车的相关工作，主要聚焦 L3 级自动驾驶车辆在高速公路上如何行驶，同时聚焦自动驾驶汽车的评估办法以及高级辅助驾驶的管理方式，以及智能网联汽车的驾驶安全。2019 年 6 月，在日内瓦举行的 UN/WP.29 第 178 次全体会议审议通过了中国、欧盟、日本和美国共同提出的《自动驾驶汽车框架文件》。该文件旨在确立 L3 及更高级别自动驾驶汽车的安全性和相关原则，并为 WP.29 附属工作组提供工作指导。

（2）ISO。

在 ISO 方面，有两个委员会关注道路车辆标准化工作，一个是 TC22 委员会，关注从机动自行车、摩托车、小轿车、货车到大客车等车辆，另一个是 TC204 委员会，负责智能交通系统的标准化工作。自动驾驶领域的标准化工作是 TC22、TC204 两个委员会共同的工作范畴，它们分别负责道路车辆和智能交通系统，共同制定了一个关于道路机动车自动驾驶系统的分类和术语定义的一个标准文件 ISO 22736。此外，双方还共同制定了一份编号为 ISO/PAS 21448 的预期功能文件，主要专注于两类问题：一类是非预期、非故障性问题，比如车上的感应器由于气候恶劣无法工作，或者感应器与感应器之间的交互出现问题，或者是驾驶过程当中的决策、算法出现故障，导致系统做出错误决策；另一类是来自驾驶人的错误指令、错误行为，预设了驾驶人出现错误使用系统的问题。ISO 还会通过方法论来判断已知驾驶情景和未知驾驶情景的安全性，以降低风险概率。ISO 希望在测试过程中模拟现实场景，特别是现实的极端驾驶场景来测试安全性能，可以通过随机模拟的方式来测试自动驾驶车辆在极端驾驶场景下的性能。这项措施在全球范围内都会采用，根据不同的场景，在不同国家进行测试。

目前 ISO 已经发布多项汽车智能化相关标准（表 7-8）。

**ISO标准体系中汽车智能化相关标准** **表7-8**

| 标 准 号 | 标准名称 | 标 准 号 | 标准名称 |
|---|---|---|---|
| ISO 15622 | 自适应巡航控制系统（ACC） | ISO 24014 | 公用交通（PT） |
| ISO 22839 | 前撞减轻控制系统（FVCMS） | ISO/TR 21707 | 智能交通系统：综合交通信息，管理和控制，系统的数据质量 |
| ISO 15624 | 交通障碍预警系统（TIWS） | ISO 24531 | 智能交通系统：系统架构，分类和术语 |
| ISO 17386 | 低速辅助操作系统（MALSO） | ISO 15628 | 智能交通系统：专用短程通信（DSRC） |
| ISO 17361 | 车道偏离预警系统（LDWS） | ISO 13185-2 | 智能交通系统：车辆接口的供应和支持服务 |
| ISO 17387 | 换道辅助系统（LCDAS） | DIS 26684 | 协同式交叉路口信息和警报（CIWS） |
| ISO 22179 | 全速巡航控制系统（FSRA） | CD 11067 | 弯道速度预警系统（CSWS） |
| ISO 22178 | 低速跟随控制系统（LCF） | DIS11270 | 车道偏离辅助控制（LKAS） |
| ISO 15623 | 前撞报警系统（FVCWS） | NP 16787 | 泊车辅助（APS） |
| ISO 22840 | 长距离倒车辅助系统（ERBA） | NP18682 | 危险告知系统基本要求（HNS） |
| ISO/TS 14823 | 交通及驾乘信息（TTI） | | |

2）欧洲

（1）欧洲新车安全评鉴协会（Euro NCAP）。

作为汽车智能化以及 ITS 产业化最初级层面的驾驶辅助技术得到了 Euro NCAP 重点关注。

Euro NCAP 于 2009 年 12 月发布名称为“Moving Forward”2010—2015 年战略路线图，表明了在 2010—2015 年将要引进的新技术，其中涉及增加 AEB、LKA/LDW 等驾驶辅助技术，并对装备率提出了要求。新版评分标准最终于 2013 年 7 月发布，见表 7-9。

**2013年Euro NCAP评分标准** **表7-9**

| 分 类 | 成人保护 | 儿童保护 | 行人保护 | 安全辅助 |
|---|---|---|---|---|
| 具体项 | 正面偏置碰撞（16 分） | 正面碰撞（16 分） | 头部（24 分） | 安全带提醒（3 分） |
| | 侧面可变屏障（8 分） | 侧面碰撞（8 分） | 盆骨（6 分） | 限速提醒（SAS）（3 分） |
| | 侧面柱状碰撞（8 分） | 安装兼容度（12 分） | 腿部（6 分） | ESC 电子系统（3 分） |
| | 鞭打测试（4 分） | 车辆标识（13 分） | | |
| 满分（分） | 36 | 49 | 36 | 9 |
| 系数（%） | 50 | 20 | 20 | 10 |
| 五星评价标准（%） | 80 | 60 | 60 | 65 |

2014 年的评价标准中（表 7-10），在成人保护评价中，鞭打测试中引入了 AEB City（低速 AEB）测试，满分为 3 分。对于在前排的鞭打测试中能够拿到 1.5 分的车型，能够直接获得 AEB City 的 3 分。Euro NCAP 认为，从技术角度，能够在前排鞭打试验中获得 1.5 分的车型，其低速 AEB 必然是满足要求的。在安全辅助评价中，引入了 LKA/LDW（1 分）和 AEB Interurban（高速 AEB，3 分）测试。此外，ESC 的评测项目被取消，但是依然会进行评分，评分依据是 ESC 的型号认证，只要 ESC 设备通过了型号认证，就可以获得 3 分。此外，AEB Interurban 与 LKA/LDW 均有装机率 50% 的要求。同时，对 4 个大项的权重分配也进行了调整，成人保护下调到 40%，安全辅助所占比例由 10% 上调到 20%。

**2014年Euro NCAP评分标准** **表7-10**

| 分　类 | 成人保护 | 儿童保护 | 行人保护 | 安全辅助 |
|---|---|---|---|---|
| 具体项 | 正面偏置碰撞（16 分） | 正面碰撞（16 分） | 头部（24 分） | 安全带提醒（3 分） |
| | 侧面可变屏障（8 分） | 侧面碰撞（8 分） | 盆骨（6 分） | 限速提醒（SAS）（3 分） |
| | 侧面柱状碰撞（8 分） | 安装兼容度（12 分） | 腿部（6 分） | ESC 电子系统（3 分） |
| | 鞭打测试（前）（2 分） | 车辆标识（13 分） | | LKA/LDW（1 分） |
| | 鞭打测试（后）（1 分） | | | AEB Interurban（高速 AEB）（3 分） |
| | AEB City（低速 AEB）（3 分） | | | |
| 满分（分） | 38 | 49 | 36 | 13 |
| 系数（%） | 40 | 20 | 20 | 20 |
| 五星评价标准（%） | 80 | 75 | 60 | 65 |

2015 年变化较小（表 7-11），主要是对正面碰撞测试进了调整。安全辅助评价中，SAS 的装机率要求从 50% 增加到了 70%，同时，增加了获得五星评价的难度，安全辅助得分必须达到 70% 才可以获得五星评价。

**2015 年 Euro NCAP 评分标准** **表 7-11**

| 分　类 | 成人保护 | 儿童保护 | 行人保护 | 安全辅助 |
|---|---|---|---|---|
| 具体项 | 正面偏置碰撞（8 分） | 正面碰撞（16 分） | 头部（24 分） | 安全带提醒（3 分） |
| | 正面全宽碰撞（8 分） | 侧面碰撞（8 分） | 盆骨（6 分） | 限速提醒（SAS）（3 分） |
| | 侧面可变屏障（8 分） | 安装兼容度（12 分） | 腿部（6 分） | ESC 电子系统（3 分） |
| | 侧面柱状碰撞（8 分） | 车辆标识（13 分） | | LKA/LDW（1 分） |
| | 鞭打测试（前）（2 分） | | | AEB Interurban（高速 AEB）（3 分） |
| | 鞭打测试（后）（1 分） | | | |
| | AEB City（低速 AEB）（3 分） | | | |
| 满分（分） | 38 | 49 | 36 | 13 |
| 系数（%） | 40 | 20 | 20 | 20 |
| 五星评价标准（%） | 80 | 75 | 60 | 70 |

2010—2015 年路线图中只涉及 2015 年之前，但是考虑到技术的发展，评分组将 AEB 对于道路上弱势群体（VRU）——行人的保护，放到了 2016 年进行考核（表 7-12）。与 2014 年 AEB City 评分原则相同，对于在行人保护前三项测试中获得了 23.1 分的车型，可以直接获得 AEB VRU 的 6 分，评分在 21 分和 23.1 分之间的车型，能够直接获得 AEB VRU 的 3 分。

**2016年Euro NCAP评分标准**　　　　**表7-12**

| 分　类 | 成人保护 | 儿童保护 | 行人保护 | 安全辅助 |
|---|---|---|---|---|
| 具体项 | 正面偏置碰撞（8 分） | 正面碰撞（16 分） | 头部（24 分） | 安全带提醒（3 分） |
| | 正面全宽碰撞（8 分） | 侧面碰撞（8 分） | 盆骨（6 分） | 限速提醒（SAS）（3 分） |
| | 侧面可变屏障（8 分） | 安装兼容度（12 分） | 腿部（6 分） | ESC 电子系统（3 分） |
| | 侧面柱状碰撞（8 分） | 车辆标识（13 分） | AEB VRU（AEB 行人）（6 分） | LKA/LDW（1 分） |
| | 鞭打测试（前）（2 分） | | | AEB Interurban（高速 AEB）（3 分） |
| | 鞭打测试（后）（1 分） | | | |
| | AEB City（低速 AEB）（3 分） | | | |
| 满分（分） | 38 | 49 | 42 | 13 |
| 系数（%） | 40 | 20 | 20 | 20 |
| 五星评价标准（%） | 80 | 75 | 65 | 70 |

在装机率上，LKA/LDW 与 AEB Interurban 的装机率要求变成了 70%，SAS 变成了 100%（表 7-13）。

**2013—2017年 Euro NCAP装机率要求**　　　　**表7-13**

| 时间（年） | 限速提醒（SAS）（%） | AEB Interurban（高速 AEB）（%） | LKA/LDW（%） |
|---|---|---|---|
| 2013 | 50 | — | — |
| 2014 | 50 | 50 | 50 |
| 2015 | 70 | 50 | 50 |
| 2016 | 100 | 70 | 70 |
| 2017 | 100 | 100 | 100 |

2015 年 3 月，Euro NCAP 发布了 2020 路线图，对驾驶辅助技术提出了更高的要求。

对于下一代 AEB，2020 路线图对可避免场景提出了更多的要求，将迎面碰撞、十字路口碰撞等均列入规划，同时，对避免碰撞行人和自行车等也提出了规划。

图 7-13 为 AEB 车辆与车辆碰撞测试和评价升级规划图，主要是应用最新的技术展开更多场景的测试和评价。计划 2020 年正式引入迎面碰撞和十字路口碰撞的测评。

图 7-13　Euro NCAP 2020 路线图对下一代 AEB 车辆与车辆碰撞规划

图 7-14 为 AEB VRU 测试和评价时间图，主要针对更真实的碰撞场景、自行车的优化。

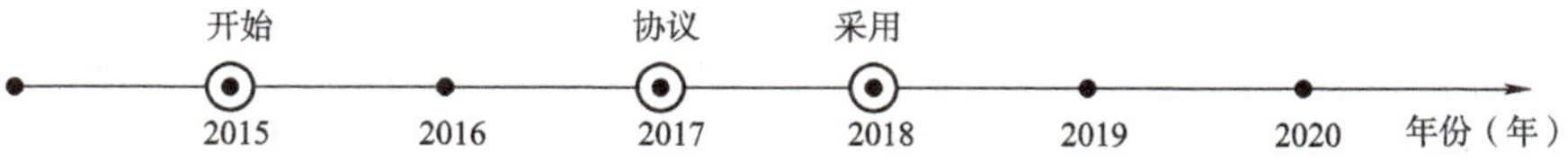


图 7-14　Euro NCAP 2020 路线图对下一代 AEB VRU 规划

（2）强制性法规。

2013 年 6 月，欧盟发布了新的技术法规草案 COM 2013 316《对 E-Call 车内系统布置型式核准的要求和修改 EC 46/2007 的欧盟议会和理事会法规》。该法案要求，自 2015 年 10 月 1 日起，轿车和轻型车辆必须装备符合法规和相应的欧洲标准要求的 E-Call 自动紧急呼救系统，才能获得整车型式核准（仅针对 M1 和 N1 类）。2014 年 12 月，欧洲议会和欧盟成员就部署 E-Call 达成最终协议。按照规定，从 2018 年 3 月 31 日起，欧盟地区销售的所有轻型车新车均将配装 E-Call 系统。

2009 年 7 月，欧盟发布新的一般安全法规 EC/661/2009，该法规对 ESC、AEB、LDW 的强制安装做出了规定。EC/661/2009 的附件 5 规定了 ESC 各车型强制装备时间，2011 年 11 月起所有新认证车型、2014 年 11 月起所有新生产的车辆，都必须强制装备 ESC。EC/661/2009 的第 10 章规定：M2、M3、N2、N3 类必须装备 AEB 和 LDW，M1 类强制安装车辆胎压监测系统。2012 年 4 月，欧盟议会发布 AEB 法规 EC/347/2012，作为对 EC/661/2009 的补充，其第 3 章规定，2016 年 11 月起，新认证车型强制安装 AEB，2018 年 11 月起，所有新生产车型强制安装。此外，2012 年 4 月欧盟议会发布 LDW 法规 EC/351/2012，明确了 LDW 的技术要求和试验方法，但是未规定强制安装时间。

（3）标准。

ECE 汽车技术法规是世界上最具典型性的技术法规之一，主要通过联合国欧洲经济委员会（UN/ECE）发布。ECE 法规对 ESC、LDW、AEB 等驾驶辅助技术进行了规定（表 7-14）。

**UN/ECE汽车智能化相关法规**　　**表7-14**

| 标准法规号 | 法 规 名 称 | 标准法规号 | 法 规 名 称 |
|---|---|---|---|
| ECE R13h | 轻型车电子稳定控制系统 | ECE R125 | 驾驶员前视系统 |
| ECE R64 | 胎压监测系统 | ECER130 | 车道偏离预警系统 |
| ECE R123 | 自适应前照明系统 | ECE R131 | 自动紧急制动系统 |

3）美国

（1）美国新车碰撞测试（NCAP）。

美国 NCAP 主要指 US-NCAP 和 IIHS-NCAP。US-NCAP 由美国高速公路安全管理局（NHTSA）在 1979 年牵头组织，是世界上最早的 NCAP 体系；IIHS-NCAP 是美国公路安全保险协会于 1995 年推出。

NHTSA 在 2008 年发布了 2010 版 US-NCAP，并已于 2011 年正式开始实施。2010 版评价规程中增加推荐技术一项，包括 ESC、LDW 和 FCW。推荐技术不包括在星级评价中，NHTSA 另外确认安装情况和性能，并公布结果。2012 年美国已经强制新车型配备 ESC，因此，NTHSA 在 2013 年 9 月决定采用后视系统代替 ESC 作为推荐技术选项，FCW 与 LDW 仍然作为推荐技术选项。2015 年 1 月，NHTSA 宣布将在 US-NCAP 中引入 AEB，但是尚未公布时间表。

IIHS-NCAP 不使用星级划分评价结果，而是将安全性能划分为 Good（良好）、Acceptable（可接受）、Marginal（允许的最低界限）和 Poor（差）4 个等级。2013 年，IIHS-NCAP 将车辆前部防碰撞系统（Front Crash Prevention）列入评价标准中。主要根据前方碰撞预警（FCW）和自动制动系统来进行排名。由高到低分为 Superior（优秀）、Advanced（高级）、Basic（初级）3 个等级。

要求参加评价的车辆在 12mi/h（约 19km/h）和 25mi/h（约 40km/h）两种速度下进行测试，测试得分情况见表 7-15。总得分为 5~6 分，可获得 Superior 的评价；总得分在 2~4 分，可获得 Advanced 评价；总得分仅为 1 分，则只能获得 Basic 评价。获得 Basic 评价的前提是车辆安装的防碰撞预警系统要符合 NHTSA 标准。NHTSA 的标准是，防碰撞预警系统必须在碰撞发生前向驾驶人发出警报，而且需要通过在 3 个不同场景下的 7 次测试中的至少 5 次。

**IIHS-NCAP车辆前部防碰撞系统测试评价标准　　表7-15**

| 测试项目 | 减速（mph） | 得　分 |
|---|---|---|
| 12mi/h（19km/h） | 小于 5 | 0 |
| | 5~9 | 1 |
| | 10 或 10 以上 | 2 |
| 25mi/h（40km/h） | 小于 5 | 0 |
| | 5~9 | 1 |
| | 10~21 | 2 |
| | 22 或 22 以上 | 3 |
| 正向碰撞预警 | — | 1 |

此外，要想获得 IIHS 年度的 TOP SAFETY PICK+ 评价，车辆必须通过前部防碰撞系统的测试评价，并获得 Superior 或者 Advanced 评价。

（2）强制性法规。

自 2003 年起，美国强制要求所有出厂的新车配置胎压监测系统。直至 2006 年底，只有配置胎压监测系统的汽车才可以在高速路上行驶。

自 2012 年起，美国要求所有总重量在 4.5t 以下的车辆必须装备车身电子稳定系统。NTHSA 要求到 2009 年 55% 的车辆须装有 ESC，2010 年这一比例要达到 75%，2011 年达到 95%。从 2012 年起，这项规定全面强制实行。

美国要求 2018 年 5 月 1 日以后生产的所有轻型车辆必须安装倒车后视摄像头。

2015 年 9 月，NHTSA、IIHS 与 10家汽车企业共同宣布，未来在新出售车型上，AEB 将成为标配。奥迪、宝马、福特、通用、马自达、奔驰、特斯拉、丰田、大众以及沃尔沃将会在未来与 NHTSA、IIHS 共同商定标配 AEB 车型的推出时间，以及 AEB 系统的具体性能表现设定。

（3）标准。

1966 年 9 月，美国颁布实施《国家交通及机动车安全法》，授权美国运输部（DOT）对乘用车、载货车等车辆以及这些车辆的装备和部件制定并实施联邦机动车安全标准（FMVSS）。目前，FMVSS 已经涉及的汽车智能化相关标准见表 7-16。

**FMVSS中与汽车智能化相关标准表　　表7-16**

| 标准号 | 标准名称 | 状　态 | 标准号 | 标准名称 | 状　态 |
|---|---|---|---|---|---|
| FMVSS 126 | 电子稳定系统 | 已完成 | — | 车道偏离预警系统 | 计划中 |
| FMVSS 138 | 胎压监测系统 | 已完成 | — | 盲点监测系统 | 计划中 |
| — | 前碰闪避及缓解 | 计划中 | — | 电动车发声系统 | 正在制定 |
| — | 倒车后视 | 正在制定 | — | 行人检测 | 计划中 |
| — | 重型车前碰闪避及缓解 | 计划中 | | | |

4）日本

（1）标准运行体系。

围绕智能驾驶，日本经济产业省和国土交通省分别对接国际标准化组织道路车辆技术委员会（ISO/TC22）、国际标准化组织智能运输系统技术委员会（ISO/TC204）和联合国经济及社会理事会欧洲经济委员会车辆结构工作组（UNECE/WP29），共同开展针对自动驾驶标准化研究。在两个政府部门的牵头下，日本汽车工业协会（JAMA）成立了智能网联驾驶研究工作组和国际标准研究工作组，日本工业标准委员会（JISC）、日本汽车基准认证国际化研究中心（JASIC）分别建立了自动驾驶标准化协同小组及智能汽车标准研究小组，形成了标准化的工作协同推进机制。

日本政府部门明确了对自动驾驶基准（即强制性标准）和标准（即推荐性标准）的制定管理职责，国土交通省、警察厅等业务部门负责制定相关基准，经济产业省负责日本推荐性标准（即 JIS 标准）的制定，以及对接 ISO 参与国际标准的制定工作。

在国际标准化方面，日本在汽车和智能交通领域已经具备较强的国际影响力。在 ISO/TC22 中，日本担任 SC32 和 SC38 两个分技术委员会主席；在 ISO/TC204 中，日本担任 WG3 和 WG14 两个工作组主席。其中，ISO/TC22/SC32 及 ISO/TC204/WG14 与智能驾驶直接相关。

（2）标准制定情况。

在 JISC 的组织下，日本汽车工程学会（JSAE）组建了自动驾驶标准化协同小组，统筹协调国内 TC22 和 TC204 的标准化工作，并借助日本在 ISO/TC22 和 ISO/TC204 中的影响力，不断推动自动驾驶标准国际化。以 ISO/TC204 为例，辅助驾驶及自动驾驶标准主要集中在 WG14 中，目前 WG14 发布及在研标准共 29 项，其中 12 项均为日本主导，包括交通障碍预警系统（TIWS）、车道偏离预警系统（CSWS）、低速跟随系统（LSF）、辅助停车系统（APS）、行人检测及碰撞减缓系统（PDCMS）、部分自动换道系统、部分自动停车系统等。

日本出台了一系列与汽车智能化相关的技术指南，包括机动车车道保持辅助装置技术指南、减轻与低速前方障碍物碰撞伤害的制动系统技术指南等，见表 7-17。

**日本汽车智能化相关标准** **表7-17**

| 标 准 号 | 标准名称 |
|---|---|
| 11-6-1-1 | 带有与制动器配合工作的自适应巡航控制器的匀速巡航装置技术指南 |
| 11-6-1-2 | 带制动控制的限速装置技术指南 |
| 11-6-1-3 | 机动车车道保持辅助装置技术指南 |
| 11-6-1-4 | 在夜间提供前方信息装置技术指南 |
| 11-6-1-5 | 减轻与前方障碍物碰撞伤害的制动系统技术指南 |
| 11-6-1-5-2 | 减轻与低速前方障碍物碰撞伤害的制动系统技术指南 |
| 11-6-1-6 | 倒车驻车辅助系统技术指南 |

## 2. 国外应用发展状况

在新一轮技术革命刚刚兴起、互联网浪潮风起云涌、全球能源危机加重以及汽车排放物引发环境问题的时代背景下，智能化、网联化、新能源化已然成为未来全球汽车行业发展的必然趋势。智能网联汽车作为可以实现减轻人类操控压力的新一代汽车，不但有着比传统汽车更加安全、高效、舒适的驾乘体验，而且可以作为未来人工智能、物联网、移动互联网、通信、大数据、云计算等领域融合创新发展的优良载体，拥有巨大的市场潜力和产业价值，已成为全球新一轮新兴产业竞争的关键着力点和战略制高点。图 7-15 给出了车辆自动化程度的发展趋势。

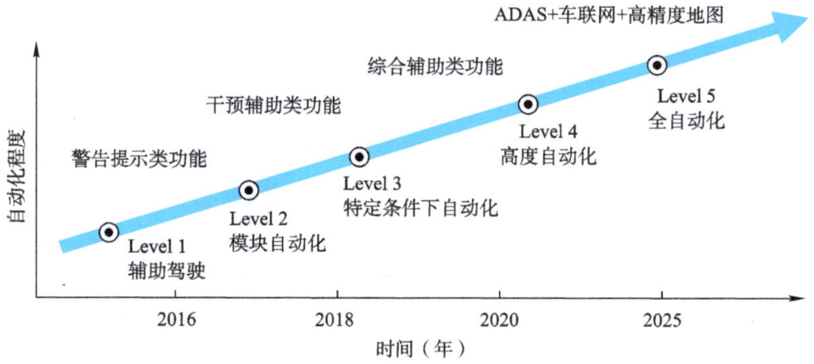


图 7-15 车辆自动化程度发展趋势

世界各国都积极投入以支持无人驾驶技术研发，其中以美国、欧洲、日本等为代表的发达国家或地区在智能网联汽车产业战略引导、立法规范、研发创新、测试示范等方面走在世界前列。

1）美国

（1）战略和发展层面。

2015 年，美国发布《美国智能交通系统（ITS）战略规划（2015—2019 年）》，将智能网联汽车作为发展智能交通系统的重点。之后陆续发布一系列政策文件，对各州的碎片化法规做统一管理，推进国家自动驾驶汽车产业整体发展。2018 年，美国发布《准备迎接未来交通：自动驾驶汽车 3.0》作为自动驾驶产业的指导性纲领，引导自动驾驶和智能交通融合发展。美国自动驾驶产业发展战略规划的相关政策文件见表 7-18。

**美国自动驾驶汽车产业发展战略规划** **表7-18**

| 发布国家及机构 | 年份（年） | 文件名称 | 内容 |
|---|---|---|---|
| 美国交通运输部 | 2015 | 《美国智能交通系统（ITS）战略规划（2015—2019 年）》 | 明确了美国 ITS 战略升级为网联化与智能化的双重发展战略 |
| 美国交通运输部 | 2016 | 《联邦自动驾驶汽车政策指南》 | 将自动驾驶的安全监管首次纳入联邦法律框架 |
| 美国交通运输部 | 2017 | 《自动驾驶系统 2.0：安全展望》 | 鼓励各州重新评估现有的法律、法规，为自动驾驶的测试和部署扫除障碍 |
| 美国交通运输部 | 2018 | 《准备迎接未来交通：自动驾驶汽车 3.0》 | 致力于推动自动驾驶技术与地面交通系统多种运输模式的安全融合 |

（2）研发和测试层面。

美国凭借信息技术的领先优势，全面布局各关键技术领域，配合硅谷企业强创新能力和整合能力的加成，使自动驾驶汽车获得了快速发展。Wayne、Uber、Tesla、通用等公司代表了自动驾驶领域领先水平，测试示范工作进展快速，测试里程世界领先。2018 年，Wayne 无人驾驶公路行驶里程突破 1600 万 km，并推出无人驾驶出租车收费服务，探索商业化运作，创造了又一个里程碑。目前，美国测试示范分为底特律和硅谷两大阵营，共 4 个示范区，其东部的密歇根大学测试区是世界上第 1 个测试无人驾驶汽车、V2V/V2I 车联网技术的无人驾驶试验区，并为 5G 智能交通系统提供了试验环境。

2）欧洲

（1）战略和法规层面。

欧盟一直非常重视智能网联汽车产业，已发布了《ITS 发展行动计划》等纲领性文件，协调各成员国部署智能网联汽车产业。2018年发布的《通往自动化出行之路：欧盟未来出行战略》中提出，到2030年普及完全自动驾驶。目前，欧委会已开始制定保障安全通信和数据互通的法规，以及自动驾驶汽车的人工智能开发相关伦理指引等，并为所需基建提供资金援助。

（2）研发和测试层面。

欧洲汽车工业基础极强，产业链完备，虽然AIMotive、FiveAI、NavyaAmber、Oxbotica、Vislab等初创科技公司在融资规模和体量上总体稍落后于中国和美国，但近几年欧洲传统汽车和零部件巨头已开始加强智能网联领域的对外合作，潜力十足。奥迪发布全球首款L3级自动驾驶量产车奥迪A8，博世联合英伟达着手开发可实现L4级自动驾驶的人工智能计算平台。为了让欧洲更多的区域能够开展自动驾驶测试，积累更多的数据，欧盟已开始放宽规定，大力推进无人驾驶路测。目前，许多欧洲城市和交通部门都在测试自动驾驶公交车，而世界上专注于此的创新公司（如Navya、Easymile）也以欧洲居多。

3）日本

（1）战略和法规层面。

日本政府在2013年推进的复兴计划里启动了自动驾驶相关项目，并在“自动驾驶系统研发计划”中提出，到2030年实现完全自动驾驶汽车的目标。日本政府计划2020年在限定地区解禁无人驾驶的自动驾驶汽车，到2025年在日本国内形成完全自动驾驶汽车市场。2018年，日本发布《自动驾驶汽车安全技术指南》，规定了L3、L4级自动驾驶汽车必须满足的一系列安全条件，加快推进本土汽车厂商对自动驾驶技术的进一步开发，并计划探讨自动驾驶相关国际标准的制定。

（2）研发和测试层面。

日本汽车厂商丰田、本田和日产等已在高精度三维地图等领域展开合作研究，推进自动驾驶技术研发，确立技术标准。电装、瑞萨电子和松下等零部件厂商也在地图、通信和人机工程等领域展开合作。自动驾驶科技公司有ZMP、DeNA、PKSHA等，数量相对较少，大部分是通过智能软件算法切入自动驾驶领域，其资金主要来源于日本汽车主机厂，步伐相对稳健。目前，日本已经允许在驾驶位无人的状态下进行自动驾驶汽车上路测试，并将自动驾驶发生的交通事故列入汽车保险的赔付范畴，这将对日本自动驾驶的测试应用起到巨大的推动作用。

凭借产业、技术、配套、人才等多方面的综合优势，美国智能网联汽车产业大幅领先于其他国家。欧洲紧跟美国步伐，大力支持智能网联汽车的技术创新和成果转化，推动落地运营，在自动驾驶商业化方面有一定优势。与欧美相比，日本更加关注智能网联汽车实用化效果，推动智能网联汽车项目实施，借助本土整车企业和一级供应商技术实力突出的优势，推进车载人工智能的技术稳步提升。随着高速无线局域网的发展和成熟，在可预见的未来，智能网联汽车技术将朝着可感知、可连接、标准化、个性化等方向发展

## （二）国内标准与应用发展状况

### 1. 国内标准发展状况

1）国内自动驾驶标准发展概况

我国自动驾驶、智能网联汽车与车路协同的标准体系发展总体上是按照2017年6月工业和信息化部、国家标准化管理委员会联合发布的《国家车联网产业标准体系建设指南（总体要求）》（以下简称《指南》）来推进的，分别从电子产品与服务、智能网联汽车、信息通信、车辆智能管理以及智能交通相关内容5个部分对标准建设进行了规划，随后陆续发布了细化的标准指南。截至2020年7月，《指南》的最后一部分，即智能交通相关部分的指南也已经发布，国家部委层面对于车联网产业标准体系的规划全部完成。《指南》针对智能网联汽车通用规范、核心技术与关键产品应用，有目的、有计划、有重点地指导车联网产业智能网联汽车标准化工作，如图7-16所示。

《指南》计划到2020年，初步建立能够支撑驾驶辅助及低级别自动驾驶的智能网联汽车标准体系，

制定30项以上智能网联汽车重点标准，到2025年，系统形成能够支撑高级别自动驾驶的智能网联汽车标准体系，制定100项以上智能网联汽车标准。截至2020年9月，实际发布智能网联汽车相关标准39项，立项标准44项。

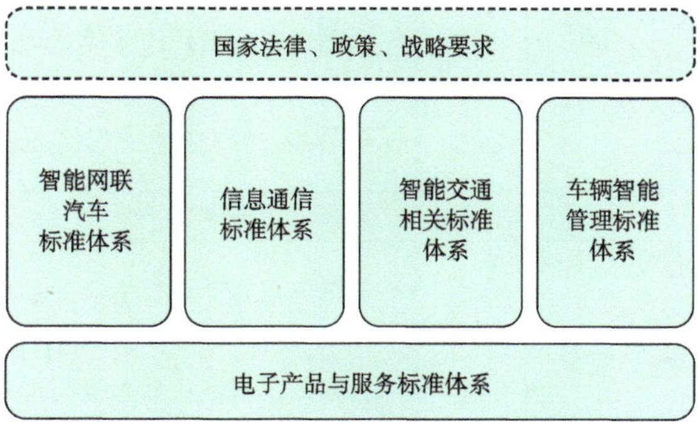


图7-16　中国智能网联汽车产业标准体系

2020年4月，工信部正式发布《2020年智能网联汽车标准化工作要点》。该文件中指出，2020年是完成智能网联汽车标准体系建设第一阶段目标的收官之年，也是下一阶段工作谋篇布局之年，2020年智能网联汽车标准化工作，将以推动标准体系与产业需求对接协同、与技术发展相互支撑，建立国标、行标、团标协同配套新型标准体系为重点，促进智能网联汽车技术快速发展和应用，充分发挥标准的引领和规范作用，支撑我国汽车产业转型升级和高质量发展。

2）具体标准化工作

国内各行业协会和标准化组织高度重视我国自动驾驶及智能网联汽车标准的推进工作，中国汽车工程学会（SAE-China）、全国智能运输系统标准化技术委员会（TC/ITS）、中国智能交通产业联盟（C-ITS）、中国公路学会（CHTS）、中国通信标准化协会（CCSA）等都已积极开展自动驾驶及智能网联汽车相关研究及标准化工作，目前已初步形成了覆盖《指南》5个方面的标准体系，见表7-19。

**国内智能汽车相关标准**　　　　**表7-19**

| 标准分类 | 标准名称 | 标准等级 | 标准组织 | 状态 | 标准号或计划项目编号 |
|---|---|---|---|---|---|
| 智能网联汽车 | 商用车辆电子稳定性控制系统性能要求及试验方法 | 国标 | 全国汽车标准化技术委员会 | 发布 | GB/T 38185—2019 |
| | 商用车辆自动紧急制动系统（AEBS）性能要求及试验方法 | 国标 | 全国汽车标准化技术委员会 | 发布 | GB/T 38186—2019 |
| | 先进驾驶辅助系统（ADAS）术语和定义 | 国标 | 全国汽车标准化技术委员会 | 发布 | GB/T 39263—2020 |
| | 道路车辆 盲区监测（BSD）系统性能要求及试验方法 | 国标 | 全国汽车标准化技术委员会 | 发布 | GB/T 39265—2020 |
| | 乘用车车道保持辅助系统（LKA）性能要求及试验方法 | 国标 | 全国汽车标准化技术委员会 | 发布 | GB/T 39323—2020 |
| | 乘用车自动紧急制动系统（AEBS）性能要求及试验方法 | 国标 | 全国汽车标准化技术委员会 | 报批 | 20151489-T-339 |
| | 汽车信息安全通用技术要求 | 国标 | 全国汽车标准化技术委员会 | 报批 | 20191065-T-339 |
| | 电动汽车远程服务与管理系统信息安全技术要求及试验方法 | 国标 | 全国汽车标准化技术委员会 | 报批 | 20191066-T-339 |

续上表

| 标准分类 | 标准名称 | 标准等级 | 标准组织 | 状态 | 标准号或计划项目编号 |
|---|---|---|---|---|---|
| 智能网联汽车 | 车载信息交互系统信息安全技术要求及试验方法 | 国标 | 全国汽车标准化技术委员会 | 报批 | 20191069-T-339 |
| | 汽车网关信息安全技术要求及试验方法 | 国标 | 全国汽车标准化技术委员会 | 报批 | 20191079-T-339 |
| | 汽车驾驶自动化分级 | 国标 | 全国汽车标准化技术委员会 | 报批 | 20192314-T-339 |
| | 商用车辆车道保持辅助系统性能要求及试验方法 | 国标 | 全国汽车标准化技术委员会 | 报批 | 20193389-T-339 |
| | 智能泊车辅助控制系统性能要求及试验方法 | 国标 | 全国汽车标准化技术委员会 | 征求意见 | 20192315-T-339 |
| | 驾驶员注意力监测系统性能要求及试验方法 | 国标 | 全国汽车标准化技术委员会 | 征求意见 | 20193390-T-339 |
| | 道路车辆 网联车辆方法论 第1部分：通用信息 | 国标 | 全国汽车标准化技术委员会 | 征求意见 | 20202559-T-339 |
| | 道路车辆 网联车辆方法论 第2部分：设计导则 | 国标 | 全国汽车标准化技术委员会 | 征求意见 | 20202564-T-339 |
| | 汽车全景影像监测系统技术要求及试验方法 | 国标 | 全国汽车标准化技术委员会 | 征求意见 | 20203958-T-339 |
| | 智能网联汽车 操纵件、指示器及信号装置的标志 | 国标 | 全国汽车标准化技术委员会 | 征求意见 | 20203960-T-339 |
| | 汽车智能限速系统性能要求及试验方法 | 国标 | 全国汽车标准化技术委员会 | 征求意见 | 20203961-T-339 |
| | 智能网联汽车 自动驾驶功能场地试验方法及要求 | 国标 | 全国汽车标准化技术委员会 | 征求意见 | 20203962-T-339 |
| | 乘用车夜视系统性能要求及试验方法 | 国标 | 全国汽车标准化技术委员会 | 征求意见 | 20203963-T-339 |
| | 智能网联汽车 术语和定义 | 国标 | 全国汽车标准化技术委员会 | 征求意见 | 20203968-T-339 |
| | 基于LTE-V2X直连通信的车载信息交互系统技术要求 | 国标 | 全国汽车标准化技术委员会 | 提交立项 | — |
| | 道路车辆 信息安全工程 | 国标 | 全国汽车标准化技术委员会 | 提交立项 | — |
| | 汽车信息安全风险评估规范 | 国标 | 全国汽车标准化技术委员会 | 提交立项 | — |
| | 汽车诊断接口信息安全技术要求 | 国标 | 全国汽车标准化技术委员会 | 提交立项 | — |
| | 汽车信息安全应急响应管理指南 | 国标 | 全国汽车标准化技术委员会 | 提交立项 | — |
| | 智能网联汽车 自动驾驶系统通用技术要求 | 国标 | 全国汽车标准化技术委员会 | 提交立项 | — |
| | 智能网联汽车 自动驾驶功能道路试验方法及要求 第1部分：试验环境要素及条件 | 国标 | 全国汽车标准化技术委员会 | 提交立项 | — |
| | 智能网联汽车 自动驾驶功能道路试验方法及要求 第2部分：试验方法 | 国标 | 全国汽车标准化技术委员会 | 提交立项 | — |

续上表

| 标准分类 | 标准名称 | 标准等级 | 标准组织 | 状态 | 标准号或计划项目编号 |
|---|---|---|---|---|---|
| 智能网联汽车 | 智能网联汽车 自动驾驶功能评价指南 | 国标 | 全国汽车标准化技术委员会 | 提交立项 | — |
| | 智能网联汽车 自动驾驶数据记录系统（GB） | 国标 | 全国汽车标准化技术委员会 | 提交立项 | — |
| | 智能网联汽车 数据通用要求：第1部分：分类及代码 | 国标 | 全国汽车标准化技术委员会 | 提交立项 | — |
| | 智能网联汽车 数据通用要求：第2部分：数据结构 | 国标 | 全国汽车标准化技术委员会 | 提交立项 | — |
| | 汽车全速自适应巡航控制系统性能要求及试验方法 | 国标 | 全国汽车标准化技术委员会 | 提交立项 | — |
| | 乘用车车门开启预警系统性能要求及试验方法 | 国标 | 全国汽车标准化技术委员会 | 提交立项 | — |
| | 智能网联汽车 组合驾驶辅助系统技术要求及试验方法 第1部分：单车道行驶控制 | 国标 | 全国汽车标准化技术委员会 | 提交立项 | — |
| | 智能网联汽车 组合驾驶辅助系统技术要求及试验方法 第2部分：多车道行驶控制 | 国标 | 全国汽车标准化技术委员会 | 提交立项 | — |
| | 乘用车后部交通穿行提示系统性能要求及试验方法 | 国标 | 全国汽车标准化技术委员会 | 提交立项 | — |
| | 商用车辆紧急转向辅助系统性能要求及试验方法 | 国标 | 全国汽车标准化技术委员会 | 成立项目组 | — |
| | 乘用车紧急转向辅助系统性能要求及试验方法 | 国标 | 全国汽车标准化技术委员会 | 成立项目组 | — |
| | 道路车辆—用于评估主动安全功能的目标车辆，易受伤害的道路使用者和其他物体的测试设备—第1部分：后端乘用车目标要求 | 国标 | 全国汽车标准化技术委员会 | 成立项目组 | — |
| | 道路车辆—用于评估主动安全功能的目标车辆，易受伤害的道路使用者和其他物体的测试设备—第2部分：行人目标要求 | 国标 | 全国汽车标准化技术委员会 | 成立项目组 | — |
| | 道路车辆—用于评估主动安全功能的目标车辆，易受伤害的道路使用者和其他物体的测试设备—第3部分：3D乘用车目标要求 | 国标 | 全国汽车标准化技术委员会 | 成立项目组 | — |
| | 道路车辆—用于评估主动安全功能的目标车辆，易受伤害的道路使用者和其他物体的测试设备—第4部分：骑自行车的人目标要求 | 国标 | 全国汽车标准化技术委员会 | 成立项目组 | — |

续上表

| 标准分类 | 标准名称 | 标准等级 | 标准组织 | 状态 | 标准号或计划项目编号 |
|---|---|---|---|---|---|
| 智能网联汽车 | 汽车整体信息安全技术要求及试验方法 | 国标 | 全国汽车标准化技术委员会 | 成立项目组 | — |
| | 车用操作系统间通信要求 | 国标 | 全国汽车标准化技术委员会 | 成立项目组 | — |
| | 智能网联汽车 自动驾驶应用技术要求及试验方法 第一部分：港口 | 国标 | 全国汽车标准化技术委员会 | 成立项目组 | — |
| | 智能网联汽车 自动驾驶应用技术要求及试验方法 第二部分：末端配送 | 国标 | 全国汽车标准化技术委员会 | 成立项目组 | — |
| | 自动驾驶系统设计运行条件 | 国标 | 全国汽车标准化技术委员会 | 成立项目组 | — |
| | 智能网联汽车 车载定位系统系统要求及试验方法 | 国标 | 全国汽车标准化技术委员会 | 成立项目组 | — |
| | 智能网联汽车 自动泊车系统技术要求及试验方法 | 国标 | 全国汽车标准化技术委员会 | 成立项目组 | — |
| 智能交通 | 智能运输系统 自适应巡航控制系统 性能要求与检测方法 | 国标 | 全国智能运输系统标准化技术委员会 | 发布 | GB/T 20608—2006 |
| | 智能运输系统 车道偏离报警系统性能要求与检测方法 | 国标 | 全国智能运输系统标准化技术委员会 | 发布 | GB/T 26773—2011 |
| | 合作式智能运输系统 专用短程通信 第 1 部分：总体技术要求 | 国标 | 全国智能运输系统标准化技术委员会 | 发布 | GB/T 31024.1—2014 |
| | 合作式智能运输系统 专用短程通信 第 2 部分：媒体访问控制层和物理层规范 | 国标 | 全国智能运输系统标准化技术委员会 | 发布 | GB/T 31024.2—2014 |
| | 智能运输系统 车辆前向碰撞预警系统 性能要求和测试规程 | 国标 | 全国智能运输系统标准化技术委员会 | 发布 | GB/T 33577—2017 |
| | 城市公共汽电车车载智能终端 | 国标 | 全国智能运输系统标准化技术委员会 | 发布 | GB/T 26766—2019 |
| | 合作式智能运输系统 专用短程通信 第 3 部分：网络层和应用层规范 | 国标 | 全国智能运输系统标准化技术委员会 | 发布 | GB/T 31024.3—2019 |
| | 合作式智能运输系统 专用短程通信 第 4 部分：设备应用规范 | 国标 | 全国智能运输系统标准化技术委员会 | 发布 | GB/T 31024.4—2019 |
| | 智能运输系统 扩展型倒车辅助系统 性能要求与检测方法 | 国标 | 全国智能运输系统标准化技术委员会 | 发布 | GB/T 37436—2019 |
| | 智能运输系统 换道决策辅助系统性能要求与检测方法 | 国标 | 全国智能运输系统标准化技术委员会 | 发布 | GB/T 37471—2019 |
| | 营运车辆行驶危险预警系统 技术要求和试验方法 | 行标 | 全国智能运输系统标准化技术委员会 | 发布 | JT/T 883—2014 |
| | 营运车辆自动紧急制动系统 性能要求和测试规程 | 行标 | 全国智能运输系统标准化技术委员会 | 发布 | JT/T 1242—2019 |
| | 营运车辆 车路交互信息集 | 行标 | 全国智能运输系统标准化技术委员会 | 发布 | JT/T 1324—2020 |
| | 营运车辆自动驾驶系统分级 | 行标 | 全国智能运输系统标准化技术委员会 | 报批 | JT 2017—91 |

续上表

| 标准分类 | 标准名称 | 标准等级 | 标准组织 | 状态 | 标准号或计划项目编号 |
| --- | --- | --- | --- | --- | --- |
| 智能交通 | 营运车辆 弯道速度预警系统性能要求和测试规程 | 行标 | 全国智能运输系统标准化技术委员会 | 报批 | JT 2017—93 |
| | 营运车辆 低速跟随系统性能要求和测试规程 | 行标 | 全国智能运输系统标准化技术委员会 | 报批 | JT 2018—38 |
| | 基于车路协同的营运车辆前方障碍危险预警系统 | 行标 | 全国智能运输系统标准化技术委员会 | 报批 | JT 2018—39 |
| | 营运车辆前向碰撞减缓系统性能要求和检测方法 | 行标 | 全国智能运输系统标准化技术委员会 | 报批 | JT 2018—40 |
| | 营运车辆低速驾驶辅助系统性能要求和测试规程 | 行标 | 全国智能运输系统标准化技术委员会 | 报批 | JT 2018—41 |
| | 合作式智能运输系统车用通信系统应用层及应用层数据交互标准 | 团标 | 中国汽车工程学会 | 现行 | T/CSAE 53—2017 |
| | 车联网数据采集要求 | 团标 | 中国汽车工程学会 | 现行 | T/CSAE 100—2018 |
| | 智能网联汽车车载端信息安全技术要求 | 团标 | 中国汽车工程学会 | 现行 | T/CSAE 101—2018 |
| | 智能网联汽车测试场设计技术要求 | 团标 | 中国汽车工程学会 | 现行 | T/CSAE 125—2020 |
| | 《基于车路协同的高等级自动驾驶数据交互内容》 | 团标 | 中国汽车工程学会 | 征求意见 | — |
| | 《智能网联汽车电磁抗扰性能技术要求与测试评价方法》 | 团标 | 中国汽车工程学会 | 征求意见 | — |
| | 《自主代客泊车系统总体技术要求》 | 团标 | 中国汽车工程学会 | 征求意见 | — |
| | 智能网联汽车场景数据采集平台搭建要求及方法 | 团标 | 中国汽车工程学会 | 提交立项 | — |
| | 智能网联汽车场景数据点云标注要求及方法 | 团标 | 中国汽车工程学会 | 提交立项 | — |
| | 智能网联汽车场景数据图像标注要求及方法 | 团标 | 中国汽车工程学会 | 提交立项 | — |
| | 道路运输车辆主动安全智能防控系统平台技术要求 | 团标 | 中国汽车工程学会 | 提交立项 | — |
| | 道路运输车辆主动安全智能防控系统通讯协议要求 | 团标 | 中国汽车工程学会 | 提交立项 | — |
| | 道路运输车辆主动安全智能防控系统终端技术要求 | 团标 | 中国汽车工程学会 | 提交立项 | — |
| | 自动驾驶地图采集要素模型与交换格式 | 团标 | 中国汽车工程学会 | 提交立项 | — |
| | 基于视觉、激光传感器的自动驾驶路侧定位系统技术条件 | 团标 | 中国汽车工程学会 | 提交立项 | — |

续上表

| 标准分类 | 标准名称 | 标准等级 | 标准组织 | 状态 | 标准号或计划项目编号 |
|---|---|---|---|---|---|
| 智能交通 | 自动驾驶地图动态信息数据交换格式 | 团标 | 中国汽车工程学会 | 提交立项 | — |
| | 自动驾驶路侧传感器数据交换格式 | 团标 | 中国汽车工程学会 | 提交立项 | — |
| | 基于卫星地基增强的车辆定位技术要求 | 团标 | 中国汽车工程学会 | 提交立项 | — |
| | 基于车路协同的高等级自动驾驶应用层数据交互内容 | 团标 | 中国汽车工程学会 | 提交立项 | — |
| | 自主代客泊车（AVP）系统及通信技术标准 | 团标 | 中国汽车工程学会 | 提交立项 | — |
| 信息通信 | 基于 LTE 的车联网无线通信技术总体技术要求 | 行标 | 中国通信标准化协会 | 发布 | YD/T 3400—2018 |
| | 基于 LTE 的车联网无线通信技术空中接口技术要求 | 行标 | 中国通信标准化协会 | 发布 | YD/T 3340—2018 |
| | 基于 LTE 的车联网通信安全技术要求 | 行标 | 中国通信标准化协会 | 发布 | YD/T 3594—2019 |
| | 基于 LTE 的车联网无线通信技术基站设备测试方法 | 行标 | 中国通信标准化协会 | 发布 | YD/T 3629—2020 |
| | 基于 LTE 的车联网无线通信技术网络层技术要求 | 行标 | 中国通信标准化协会 | 发布 | YD/T 3707—2020 |
| | 基于 LTE 的车联网无线通信技术网络层测试方法 | 行标 | 中国通信标准化协会 | 发布 | YD/T 3708—2020 |
| | 基于 LTE 的车联网无线通信技术消息层技术要求 | 行标 | 中国通信标准化协会 | 发布 | YD/T 3709—2020 |
| | 基于 LTE 的车联网无线通信技术消息层测试方法 | 行标 | 中国通信标准化协会 | 发布 | YD/T 3710—2020 |
| | 基于公众电信网的车载紧急报警系统 无线数据传输技术要求 | 行标 | 中国通信标准化协会 | 发布 | YD/T 3695—2020 |
| | 基于公众电信网的车载紧急报警系统 基于 IMS 的数据传输技术要求 | 行标 | 中国通信标准化协会 | 发布 | YD/T 3711—2020 |

### 2. 国内应用发展状况

1）产业发展状况

近年来，中国智能网联汽车行业发展迅速。2019 年 9 月 16 日，上海颁发首批智能网联汽车示范应用牌照；2019 年 9 月 19 日，国务院印发的《交通强国建设纲要》（以下简称《纲要》）提出加强智能网联汽车研发；2019 年 9 月 22 日，全国首张自动驾驶商用牌照发出。随着 5G 的全面商用，智能网联汽车走进人们生活的步伐正在加快。

（1）中国智能网联汽车行业市场规模可达千亿。

《纲要》发布迎来利好和发展契机。日前印发的《交通强国建设纲要》明确提出，到 2035 年基本建成交通强国。《纲要》特别提到，要加强智能网联汽车（智能汽车、自动驾驶、车路协同）研发，形成自主可控的完整产业链。多位交通领域专业人士表示，《纲要》为中国智能网联汽车产业的发展带来了重大契机。

智能网联汽车将重塑整个汽车产业的生态和发展状况。对于中国智能网联汽车的发展现状，中国科学技术协会主席万钢认为，中国智能网联汽车“起步十分健康，发展十分迅速”。自 2016 年以来，上汽集团、长安汽车、北汽集团等中国各大车企都纷纷发布了智能化战略。

与此同时，互联网和高新技术企业纷纷加入自动驾驶汽车的角逐，百度开放了 Apollo（阿波罗）平台，阿里巴巴推出“城市大脑”，华为在 5G 优势领域中和智能汽车整合融合，自动驾驶技术正走向道路测试阶段。

中国工业和信息化部部长苗圩表示，预测至 2020 年，中国智能网联汽车的市场规模可达到 1000 亿元以上。工信部电子科技委副主任兼秘书长莫玮说，根据预测，智能网联汽车将迎来持续 20 年的高速发展，到 2035 年，将占全球 25% 左右的新车市场。

前瞻产业研究院报告显示，我国车联网市场规模在 2017 年达到 114 亿美元。据相关调查测算，我国车联网市场规模有望在 2025 年达到 2162 亿美元，占全球市场的 1/4，5 年平均复合增长率将达到 44.92%（图 7-17）。

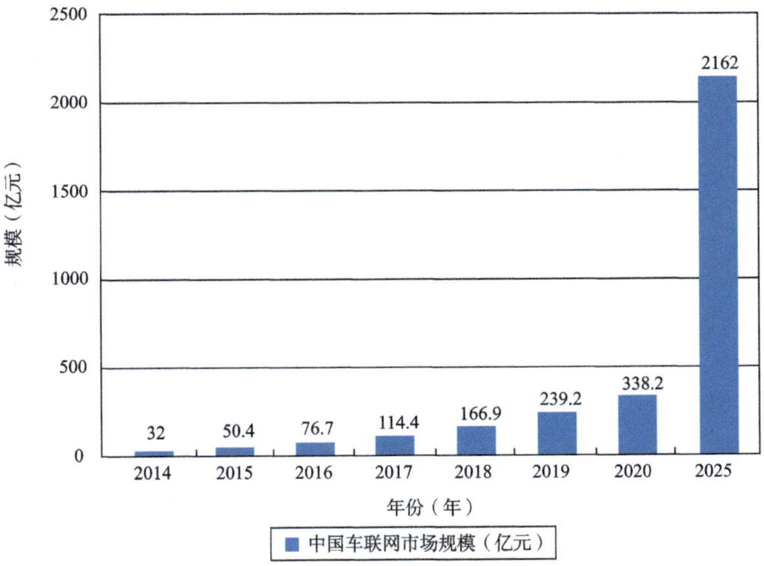


图 7-17　2014—2025 年中国车联网市场规模统计情况及预测

（2）跨界合作如火如荼。

在智能互联汽车领域，网络平台与汽车厂商的跨界合作，正在成为一种趋势，许多互联网公司纷纷入局，竞争已空前激烈。其中，腾讯与宝马、奔驰、广汽、长安等合作；百度与福特、吉利、丰田、比亚迪等合作。去年，湖北移动与东风汽车集团技术中心共同成立 5G 车联网联创开放实验室。如今，搭载 5G 远程驾驶系统的无人驾驶公交已在东风公司技术中心园区内开展示范运营。

中国智能网联汽车产业创新联盟专家委员会主任、清华大学教授李克强认为，智能技术和网联技术的有机结合，使汽车的开发模式和使用模式发生了改变，未来的整个生态也会随之改变。5G、大数据、云计算等技术的飞速发展，让跨界协同成为必然，也融入汽车产业的变革中。

（3）发展机遇与挑战并存。

2019 年 9 月在上海举行的 2019 世界智能网联汽车大会上，上汽、宝马、滴滴获得了上海市有关部门颁发的智能网联汽车示范应用牌照。

最新出台的《上海市智能网联汽车道路测试和示范应用管理办法（试行）》规定，首次申请示范应用车辆最多可达 50 辆，满 6 个月且运行良好还可追加，产业的最终目的是走向规模化应用，让受益的群体越来越大。

据了解，目前，包括北京、上海、广州、福建平潭县、浙江德清县在内，中国已有约 20 个地区发放超过 200 张智能网联汽车开放道路测试牌照。

万钢认为，中国发展智能网联汽车的短板，一是还没有形成发展智能网联和自动驾驶的国家战略，二是在智能网联和自动驾驶的关键领域，基础还薄弱，三是通信、汽车、交通和产业跨界融合亟须加强，四是智能化的基础设施还需要加强，特别是路、网、车的联系必须要加强。

2）应用发展状况

8 月 6 日，交通运输部印发《关于推动交通运输领域新型基础设施建设的指导意见》，围绕加快建设交通强国总体目标，以技术创新为驱动，以数字化、网络化、智能化为主线，以促进交通运输提效能、扩功能、增动能为导向，推动交通基础设施数字转型、智能升级，建设便捷顺畅、经济高效、绿色集约、智能先进、安全可靠的交通运输领域新型基础设施。

在政策鼓励、企业布局的良好氛围下，全国自动驾驶路测和车联网示范区建设日益火热。从全国车联网示范区建设概况来看，迄今已经有 11 个国家级智能网联示范区，40 多个非国家级智能网联示范区，6 个国家级智能网联汽车监测 / 试验场，20 多条智慧公路车路协同示范路。

目前，多地启动无人驾驶车路测后，自动驾驶洒水车、自动驾驶集装箱货车、自动驾驶出租车相继亮相。华为日前宣布与一汽、广汽、北汽、上汽、东风汽车、长安汽车、比亚迪等首批 18 家车企共同打造“5G 汽车生态圈”，加速 5G 技术在汽车产业的商用进程。此外，2020 年 8 月 19 日，曹操出行联合深圳元戎启行科技有限公司宣布，双方正在进行自动驾驶车辆的测试运营合作。目前，曹操出行自动驾驶车辆已经在杭州市智能网联车开放测试道路上行驶，并已获得杭州市的自动驾驶测试牌照。

而在自动驾驶车联网应用落实过程中，技术进步与应用模式创新十分关键。自动驾驶技术的研发向来需要大量数据支撑，而网约车在运营过程中积累的海量数据无疑是研发自动驾驶技术的一大利器。依靠庞大的用户、车辆数据，调度方面的经验积累以及背后的神经网络技术，基于大量数据资源的车联网最终将教会车辆去识别车辆、行人、车道线、交通信号等，使自动驾驶车辆变得更加安全。

尽管自动驾驶相关投资不断升温，布局企业不断增多，但是一系列问题也暴露出来。自动驾驶技术在目前的汽车应用上仍存在安全性、稳定性等问题，驾驶过程需要人工干预。如果有了 5G 对汽车技术的支持，自动驾驶技术的感知、决策和执行能力将大大提升，让自动驾驶汽车行驶更加安全。未来，如果具备 L5 级别的 5G 自动驾驶汽车诞生，车辆空间将满足办公、旅行等多样化的生活场景需求。

众所周知，车联网与自动驾驶融合创新应用包括诸多典型场景，例如智能网联公交让出行更智慧、智能网联赋能 Robotaxi、智能网联赋能 Robobus、智能网联专用车辆、路运一体化车路协同、5G 巡逻机器人等。而随着地理定位、道路感知、车路协同、5G、云计算、大数据等技术的进步，车辆行驶在路线规划、自动避障等方面的效果也将得到提升。人们在外出时，也会有更多机会体会自动驾驶给人们出行带来的便捷和舒适。也许在未来，自动驾驶物联网的应用会在国内外各大城市普遍推广。

3）测试区牌照发放状况

截至 2019 年 2 月 11 日，我国共有 20 个已经建立了自动驾驶路试相关试验、测试区的城市，其中有 8 个城市已经开放了自动驾驶路测道路，分别是：北京（经济开发区、顺义区、海淀区）、上海（嘉定区）、福建省平潭综合实验区、杭州、深圳、重庆、长春以及无锡。

## 第二节　自动驾驶及智能网联相关政策法规

### 一、国外自动驾驶及智能网联相关政策法规

#### 1. 联合国

2016 年 3 月，联合国发布《国际道路交通公约》修正案，允许汽车在特定期间进行自动驾驶。

联合国自动驾驶 / 智能网联汽车政策法规清单见表 7-20。

**联合国自动驾驶/智能网联汽车政策法规清单**　　**表7-20**

| 发布渠道 | 政策 / 法规名称 | 类　型 | 发布时间 |
|---|---|---|---|
| 联合国 | 国际道路交通公约 | 公约 | 2016 年 3 月 |

#### 2. 美国

美国自动驾驶自动驾驶技术的研发已得到了美国联邦政府和州政府的关注和支持。2016 年美国联邦政府为自动驾驶技术研发提供了 40 亿美元的经费，在美国联邦政府层面，国会参众两院正在积极推动自动驾驶汽车相关领域的立法工作。在美国州政府层面，内华达州早在 2011 年就率先确认了自动驾驶汽车的合法性，截至 2017 年底，美国 21 个州和华盛顿特区已先后通过了关于自动驾驶汽车的立法。相关法案见表 7-21。

**美国自动驾驶/智能网联汽车政策法规清单**　　**表7-21**

| 序号 | 发布渠道 | 政策 / 法规名称 | 类　型 | 发布时间 |
|---|---|---|---|---|
| 1 | 美国交通部 | Federal Automated Vehicle Policy（联邦自动驾驶车政策） | 政策 | 2016 年 9 月 20 日 |
| 2 | 美国国会众议院 | 自动驾驶法案 | 法案 | 2017 年 9 月 7 日 |
| 3 | 美国交通部 | 自动驾驶系统 2.0: 安全愿景 | 指南 | 2017 年 9 月 12 日 |
| 4 | 美国交通部 | 自动驾驶系统 3.0 | 指南 | 2018 年 10 月 26 日 |

#### 3. 欧洲

欧洲地区汽车智能化发展主要由欧盟主导。汽车智能化作为智能交通系统（ITS）的重要组成部分，主要是依托于在全欧洲建立的 ITS 网络进行发展。整体来看，欧盟的策略是统一标准，之后进行系统整合。

政策规划层面上，1984 年欧盟议会通过关于道路安全的决议之后，在 1985—1986 年之间，进行了对信息学和通信技术当前和未来发展的背景研究，旨在探索其在道路和车辆安全方面的潜在应用。此后，欧盟委员会在政策层面发布的多项计划与决议均重点推动 ITS 的发展，汽车智能化作为 ITS 中不可分割的一部分，得到了欧盟政策的大力支持。在 2010 年发布的欧盟委员会制定的《ITS 发展行动计划》中，道路安全与保障作为第三领域，明确了 2009—2014 年推广部署先进驾驶辅助系统和安全相关的 ITS 系统；从 2009 年开始支持实现泛欧洲平台的 E-Call 等汽车智能化相关措施。

欧洲在智能网联汽车方面的发展相对比较保守。2018 年，欧洲共出台了 4 项智能网联汽车相关的政策法规。1984 年以来欧盟与汽车智能化相关的政策与规划见表 7-22。

**欧盟与汽车智能化相关的主要政策与战略规划** **表7-22**

| 时间（年） | 项　　目 | 主要内容 |
|---|---|---|
| 1984 | 欧盟议会关于道路安全的决议 | 探索信息学和通信技术在道路和车辆安全方面的潜在应用 |
| 1988 | DRIVE（欧洲车辆安全道路结构计划）项目 | 对车辆安全专用道路基础设施进行研究，改进道路安全、提高交通效率和环境质量 |
| 1996 | 跨欧交通网络（TEN-T）开发指南 | 提到了用于交通管理的信息通讯基础设施和交通信息服务，肯定了ITS 有效提高道路交通效率、改善安全和实现可持续性的作用 |
| 1997 | 欧盟道路交通信息行动计划 | 提议了 ITS 的五个关键优先发展领域，优先性开发项目中包括先进的车辆安全 / 控制系统等领域 |
| 2001 | 2001—2006 各年指示性计划 | 将道路交通 ITS、伽利略卫星导航定位系统计划均纳入优先投资部分 |
| 2001 | 欧洲 2010 交通政策：决策的时刻 | 纳入 ITS 计划，提出了实现 ITS 一体化市场的建议 |
| 2004 | 欧盟进行了 ITS 整体体系框架的研究 | 统一了欧盟各国的体系框架 |
| 2010 | ITS 发展行动计划 | 对伽利略计划、i2010 智能汽车行动、eSatefy，E-Call 等计划进行补充和整合 |
| 2010 | 欧洲 2020 | 提出了智能化、可持续和包容性增长战略，ITS 作为欧洲数字化战略及其重要的组成部分，迎来了新的发展机遇 |
| 2011 | 2011—2020 年的欧洲道路安全政策方针 | 对未来 10 年的道路交通安全的目标和实现的措施均做出了阐述。提出到 2020 年，要将因道路交通事故导致的人员死亡总人数降低一半。改善和建设道路基础设施；制定和实施相关法律法规；提高车辆安全性能；采用车辆新的安全技术和装置等 |
| 2012 | 欧盟未来交通研究与创新计划 | 定义了交通领域包括清洁、节能、安全、低噪声和智能化道路汽车等 10 个关键技术和创新点，优化了相关研究和创新 |
| 2018 | 通往自动化出行之路：欧盟未来出行战略 | “要使欧洲在网联和自动驾驶领域处于世界领先地位。”计划到 2020 年，在高速公路上实现自动驾驶，在城市中心区域实现低速自动驾驶；到 2030 年普及完全自动驾驶。其中，到 2022 年，所有新车都将具备通信功能，实现“车联网” |

### 4. 日本

日本于 2018 年 3 月和 2018 年 9 月分别发布了《自动驾驶相关制度整备大纲》和《自动驾驶汽车安全技术指南》，分别就 L3 级自动驾驶事故责任和 L3、L4 级自动驾驶的安全条件做出明文规定。相关政策和法规清单见表 7-23。

日本自动驾驶/智能网联汽车政策法规清单　　表7-23

| 序号 | 政策 / 法规名称 | 类　型 | 发布时间 |
|---|---|---|---|
| 1 | 自动驾驶相关制度整备大纲 | 责任认定 | 2018 年 3 月 |
| 2 | 自动驾驶汽车安全技术指南 | 技术指南 | 2018 年 9 月 |
| 3 | 《远程自动驾驶系统道路测试许可处理基准》 | 对应《自动驾驶相关制度整备大纲》中交通法规相关工作内容 | 2016 年 |
| 4 | 《自动驾驶汽车道路测试指南》 | | 2017 年 |

### 5. 其他国家

其他国家的自动驾驶整车法规情况见表 7-24。2016 年 11 月，韩国政府启动道路交通政策法规修订工作，修订后的法规将允许自动驾驶汽车在韩国范围内进行公共道路测试。最新修订的《韩国汽车管理法》允许在城市道路上测试自动驾驶汽车。2017 年，新加坡通过了道路交通法修正案，允许自动驾驶汽车进行公共道路测试。

其他国家自动驾驶/智能网联汽车政策法规清单　　表7-24

| 序号 | 发布国家 | 政策 / 法规名称 | 类　型 | 发布时间 |
|---|---|---|---|---|
| 1 | 韩国 | 韩国汽车管理法修订 | 法案 | 2019 年 1 月 1 日 |
| 2 | 新加坡 | 道路交通法 | 法案 | 2017 年 |

## 二、国内自动驾驶及智能网联相关政策法规

### 1. 促进智能网联汽车发展的相关政策法规

我国高度重视智能网联汽车发展，智能网联汽车成为关联众多重点领域协同创新、构建新型交通运输体系的重要载体，并在塑造产业生态、推动国家创新、提高交通安全、实现节能减排等方面具有重大战略意义，已经上升到国家战略高度。工业和信息化部、交通运输部、科学技术部、发展改革委、公安部等部委出台一系列规划及政策推动我国智能网联汽车发展（表 7-25）。

我国促进智能网联汽车发展的政策清单　　表7-25

| 时　间 | 发布机构 | 政策名称 | 主要内容 |
|---|---|---|---|
| 2016 年 5 月 | 发改委、科技部、工信部、中央网信办 | “互联网 +”人工智能实行三年行动实施方案 | 加快智能网联汽车关键技术研发，实行智能汽车试点工程，推动智能汽车典型应用，同时加强智能网联汽车及相关标准化工作 |
| 2016 年 8 月 | 发改委、交通运输部 | 推进“互联网 +”便捷交通促进智能交通发展的实施方案 | 提出了我国智能交通（ITS）总体框架和实施举措 |
| 2017 年 4 月 | 工信部、发改委、科技部 | 汽车产业中长期发展规划 | 以智能网联汽车为突破口之一，引领整个产业转型升级 |
| 2017 年 4 月 | 科技部 | 国家重点研发计划新能源汽车试点转向实施方案 | 重点布局了电动汽车智能化技术任务 |
| 2017 年 7 月 | 国务院 | 新一代人工智能国家发展规划 | 将智能网联汽车自动驾驶应用放到重要地位 |

续上表

| 时间 | 发布机构 | 政策名称 | 主要内容 |
|---|---|---|---|
| 2018年1月 | 发改委 | 智能汽车创新发展战略（征求意见稿） | 将智能汽车发展提升到国家战略层面 |
| 2018年4月 | 工信部、交通运输部、公安部 | 智能网联汽车道路测试管理规范（试行） | 明确道路测试的管理要求和职责分工，规范和统一各地方基础性检测项目和测试规程 |
| 2018年11月 | 工信部 | 车联网（智能网联汽车）直连通信使用5905~5925MHz频段的管理规定（暂行） | 规划5905~5925MHz频段作为LTE-V2X技术的车联网（智能网联汽车）直连通信的工作频段 |
| 2018年7月 | 交通运输部 | 自动驾驶封闭场地建设技术指南 | 国家部委出台的第一部关于自动驾驶封闭测试场地建设技术的规范性文件 |

具体到全国各省市来看，各省积极筹备智能网联汽车产业相关政策，但由于我国智能网联汽车产业还处于初级阶段，各政策法规相对不完善，各地政府出台的直接政策较少，多以新能源汽车产业、汽车工业升级等政策侧面推动（表7-26）。

**部分主要省份促进智能网联汽车发展的政策清单　　表7-26**

| 发布省份 | 政策法规名称 | 主要内容 |
|---|---|---|
| 北京 | 北京市智能网联汽车创新发展行动方案（2019—2022年） | 积极推动北京成为5G车联网重点示范应用城市，2020年在重点区域完成5G车联网建设，推动延崇高速、京雄高速、新机场高速等高速路智能网联环境、监控测评环境建设，规划智能网联专用车道 |
|  | 北京市智能网联汽车产业白皮书 | 传递出众多政策新动向，为北京市智能网联汽车产业创新发展提供重要支撑 |
| 上海 | 上海市智能网联汽车产业创新工程实施方案 | 到2020年，保持并巩固上海智能网联汽车在全国的领先地位，力争在局部领域达到全球领先水平，努力建成全国领先、世界一流的智能网联汽车产业集群 |
| 浙江 | 浙江省汽车产业高质量发展行动计划（2019—2022年） | 示范引领智能汽车发展，加快推进智能网联汽车测试场和示范区建设、加快智能汽车产业化、推进智能汽车与数字科技深度融合 |
| 江苏 | 江苏省推进车联网（智能网联汽车）产业发展行动计划 | 力争到2021年，江苏省车联网（智能网联汽车）产业的技术水平和产业规模居全国领先地位，产业创新生态基本构建，政策法规体系和安全保障体系基本形成，建设国家级车联网先导区和国内领先现代产业集聚区目标基本实现 |
|  | 关于促进新能源汽车产业高质量发展的意见 | 促进新能源汽车产业高质量发展，推动汽车产业向电动化、智能化、网联化和共享化方向转型升级 |
| 重庆 | 重庆市加快新能源和智能网联汽车产业发展若干政策措施（2018—2022年） | 支持企业新建或升级新能源和智能网联汽车数据平台，对投资500万元以上项目（包括信息基础设施建设、硬件、软件等投入）给予投资20%的补助，对单个项目补助金额不超过500万元 |
|  | 关于加快汽车产业转型升级的指导意见 | 到2022年，全市年产汽车约320万辆，占全国汽车产量的10%，实现产值约6500亿元，单车价格实现大幅提升。其中，年产智能网联汽车约120万辆，成为全国重要的新能源和智能网联汽车研发基地 |

### 2. 支撑自动驾驶道路测试的相关法规

智能网联汽车公共道路测试是智能网联汽车研发和运营当中必不可少的一项环节。我国高度重视智能网联汽车公共道路测试情况，加紧出台了各项智能驾驶车辆上路法规。2018 年 4 月，工信部、公安部、交通运输部联合颁布了《智能网联汽车道路测试管理规范（试行）》，是我国中央人民政府出台的第一个规范自动驾驶汽车道路测试的法规文件。

2016 年 9 月，重庆出台《重庆市推进基于宽带移动互联网的智能汽车与智慧交通应用示范项目实施方案（2016—2019）》，确定了自动驾驶汽车上路测试的时间表。2018 年 3 月，上海发布了《上海市智能网联汽车道路测试管理办法（试行）》；2018 年 3 月，重庆发布《重庆市自动驾驶道路测试管理实施细则（试行）》。

多个城市相继发布智能网联汽车上路测试的有关政策法规（表 7-27），开创了国内开展智能网联汽车路试的先例，使国内各相关企业可以不必远渡重洋进行路试，既满足了企业的迫切需求，也使企业在此方面的成本大大降低。可以预见，随着时间推移，将会有更多的城市开放测试环境，使国内各企业能够有充裕的空间开展路试工作。

**智能网联汽车道路测试政策法规文件　　表7-27**

| 序号 | 发布地区 | 时　间 | 政　策 |
|---|---|---|---|
| 1 | 国家 | 2016 年 12 月 | 智能网联汽车公共道路适应性验证规范 |
| 2 | 国家 | 2018 年 4 月 | 智能网联汽车道路测试管理规范 |
| 3 | 国家 | 2018 年 12 月 | 车联网（智能网联汽车）产业发展行动计划 |
| 4 | 重庆 | 2016 年 9 月 | 重庆市推进基于宽带移动互联网的智能汽车与智慧交通应用示范项目实施方案（2016—2019） |
| 5 | | 2018 年 3 月 | 重庆市自动驾驶道路测试管理实施细则（试行） |
| 6 | 北京 | 2017 年 12 月 | 北京市关于加快推进自动驾驶车辆道路测试有关工作的指导意见（试行） |
| 7 | | | 北京市自动驾驶车辆道路测试管理实施细则（试行） |
| 8 | | 2018 年 12 月 | 北京市自动驾驶车辆道路测试能力评估内容与方法 |
| 9 | | | 北京市自动驾驶车辆封闭测试场地技术要求（试行） |
| 10 | 保定 | 2018 年 1 月 | 保定市人民政府关于做好自动驾驶车辆道路测试工作的指导意见 |
| 11 | 上海 | 2017 年 1 月 | 上海市智能网联汽车产业工程创新实施方案 |
| 12 | | 2018 年 3 月 | 上海市智能网联汽车道路测试管理办法（试行） |
| 13 | 平潭 | 2018 年 3 月 | 平潭综合实验区无人驾驶汽车道路测试管理办法（试行） |
| 14 | 长春 | 2018 年 4 月 | 长春市智能网联汽车道路测试管理办法（试行） |
| 15 | 长沙 | 2018 年 4 月 | 长沙市智能网联汽车道路测试管理实施细则（试行） |
| 16 | 广州 | 2018 年 4 月 | 广州市南沙区关于推进智能网联汽车道路测试有关工作的指导意见（试行） |
| 17 | 肇庆 | 2018 年 5 月 | 智能网联汽车道路测试管理规范（试行） |
| 18 | 深圳 | 2018 年 5 月 | 深圳市关于贯彻落实《智能网联汽车道路测试管理规范（试行）》的指导意见 |
| 19 | | 2018 年 10 月 | 深圳市智能网联汽车道路测试开放道路技术要求（试行） |
| 20 | 天津 | 2018 年 6 月 | 天津市智能网联汽车道路测试管理办法（试行） |
| 21 | 济南 | 2018 年 7 月 | 济南市智能网联汽车道路测试管理办法（试行） |

续上表

| 序号 | 发布地区 | 时　间 | 政　　策 |
|---|---|---|---|
| 22 | 杭州 | 2018 年 8 月 | 杭州市智能网联汽车道路测试管理实施细则（试行） |
| 23 | 江苏 | 2018 年 9 月 | 江苏省智能网联汽车道路测试管理细则 |
| 24 | 河南 | 2018 年 11 月 | 河南省智能网联汽车道路测试管理办法（试行） |
| 25 | 襄阳 | 2018 年 11 月 | 襄阳市智能网联汽车道路测试管理规定（试行） |

## 第三节　自动驾驶客车分级及发展现状

### 一、自动驾驶客车分级及整体概况

当前阶段，符合 L2 定义的 ADAS 正在加速普及，是多数车企在汽车自动化方面的投入重点。而 L3 及以上的高级别自动驾驶技术，由于技术难度大、高成本、配套设施不完善、立法缺位等因素，大规模商用仍需时间。图 7-18 给出了不同级别自动驾驶的定义及预商用时间起点。

| 规模化应用起点 | 2015 及以前 | 2016—2017 | 2021—2022 | 2021—2025 | 2030 |
|---|---|---|---|---|---|
| 级别分类 | Level 1 | Level 2 | Level 3 | Level 4 | Level 5 |
| 自动化程度 | 驾驶支援 | 部分自动化 | 有条件自动化 | 高度自动化 | 完全自动化 |
| 横向 / 纵向控制 | 人 + 系统 | 系统 | | | |
| 周边监控 | 人 | | 系统 | | |
| 激烈驾驶应对 | 人 | | | 系统 | |
| 场景应用 | 特定场景 | | | | 全部场景 |

图 7-18　不同级别自动驾驶的定义及预计规模化应用起点

目前，囊括 ACC（自适应巡航系统）、FCW（前向碰撞预警系统）、LDW（车道偏离警示系统）等功能在内的 ADAS 技术已较为成熟，但粗略估计，当前渗透率仍仅为 10% 左右。

未来 2~3 年，ADAS 将会是自动驾驶领域渗透最快的技术，L2 级别汽车的数量将会迅速增长，因而最具商业价值。相比而言，尽管未来 2~3 年会有更多车型达到 L3 标准，但总体上仍将局限于少数高端车型，大规模放量仍需时日。对于技术难度更高的 L4/L5 技术，商用进程仍存在很大的不确定性，主要取决于技术进步与立法情况。不过，在环境相对简单的港口、园区等地，L4 技术或将规模应用。此外，因 L3 技术在紧急情形下须将控制权转交驾驶人，易造成风险，少数企业选择直接布局 L4，或许也将影响 L3 的发展进程。

目前，国内客车领域大概有 20 余款不同等级的自动驾驶客车。其中，微型和小型自动驾驶小客车约占 70%，中大型公交车占约 25%，其余车型占约 5%。几乎每个较成熟的客车厂商都有微型和小型的自动驾驶小客车。

### 二、自动驾驶与智能网联客车应用发展概况

#### （一）微、小型自动驾驶客车应用发展状况

##### 1. 郑州宇通“小宇”

为了使自动驾驶客车真正实现落地运营，以 L4 级自动驾驶客车为核心，宇通构建了一整套 5G 智能

公交系统解决方案，实现了“车—路—网—云—法”一体化建设，构建了全面协作的新一代智能网联交通系统。

河南省政府启动“5G+”示范工程，宇通客车打造的“智慧岛 5G 智能公交”项目也正式落地。在郑州智慧岛开放道路上，具备智能交互、自主巡航、车路协同等功能的宇通 L4 级自动驾驶客车完成试运行（图 7-19）。宇通客车生产的“小宇”实现了智能交互、自主巡航、换道、避障、超车、会车、跟车、进站以及紧急制动、精确停靠、路口通行、车路协同等功能。智慧岛在“路”方面也下足了功夫，设置了自动驾驶车辆专用车道以及路端 V2X 设施，实现远程监控、信号诱导、盲区预警等功能；同时，宇通打造的一体化智能站台配套了站内客流检测、站内视频监控、公交车道占用检测、站内免费 Wi-Fi 覆盖等功能。

图 7-19　宇通 L4 级自动驾驶客车道路测试

郑州作为国家首批 5G 示范城市，在“网”的建设方面颇有成果。在各级政府和移动联通等合作伙伴的大力支持下，智慧岛区域实现了 5G 信号全覆盖。为自动驾驶运营打下了网络硬件基础。在“云”方面，宇通客车自主研发的自动驾驶云控平台打造三维高清地图，可实现对车辆、道路的实时视频监控、统计预测客流情况，进行运营调度和调整排班计划；基于 5G 实现对车辆的远程控制、平行驾驶、远程充电。

### 2. 阿波龙（Apollo）

“阿波龙”客车（图 7-20）是百度和厦门金龙合作生产的自动驾驶客车，外形小巧可爱，能量却不可小瞧：除了可以自主完成泊车、跟车、避障、转弯、调头等一系列驾驶任务外，还可以在行驶过程中收集数据上报自行完成算法优化、进行程序更新，同时具有丰富的人车交互系统体验，如语音对话、人脸识别、音乐播放、手机 App 应用及个性化定制等内容。Apollo 已经开放了超过 22 万行代码，超过 1 万名开发者推荐使用 Apollo 的开放代码，生态合作伙伴规模达到 116 家。面向量产，Apollo 发布了自主泊车（Valet Parking）、无人作业小车（MicroCar）、自动接驳客车（MiniBus）三套自动驾驶解决方案，帮助开发者及合作伙伴在 3 个月内打造出属于自己的“阿波龙”。

### 3. 厦门金旅星辰

星辰无人驾驶车型（图 7-21），是星辰车型平台和金旅 SMARTPILOT 第二代自动驾驶平台完美融合。具备实时规划线路、感知避障、跟车超车、站点停靠、自动泊车等多种自动驾驶功能，成为 L4 级别智能驾驶客车的代表。

图 7-20　量产下线的金龙阿波龙

图 7-21　金旅星辰无人驾驶客车在以色列的道路测试

作为最新的智能驾驶系统，SMARTPILOT 由感知层、融合层、控制规划层共同构成，并通过人机交互接口，同驾驶员、乘客进行交互。而为了达到更高的安全标准，金旅采用车规级硬件，在电源、定位、感知、控制器、执行器各个部分做了更多的冗余设计。通过融合算法优化感知盲区，提高系统响应的速度及精度，实现最优的线控技术，可以实现毫秒级的传输时延，可实现智能交互、自主巡航、换道、避障、超车、会车、跟车、进站以及紧急制动、精确停靠、路口通行、车路协同等功能，具备批量运营的能力。

4. 苏州金龙深蓝（Pro-Blue）

深蓝（图 7-22）具备苏州金龙的 7 大核心“黑科技”：安全技术、高精度双冗余底盘线控技术、多传感器融合技术、规划决策控制技术、车规级超计算能力智能控制平台、基于 5G 通信的 LTE-V2X 车联网技术和海格云控平台。这 7 大核心技术正是无人驾驶客车商业化的根本保障。

其中，G-BOS 智慧运营系统和云平台技术可以说是海格的“传统”强项，也为海格进一步提升无人驾驶车辆的技术性能提供了重要参考。据悉，自 2010 年海格发布 G-BOS 智慧运营系统，开启中国商用车车联网元年后，截至 2019 年 8 月，G-BOS 累计装车数量达 14 万辆，在全国超 2000 多家客户应用，积累了广泛的用户基础，收集了大量的人、车、线路、运营场景大数据，这些大数据是最宝贵的智能网联应用场景化数据。2014 年，海格发布“云战略”，“海格云”开启道路客运移动互联时代。以此为基础，海格客车持续进行智能网联自动驾驶技术方面的研究，掌握核心科技，并获得智能客车相关专利 70 余项，其中发明专利 10 项。

图 7-22　Pro-Blue 深蓝

由于海格的无人驾驶控制器是主要针对无人驾驶应用而设计的综合处理计算平台，具备计算能力强、运行功耗低和装置空间小等优点。所以，“深蓝”可以实现毫秒级的传输时延，可实现智能交互、自主巡航、换道、避障、超车、会车、跟车、进站以及紧急制动、精确停靠、路口通行、车路协同等功能，具备批量运营的能力。

## （二）公交自动驾驶客车应用发展状况

### 1. 郑州宇通宇威 U12

郑州宇通 U12 是一款为满足消费需求升级而打造的全新造型低地板纯电动高端公交，设计灵感来源于人们日常使用的大屏智能手机，整车曲面采取手机屏幕式设计，主色调以高级银白色为主，整车线条灵动，现代感十足，体现了现代公交的智能化与网络化（图 7-23）。

图 7-23　宇通 U12 自动驾驶公交车

该车配备 360° 全景环视、碰撞缓解控制系统、驾驶行为监测、油门防误踩、停车制动、坡道辅助、电子驻车、牵引力控制等多项安全辅助驾驶功能。而智能电控系统、高安全动力电池、高效电驱动系统、整车轻量化、自动充电等新技术的应用，也进一步提升了其安全性能。

通过 5G 车路协同、大数据、人工智能等技术，结合一体化管控系统，已实现了驾驶车辆智能监控、安全预警，以及与其他社会车辆的同域协同运营。另通过 V2X 技术，车辆可获取路口红灯的状况，根据距离和红绿灯倒计时提前控制车速，从而能够让车辆到每一个路口时都是绿灯，减少车辆在路口起停的次数。

2. 智慧城市之光

为充分发挥 5G 的传输优势，金龙客车全新设计制造了智慧城市之光的智能底盘平台和智能网域控制器。智能底盘平台实现了对制动、转向和动力系统的线控，为持续升级深化智能网联应用奠定坚实的执行基础。智能网域控制器统一管理智能网联设备，实现精准感知。在智能底盘平台和智能网域控制器的加持下，智慧城市之光利用 5G 大容量低延时特性，发挥 5GV2X 技术的威力，实现车辆系统与交通环境高效协动。

基于 5G 技术，智慧城市之光配合智能路侧设备实现实时的车辆与交通信号灯协同、超视距感知路口危险目标、车车通信。网联式碰撞缓解系统，结合车车通信、智能视觉、雷达多传感器融合，实现防撞预警、碰撞缓解控制；3D 全景环视系统，融合车辆周边 360° 雷达信息、车辆行驶轨迹预判及动态引导；智能驾驶员身份识别及驾驶状态监视，智能识别驾驶员身份及大数据分析驾驶员驾驶行为数据，并根据路况动态调整驾驶员交互等。金龙客车发布的 5G 智能网联公交车如图 7-24 所示。

图 7-24　金龙客车发布了 5G 智能网联公交车

## （三）其他自动驾驶车辆应用发展状况

1.“智能环卫机器人”

郑州宇通发布的“智能环卫机器人”，已实现 L4 级自动驾驶（全自动驾驶），具备主动避障、自动跟随、换道超车等功能，当部分作业路段被占据时能够主动绕行（图 7-25）。在远程监控方面，具有 360° 视频监控、远程故障诊断等功能，随时保障车辆安全运行。此外，该车型还具有自适应作业功能，依据路面垃圾状况，可自动调节强、中、弱 3 种清扫模式，达到降低能耗、延长作业时长的目的。

图 7-25　宇通纯电动无人驾驶清扫车

更为重要的是，该车型清扫能力也极强。正常作业速度为每小时 5km，清扫宽度为 1.8m，平均每小时能够清扫 9000m$^2$ 的道路面积，相当于 18 个环卫工人的工作量。而如果能够将该车型大面积投入使用，必将进一步提升环卫清扫效率，节省环卫人员的人力成本。

除了在该车型上配备智能驾驶技术以外，未来的出行以及汽车运行必将由更丰富、精准的大数据来监测调配，基于此，宇通也在同时打造快速公交以及环卫清扫车的云控平台，运用智能网联技术，实现业务智慧化运营、产品售后智慧化服务，以及大数据智能分析的一体化、智能化产品升级。

2. 消毒清扫车

金龙阿波龙 GOVO 无人驾驶消毒清扫车具备多传感器融合导航功能，通过激光雷达实时测距、IMU 精准测量车体姿态和 GNSS 卫星导航，自动感应周围环境并智能反应，看得清道路，也绕得过障碍物；转得了弯路，也上得了坡度；看得准垃圾，也不放过病毒；全程无须人员干预，轻松实现清扫和消毒二合一作业（图 7-26）。

图 7-26　金龙阿波龙 GOVO 无人驾驶消毒清扫车

### 3. 售卖车

金龙MOSO自动驾驶售卖车(图7-27)属于金龙“自动驾驶1+N系列产品”，该车是一个移动的小超市。用户可高效便捷与其互动，通过手机App，呼叫离你最近的MOSO，也可以招手停车，停车后选中心仪的商品，直接扫码支付即可。等用户拿走购买的商品后，MOSO会自动继续自己的旅程。MOSO自动驾驶售卖车适用于大型广场、景区及校园等场景，为大众的生活提供了极大便利。

图7-27　金龙自动驾驶售卖车MOSO

### 4. “智慧校园巴士”

HAPO“智慧校园巴士”是基于金龙自主研发的3.5T线控底盘开发的一款全新智慧校园客车，更大的承载力满足更多营运需求；其萌巧灵动的独特微笑造型与简约宽绰的舒适内饰令美好更深入人心（图7-28）。运用科技力量，金龙研发出车辆限速系统、车道偏离报警系统、前向防撞报警系统、Topview全景环视系统，全方位保证校车行驶的主动安全。该车型配有车辆故障诊断报警系统，有效降低维修成本；停车指示信号系统，可提醒过往车辆注意，保证学生上下车安全。

图7-28　金龙自动驾驶校园客车HAPO

## 第四节　自动驾驶及智能网联技术突破和发展前瞻

### 一、自动驾驶及智能网联汽车行业未来发展趋势

近年来，我国智能网联汽车产业发展迅速，已初步形成 L2 及以上汽车研发和测试的能力，商业化和应用落地方面也进入探索阶段。2018 年 12 月，工业和信息化部印发了《车联网（智能网联汽车）产业发展行动计划》，发展行动计划的目标是在 2020 年实现车联网（智能网联汽车）产业跨行业融合的突破，具备高级别自动驾驶功能的智能网联汽车实现特定场景规模应用，车联网综合应用体系基本构建，用户渗透率大幅提高。

目前，智能网联汽车已初步形成主流的技术架构及集成方案，整体功能方面初步具备一定条件下的自动驾驶能力，但成熟度和可靠性还尚未达到安全交通融入的程度。在市场应用方面，目前依旧是以 L2 辅助驾驶为主，L3 及其以上的自动驾驶功能目前尚未在量产车中开展应用。随着技术的更新和法律法规的健全，智能网联汽车将加速商业化落地、拓展产业应用，有望率先开展在一定条件下的应用。

1. 智能网联汽车已经形成主流技术方案

智能网联汽车自动驾驶功能的实现主要依赖于环境感知传感器、自动驾驶计算平台、网联通信设施、人机交互系统等。其中，环境感知传感器相当于智能网联汽车的五官、自动驾驶计算平台相当于自动驾驶汽车的大脑、网联通信设施是实现 V2X 功能的核心、人机交互系统是智能网联汽车的另一个重要的版块，未来智能化、人性化、多样化的人车交互系统将使得自动驾驶功能的接管和移交过程变得更加安全和易用，在降低事故率的同时还能实现多媒体娱乐、导航等功能（图 7-29）。

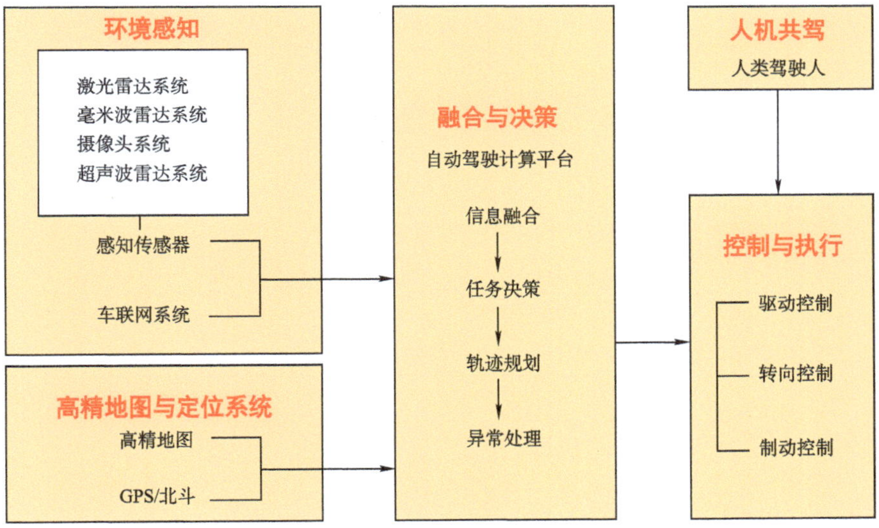


图 7-29　智能网联汽车自动驾驶系统技术实现路径

2. 智能网联汽车法规和标准还在完善中

近年来，国家已经开始针对自动驾驶应用场景、车路协同领域的标准、智能网联汽车的网络安全、数据安全、信息安全、个人隐私保护等方面发布相关的法律法规。

在标准方面，2017 年 12 月 29 日，由工信部、国家标准委共同制定的《国家车联网产业标准体系建设指南》系列文件发布（图 7-30），据标准化主体对象和行业属性把指南分为总体要求、智能网联汽车、信息通信、电子产品与服务等部分，对智能网联汽车的标准进行了顶层设计，为后续开展细化工作奠定了基础。

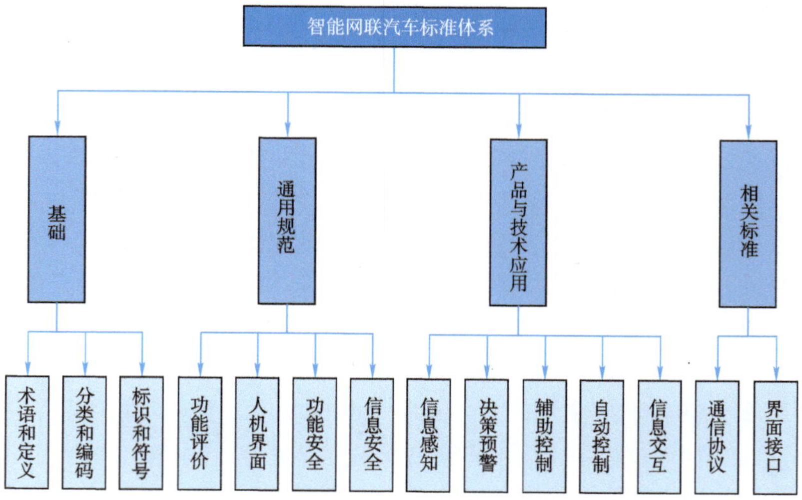


图 7-30　智能网联汽车标准体系

3. L2 市场渗透率将逐步加大，L3 落地方案尚不成熟

目前， L2 辅助驾驶功能已经成为在售车型主流配置方案，L3 级别车辆受制于技术和成本，尚未实现规模化量产。随着汽车市场的发展趋势和消费者认知的强化，L2 级别的辅助驾驶（ADAS）离规模化商业变现更为接近，车型渗透率也逐渐增高，面临产业快速膨胀的机遇。

图 7-31 为汽车之家 2019 年统计的在售车辆 ADAS 配置搭载率，可知近三成以上在售车辆在不同程度上搭载了 ADAS 的相关功能，搭载率已经达到规模化应用程度。

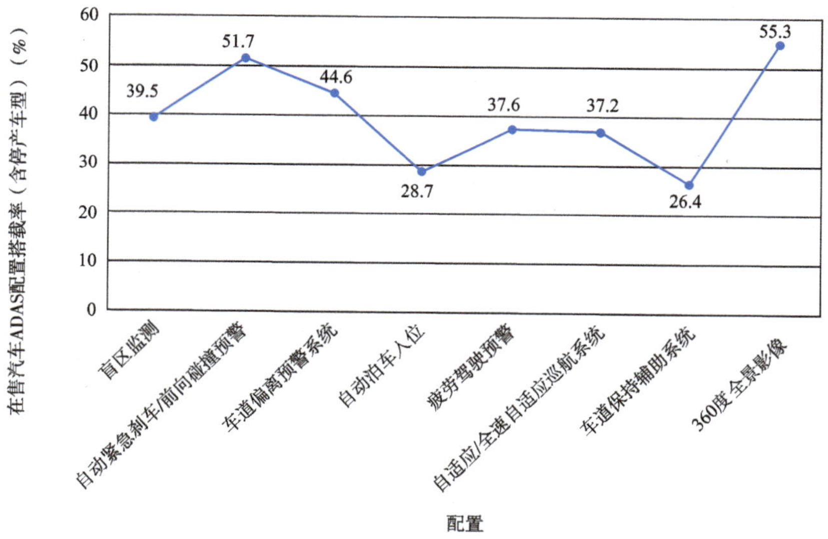


图 7-31　在售汽车 ADAS 配置搭载率（数据来源：汽车之家大数据）

在市场结构方面，L2 辅助驾驶早期主要应用于 30 万元以上的中高端汽车，很多车型也将其作为高配车型的选装功能。

在技术层面，行业内认知度最高的第一梯队有特斯拉、沃尔沃、蔚来等（图 7-32），其中特斯拉从 2014 年开始为车辆配备安全性驾驶辅助功能，目前特斯拉自动驾驶硬件已经升级到第 3 代，配备了 HW3.0 硬件，支持停车场低速运行和高速公路部分特定场景下驾驶辅助功能，未来将进行进一步的功能升级，包括识别交通信号灯和停车标志、城市道路自动驾驶等。沃尔沃搭载的 Pilot Assist 自动驾驶辅助系统能满足车辆在特定条件下的自动跟车、主动制动、车道保持、限速标志识别等功能，在识别以及介入方面的精准度都非常高。

a) 特斯拉　　b) 沃尔沃　　c) 蔚来

图 7-32　搭载 L2 辅助驾驶功能的代表性给品牌

L3 自动驾驶目前是汽车主机厂尚未逾越的一道鸿沟，主要壁垒在于技术方案的可靠性和成本。部分有实力的一线品牌对 L3 开展过专项攻关，但尚未有成熟产品落地。

4. V2X 车路协同成为单车智能迈向智慧交通系统的关键

智能网联汽车的发展路径是从单车智能为到车路协同升级，其中以单车智能为主，车路协同为辅。单车智能主要依赖摄像头、激光雷达、毫米波雷达等环境感知传感器进行道路场景识别，车路协同是单车智能的功能延展和补充，基于 V2X（Vehicle to Everything，车联万物）技术开展。

1）车路协同的应用有望降低单车成本

从原理上讲，车端传感器的功能可以通过道路端传感器来补偿实现，道路端通过 RSU（路测单元）将获取到的环境数据传递给车端，通过坐标系变换将路端环境信息转化成车端环境信息，发送至计算平台进行数据融合。这样一来，只要能保证道路端数据的实时性、完整性和可靠性，就可以通过降低单车传感器搭载的数量和性能来实现单车集成成本的降低，而基于 RSU 的路端数据可以通过类似广播的方式让所有在道路行驶的车辆共享，实现资源集中和高效处理。

2）车路协同降低自动驾驶计算平台算力负荷

自动驾驶计算平台是智能网联汽车的大脑，各路传感器获取的数据都要在这里融合、决策并输出决策和控制信号。算力是评价计算平台性能的重要指标，也是直接关系到造价成本的核心参数。单车智能方案中，增强环境感知能力往往通过增加传感器性能和数量的方式来实现，这意味着实时处理信息量的增大，由于自动驾驶对于数据传输时延极为敏感，所以对计算平台的算力也提出更高的要求。基于此背景，多接入边缘计算成为比较实用的网络结构，可以部分缓解计算平台的压力。

3）5G 的应用将拓宽数据通道、降低通信时延

基于 5G 高速数据传输的特征，可以实现海量传感器信息的传输。从功能角度，车端可以利用多元异构的传感器获取更加丰富的车辆周边环境动态信息，在一定程度上提高自动驾驶的安全性；道路传感器之间可以进行实时的信息通信，实现路径优化、安全信息广播等，包括周边行人防预警、盲区车辆碰撞预警等场景；边缘云与区域云的数据传输也可以采用 5G 的无线传输方案。从性能角度分析，5G 的高速传输特征可以有效地降低端到端的通信时延，提高安全性能。

5. 智能网联汽车应用与商业化落地处于探索阶段

总体而言，目前我国智能网联汽车还处于形成产业雏形的阶段。商用无人驾驶的应用主要分两类场景：一是公共交通道路，二是一定条件下的受限制区域。随机交通场景的融入目前存在一定的问题，在技术层面技术尚未完全成熟，可靠性和安全性还有待验证；法律法规层面上，国家在智能网联汽车（自动驾驶）方面交通法律法规尚未完全建立；运营成本方面，车辆集成费用较大，规模化运营初期投资较大。但是，

在一定条件下的场景应用仍存在很大的市场空间，同时目前也具备可行性的技术方案。

## 二、技术领域创新与发展前瞻

### （一）基础技术

#### 1. 芯片

智能汽车是车联网、自动驾驶、新能源技术融合的综合系统，集环境感知、智能决策、控制执行等功能于一体，集中运用了传感、通信、导航、处理、控制以及新能源等技术。多功能的实现需要借助多种类、多数量的芯片，因此汽车用芯片是汽车产业转型升级的关键。

汽车用芯片大致可以分为通信芯片、导航芯片、处理芯片、电源管理芯片等。

通信芯片方面，我国华为、大唐等企业通过参与 LTE-V 标准制定正在积极布局。目前，国内汽车通信芯片主要面临产业、技术和发展模式 3 个层面的挑战。产业层面，通信芯片厂商与整车厂、零部件厂商之间未形成完整的产业链。技术层面，国内企业技术积累不足，技术标准滞后且不统一，关键技术研发滞后。发展模式上，车企各自为政、相互封闭，汽车通信芯片很难实现规模效应。

国产导航芯片方面，仍面临北斗芯片技术优势未见发挥、应用市场发展不均衡等挑战。一方面北斗双向通信成本高、便携难，而单向通信成本优势不明显。另一方面北斗导航基带、射频芯片主要应用于移动终端，车载市场占比较低。

处理芯片方面，国内百度、地平线等公司在 ADAS 算法方面竞争力较强，有望实现处理芯片本土化。在车道线识别率、车辆识别率等指标上与 Mobileye 差距不大。地平线 ADAS 技术的硬件系统已安装在智车优行的奇点汽车中。

电源管理芯片方面，目前国内电源管理芯片厂商主要面向中低端市场，技术短板明显。但各大厂商正通过并购和合作积极布局，中芯国际收购意大利代工厂 LFoundry70% 股份，从而打入电源管理市场，大唐与恩智浦成立合资公司设计汽车电源管理芯片，通富微电为特斯拉提供电源管理芯片封装。

整体上看，我国汽车芯片市场庞大，目前国内正在大力推进集成电路国产化，发展前景广阔。但还需要从技术、政策和产业上共同推进，加快实施汽车芯片国产化替代方案。

#### 2. 计算平台

汽车智能化的关键，在于构建具有感知、计算、通信和决策等功能的新型体系架构，设计实现具备数据融合、高速计算、智能决策以及协同控制能力的智能计算平台。我国企业在汽车智能计算平台方面已经开始了一些积极的探索，但由于我国汽车电子相关产业基础相对薄弱、技术积累不足，相关企业之间缺乏有效的合作机制，发展仍然面临艰巨的挑战。这就需要全行业统一认识，凝聚合力，坚持创新驱动、跨界融合、重点突破、系统推进，加速电子信息和汽车产业“换道超车”。华为目前的核心产品 L4 级全栈智能驾驶解决方案和 MDC 智能驾驶计算平台、地平线 Matrix 自动驾驶计算平台都是国内的优秀产品代表。

#### 3. 通信网络

2019 年是 5G 的崛起之年，2019 年底，全国 5G 基站数量已达到 13 万个，到 2020 年底将超过 80 万个，网络基础正在不断完善。在 2020 年 2 月 22 日，国家发改委、中央网信办等 11 部委联合发布的《智能汽车创新发展战略》中指出，将在重点区域、重点路段建立无线通信网络（主要是 5G-V2X），至 2025 年在部分城市、高速公路逐步开展应用，这为基础设施智能化升级及 5G 向车联网渗透划定了区域范围及时间节点，为我国各省市车联网产业与 5G 建设协同发展奠定了政策基础。

#### 4. 操作系统

目前，传统车载电子操作系统有：QNX、Linux（Android，AaliOS）、Windows CE、iOS 等，此外还有一些非主流操作系统如 Wind River 和 Micro-Itron 等。上述车载操作系统能够实现影音娱乐、蓝牙电话、手机互联等功能，但因为缺少对大容量超高速通信网络的支持，故无法实现车与车、车与路的实时信息交流，不能参与车联网、路联网的构建，即不具备“网联化”特征。我国在5G商业化方面处于世界领先水平，积极研发基于5G的智能网联操作系统是目前的首要目标。目前，谷歌发布了Android Auto车载系统，特斯拉推出了Version系列操作系统，沃尔沃发布了Sensus智能车载交互平台，并与苹果CarPlay和谷歌Android Auto两大平台对接。

## （二）智能零部件与技术方面

### 1. 环境传感器硬件

智能汽车环境传感器由定位、雷达、视觉等传感器协作融合，能够以图像、点云等形式输入收集到的环境数据，并通过算法的提取、处理和融合，进一步形成完整的汽车周边驾驶态势图，为驾驶行为决策提供依据。目前，主要产品是摄像头和雷达。

摄像头主要应用于单目、立体、环视等，成本适中，但受视野范围影响；超声波雷达受天气影响大，探测距离短，多用于倒车保护；毫米波雷达具有体积小、分辨率高和穿透烟雾能力强等优点，但探测距离受波长制约，无法感知行人，探测精度低；激光雷达探测范围广，探测精度高，但在雨、雪、雾天气下性能较差，价格昂贵。未来的趋势将是多传感器技术的融合，不同传感器相互协作和补充。

目前全球汽车传感器90%的市场份额被大陆、博世、德尔福、电装等厂商垄断，Velodyne、Quanergy和Ibeo在激光雷达方面技术优势显著。我国汽车传感器整体技术水平较低，普遍存在准确度低、分解能力差、信号精度不高、抗干扰性弱等问题。近年来，一些传统军工传感器厂商开始进入民用市场，纳雷科技、厦门意行、沈阳承泰、行易道等企业的毫米波雷达技术逐渐成熟，北科天绘、中海达、巨星科技、大族激光正逐步进入激光雷达行业。我国汽车传感器与国外同类产品相比，技术水平相差较大，高端产品严重依赖进口，厂商缺乏与整车厂和科研机构的合作。

### 2. 融合感知技术

在多个感知设备使用的情况下，进行信息融合，是保证驾驶安全的前提。感知技术的融合可提高系统的冗余度与容错性，从而保证信息决策的快速与正确。要最终实现感知技术融合，需要硬件与软件层面的相互配合。这在硬件层面并不难实现，算法上的难度相对来说较高。软件、算法充当自动驾驶汽车的“大脑”，有很高的技术壁垒，将占据价值链的主要部分。目前，除了特斯拉等极少数自主研发芯片的公司，头部公司如果想要做一个好的自动驾驶系统，仍应加大对于平台、算法和芯片等的研发力度。

### 3. 高精定位技术

高精定位导航技术是自动驾驶汽车安全行驶不可或缺的核心技术之一，在车辆横向/纵向精确定位、障碍物检测与碰撞避让、智能车速控制、路径规划及行为决策等方面发挥着重要作用。

目前的高精定位技术路线主要有3种：基于卫星定位系统和捷联惯导系统的组合定位技术，基于激光雷达点云和高精地图的匹配定位技术，以及基于计算机视觉里程算法的定位技术。卫星定位和捷联惯导组合定位技术成熟度高，应用广泛。但是高度依赖基站，存在区域限制。激光雷达点云和高精地图匹配定位技术在定位的同时具备障碍物检测功能，但是成本高、环境适应性差、高精地图更新频率低。视觉里程算法定位技术的成本最低，但是可靠性差，视觉算法容易受光线干扰。

未来，高精定位技术的进步需要依赖多学科多领域知识的广泛融合，从安全角度讲，多种高精定位导航技术同时应用，充分考虑各种失效模式的功能和性能冗余，是定位导航系统支撑自动驾驶汽车规模化应用的目标。

### 4. 规划与决策技术

自动驾驶决策系统可以分为基于规则方法的系统和基于学习方法的系统。其中，基于规则方法的系统主要使用有限状态机、决策树、行为树等方法；基于学习方法的系统主要使用深度强化学习方法。基于规则方法的系统目前普遍可以实现车道保持、跟车、换道、避障、让行等基本的自动驾驶功能，部分系统可以实现窄路掉头、借道避障、窄路会车等比较复杂的自动驾驶功能。基于学习方法的系统目前主要还处在研究阶段，因其系统功能的不可解释性，暂未在实车上普遍应用。将两种技术有效的结合，是未来研究的目标。

#### 5. 执行与控制技术

1）纵向控制

纵向控制方法目前主要以反馈控制和 MPC 为主，基本能够实现正常车速范围内的速度跟踪。但要实现完全自动驾驶，必须要开发更快响应，更高精度的控制技术。

2）横向控制

横向控制方法目前以预瞄、反馈控制和 MPC 为主，能够实现直道、C 形弯、S 形弯、U 形弯等道路形状的稳定跟随，和纵向控制一样，未来需要响应更快、精度更高的控制技术。

### （三）整车技术方面

#### 1. 单车辅助驾驶

单车辅助驾驶法规体系比较健全，可选择的单一产品也很多，但要将这些产品量产，目前技术突破有两个主要问题。

1）高度集成化的需求

从一个系统一个计算单元，一套感知系统的分布式到共用感知，计算单元算力提升、多接口融合发展。

2）多种辅助功能的优先级

需要确定多个辅助功能在各种危险场景下的优先级，例如在前方危险情况下，是通过纵向制动缓解碰撞还是横向转向避开碰撞，还是同时起作用但是限制在一定的安全值范围内，这对能否最大程度上保障行车安全尤为重要。

#### 2. 网联化

更广泛、更深入的网联化，包括基于网联的自车控制、编队控制，基于网联的交通速度控制、流量控制、车道控制、道路照明控制、道路能源控制等。

#### 3. 高级别自动驾驶

高级别自动驾驶车辆量产还有很长的路要走，目前还是以安全员为最高优先级，无法常态化运营，也无法实现提高交通效率、节约运输成本等目标。而线控车辆作为其中的执行者，如何做一个智能化、性能好、安全性高的执行者，提供优质的出行服务尤为重要。主要的问题和技术创新点如下。

1）新型整车电子电气架构

随着智能网联技术发展，产品增多，交互的信息变多，信息安全更加重要，现有的分离电子电气架构已经无法自动驾驶车辆需求，需要向跨域中心化域控制器电子电气构架发展。根据电子电器架构发展定义，汽车网关平台功能和车辆功能可划分为 5 个“域”：驾驶辅助域、安全域、车辆运动域、信息娱乐域、车身电子域。如大众分为车身电子域控制器、自动驾驶和运动控制、信息娱乐域控制器。特斯拉分为左车身电子域控制器、右车身电子域控制器、驾驶辅助和信息娱乐域控制器。智能网联客车首要需要重点突破新型电子电气架构技术，从产品构成、信息交互、所需要的总线形式、未来的功能扩展等将车辆分为几个域，再根据域的功能和定义进展产品开发。

2）线控平台

标准：线控的标准体系亟须完善，目前主机厂主要按照行业零部件发展水平、自动驾驶系统的线控要求，在常规车的基础上结合应用场景进行线控车辆设计。

安全冗余：无人驾驶真正要量产，线控的冗余是必不可少的，目前适用于中大型客车的线控气压制动、电液转向器式 EHPS 系统还不具备冗余的产品，这个过渡阶段，线控车辆与自动驾驶系统如何互补对于安全级别的提高尤为重要。

## 三、应用与产品领域发展前瞻

### （一）应用发展前瞻

#### 1. 定点定线的自动驾驶应用

自动驾驶复杂性一个重要特点在于场景的无法穷尽，这对于自动驾驶的量产化和商用化进程是一个巨大的挑战，短时间内很难突破技术方面的障碍。为了尽快解决这个复杂问题带来的商用化的麻烦，简化场景是必然的趋势，即在一些相对简单的场景中来实现自动驾驶。一种简化场景的方式就是将通用应用分割为特定应用，将广域场景限制为特定区域的场景，自动驾驶车辆只具备在特定区域中运行所需要的少数几个功能。不同于 L4 中所定义的特定场景，这里更多的是进一步细化应用方式之后，人为将自动驾驶约束在一个具体的子场景中的应用，比如只在一段固定道路上行驶的自动驾驶穿梭公交，往返于地铁站和住宅小区之间的自动驾驶接驳公交，往返与车间和堆场之间的自动驾驶货运车辆，往返于小区入口和楼栋之间的自动驾驶货运车辆等等。在测试上表现为“所测即所用”的模式，即在哪里测试，就在哪里应用，测试场景和应用场景完全相同。

#### 2. Robotaxi 自动驾驶应用

谷歌旗下自动驾驶公司 Waymo 近日在邮件中表示，在不久的将来，用户将有机会乘坐没有安全员的无人驾驶出租车。无独有偶，在另一侧的大洋彼岸，中国武汉交通运输部门为百度、海梁科技、深兰科技 3 家科技公司颁发了全球首张自动驾驶车辆商用牌照，滴滴自动驾驶获得江苏省苏州公安局颁发的路测牌照，将在苏州区域内开展自动驾驶公开道路测试。这意味着，无人驾驶车辆不仅可以在开放道路进行载人测试，也可以进行商业化运营探索。

今年 6 月，小马智行（Pony.ai）和裹动智驾（AutoX）两家中国初创企业同时获得美国加利福尼亚州公用事业委员会颁发的许可，可以向乘客提供自动驾驶服务。去年 12 月底，总部位于美国硅谷的初创企业 Zoox 率先拿到了加利福尼亚州首张自动驾驶班车服务牌照，迈出了美国自动驾驶发展的重要一步。此外，通用 Cruise、福特 Argo AI、UberATG、Navya、特斯拉等厂商都将目标锁定为 Robotaxi。

不过，Robotaxi 源于自动驾驶技术，在技术、法规及监管等方面，仍然需要不断地尝试和努力，才能真正商业化落地。

#### 3. 车路协同自动驾驶应用

单车智能方式的自动驾驶汽车为了获得更高的功能安全性能，必然安装复杂而数量庞大的传感器系统，造成高昂的车辆的成本，但车辆感知盲区和可靠性的问题并未彻底解决。因此，自动驾驶发展的一个重要的趋势就是网联化，使用 V2V（车车通信）、I2V（车路通信）以及 P2V（人车通信）的方式获得环境数据，用于支撑自动驾驶的决策和控制，解决单车传感成本、感知局限性和可靠性的问题。东南大学的冉斌教授把这种方式称为车路协同自动驾驶系统（Collaborative Automated Driving System，简称 CADS），除了智能网联汽车本身之外，还要建立包含丰富路侧感知系统和通信节点的网联化道路系统，用车辆之外的路侧信息、车辆信息以及云端的信息来弥补车身感知信息的不足。

车路协同自动驾驶有望在高速公路应用中，比如车辆编队控制、HWP（高速公路导航）等应用，以及城市公共交通应用，比如 BRT（快速公交系统）、公交专用道等应用中发挥重要作用。其中，车路协同服务可以作为道路信息服务业务的一部分，与道路运营结合起来。

#### 4. 与其他行业深度结合的自动驾驶应用

1）与智能制造结合

传统智能制造系统中，AGV（自动导引运输车）是运输的核心环节。但由于 AGV 对地面平整度的要求很高，不适于用于室外的运输。该应用将厂房间、厂房与仓库间等运输过程用自动驾驶汽车来实现，辅以配料、车辆调度等信息化手段，将由以 AGV 为主的室内的物料运输配送扩展到厂房之间或厂房与仓库之间以自动驾驶货车为辅助的运输配送。在该应用中，自动驾驶货车并不是一种交通工具，而是智能制造环节中一种运输工具，其作用是解决智能制造“出了门就失效”的问题，意在打通车间内的智能制造系统与车间外的仓储系统与调度系统，使得从物料配送、给料、生产、运出成品、车辆调度等环节成为一个真正的闭环。

在该应用中，自动驾驶变成了一个场景非常简单的工业过程，车辆受环境干扰的程度大大降低，因此也大大降低了环境识别、决策和控制的难度，是自动驾驶应用的一个有价值的方向。目前包括重庆寸滩保税区在内的一些自动化工厂已经开始进行该应用的尝试。

2）与机场接驳相结合

自动驾驶在机场有丰富的应用场景，包括如登机桥车、飞机拖车、行李车、除冰除雪车、员工摆渡车、维护车和乘客摆渡车。“机场对自动驾驶车辆的需求相当大——在不同的航站楼之间、在停车场和航站楼出发层之间，甚至在机场空侧，未来都可能会应用到自动驾驶车辆。”法国 ADP 集团副总裁 Edward Arkwright 说，“在我们的创新枢纽计划框架中，未来将在机场城中心建设自动驾驶系统。”

近年来，在国际上已经开始自动驾驶在机场的应用探索。今年，ADP 集团在巴黎戴高乐机场进行了两次无人驾驶车辆 Navya 测试。为了减少车队数量、运营成本和碳排放，2018 年夏季集团就在盖特威克机场的南、北航站楼间的空侧道路上进行了全球首例无人驾驶豆荚车运送工作人员的测试。为提升机场的除雪效率，Yeti 公司研发出一个自动驾驶除雪系统，1h 可以清扫 35.75 万 $m^2$ 的积雪。

3）与现代农业结合

该应用用于农业的精细化作业，包括无人驾驶、路径规划、定速巡航等自动驾驶环节，以及自动播种、起垄、开沟、插秧、植保、收获、机具控制、PTO 线控（电控执行机构）等自动作业环节。自动驾驶农机作业有明显的优点，是现代农业和自动驾驶结合的发展方向，具体包括：

（1）提升作业标准化：精准的直线度和行间距使作物通风、受肥更为均匀，同时也有效避免植保环节中农机压苗等问题。

（2）提升土地利用率：农机作业交接行准确，土地利用率可提高 3%~5%。

（3）提升农机作业效率：实现了 24h 全天候作业，夜间作业不受影响，在有限的时间内提升了农机的作业效率。

（4）降低驾驶员技术要求：高标准作业质量对驾驶人员技术要求很高，而高水平驾驶员越来越少，佣金也越来越高，通过使用农机导航自动驾驶系统，会开农机的驾驶员即可完成高精度作业。

（5）降低驾驶员劳动强度：驾驶人员不需要再一直进行瞄准和持续修正拖拉机行进路线，从而降低了驾驶人员劳动强度。

近些年，农机自动驾驶系统在我国黑龙江、新疆、吉林等地得到示范推广应用。

4）与旅游观光业结合

自动驾驶在旅游观光业的应用包括两方面：观光运输与旅游区零售。景区往返路线一般比较单一，比较适合应用自动驾驶电动车辆，特别是低速的自动驾驶电动观光车辆循环行驶，结合实景以及无人导游应用，可以提升用户的乘坐体验。此外，考虑到景区游客的流动性特点，自动驾驶零售车辆是一种非常好的自动驾驶应用，可以极大提升旅客体验，提升旅游区的科技含量，并且实现自动驾驶应用的快速变现。此外，一般而言，自动驾驶零售车辆是模块化的设计，根据不同区域和时段的需求，可以进行不同售卖模块的替换，以满足不同的需求。

5）与物流业结合

在物流业的应用是自动驾驶应用的重要和有应用前景的发展方向。按照场景来分，可以分为干线物流运输、“最后一公里”物流运输以及小区终端级的物流运输。干线物流运输是要解决运输效率的问题，即尽可能只在干线上进行自动驾驶，并且使用货车编队技术，因此除了自动驾驶，要在干线两端解决自动装货和自动卸货的问题，或者货物快速换车的问题。“最后一公里”物流运输涉及物流站到小区之间公共交通的运输，实际上就是公共道路上的自动驾驶问题，只不过由于是货运服务，车辆的速度可以比较低，安全性和效率之间的平衡问题会比较突出。小区终端级的物流运输相对于“最后一公里”运输比较简单，由于在小区内部，可以要求提供专用的车道、投递箱等资源，但除了自动驾驶本身，需要解决自动投递等业务层面的问题。在小区终端级的应用中，自动驾驶运输车辆更多是作为一种服务机器人而不是交通工具出现的。

### （二）产品发展前瞻

#### 1. 下沉到常规量产车上的自动驾驶功能

量产车自动驾驶功能主要包括使用条件、认知与交通法规遵守能力、执行能力、紧急情况处理、综合驾驶能力等方面的功能。

1）使用条件

晴天、阴天、雾霾、小雨、中雨、白天、傍晚、夜晚等情况下均可使用。

2）认知与交通法规遵守能力

能够识别交通标志、交通标线、交通信号灯、交通指挥手势等。

3）执行能力

具备曲线行驶、直角转弯、起伏路行驶、过限宽门、窄路掉头、坡道停车和起步等操作的执行能力。

4）紧急情况处理

具备紧急情况下靠边停车、请求人工接管、人工接管、人工介入恢复等功能。

5）综合驾驶能力

（1）具备起步、停车、跟车、变更车道、会车、超车等功能；

（2）具备直行通过路口、通过人行横道线、路口左转弯、路口右转弯、路口掉头、倒入车库、侧方停车、避让应急车辆的驾驶能力；

（3）具备通过公共汽车站、通过环岛、主辅路行驶、通过苜蓿叶式立交桥、通过学校区域、通过隧道等特殊场景时，能通过车速调整、复杂场景策略应对等保持通行的能力；

（4）自动驾驶感知和车辆控制技术使车辆在通过雨区、雾区、湿滑、遗撒路面等容易造成车辆打滑、侧翻等场景时，能提前减速、加大跟车距离等。

#### 2. 车路协同功能

车路协同功能主要指自动驾驶过程中，车辆与其他交通参与者和路端的信息交互，其主要功能如下。

1）协同式感知

感知周边环境，并将感知的行人、车辆、骑行者以及路面信息发送自动驾驶系统。系统根据这些信息规划最佳路径，避免事故的发生，从而实现自动驾驶车辆安全高效的通过。

2）基于路侧协同的无信号交叉口通行

通过全局的通行协同，做到保证自动驾驶车辆高效安全地通过无信号灯交叉口。

3）极端场景应对

在自动驾驶系统无法处理的极端场景，通过车路协调接管车辆，不需要通过人工干预，提升自动驾驶车辆自动运行的能力。

4）高精地图版本对齐及动态更新

云端能够通过车路感知数据，对自动驾驶车辆的高精地图进行动态更新，保证车辆能够获取最新、最完整的高精地图数据，以此保证车辆安全可靠运行。

5）异常行为识别

对于其他交通参与者的异常行为，如对于有异常驾驶行为的车辆进行识别，并把车辆的识别信息发送给自动驾驶车辆，以便车辆提前变道绕行。

3. 特殊自动驾驶车辆

在园区、商场等场景，特殊载客作业车等自动驾驶车辆功能需要根据场景采用定制化的方案，并结合网联与整个园区的调度系统打通连接，高效管理，提高运行效率。

# 附录　2019年度客车行业大事记

## 【政　策　篇】

### 一、产业政策

1月10日，国家发改委正式实施《汽车产业投资管理规定》。主要内容为，取消汽车投资项目核准事项、提高投资项目准入标准，严格控制新增传统燃油汽车产能，提高新建纯电动汽车企业项目条件等。另外混合动力汽车、插电式混合动力汽车将划归燃油汽车类，电动车只针对由电动机驱动的汽车。

6月1日，工业和信息化部开始实施依据《道路机动车辆生产企业及产品准入管理办法》制定的《道路机动车辆生产企业准入审查要求》和《道路机动车辆产品准入审查要求》，加强车辆准入管理。

6月24日，工信部发布公告，决定自2019年6月21日起废止《汽车动力蓄电池行业规范条件》（工业和信息化部公告2015年第22号）。

6月30日，国家发展和改革委员会与商务部联合发布《鼓励外商投资产业目录（2019年版）》，自2019年7月30日起施行。《目录》鼓励外资参与制造业高质量发展，并在装备制造业中新增或修改工业机器人、新能源汽车、智能汽车关键零部件等条目。

8月1日，国务院办公厅发布《关于印发全国深化“放管服”改革优化营商环境电视电话会议重点任务分工方案的通知》，要求进一步深化交通运输领域简政放权，简化道路客运经营许可事项和申请材料，优化机动车产品准入，依法整合汽车产品公告、强制性产品认证、环保型式核准目录等，实现一次送检、全面检测、结果互认。

9月19日，中共中央、国务院印发《交通强国建设纲要》，提出构建安全、便捷、高效、绿色、经济的现代化综合交通体系，打造一流设施、一流技术、一流管理、一流服务，建成人民满意、保障有力、世界前列的交通强国，为全面建成社会主义现代化强国、实现中华民族伟大复兴中国梦提供坚强支撑。

### 二、新能源政策

3月15日，市场监管总局根据《缺陷汽车产品召回管理条例》及《缺陷汽车产品召回管理条例实施办法》，发布《关于进一步加强新能源汽车产品召回管理的通知》。

3月26日，财政部、工业和信息化部、科技部、发展改革委联合发布《关于进一步完善新能源汽车推广应用财政补贴政策的通知》。

5月8日，财政部、工业和信息化部、交通运输部、发展改革委四部门联合发布《关于支持新能源公交车推广应用的通知》，提出促进公共交通领域消费，推动公交行业转型升级，加快公交车新能源化。该政策从2019年5月8日起正式实施，过渡期为2019年5月8日至2019年8月7日。

6月17日，工信部发布《关于开展新能源汽车安全隐患排查工作的通知》，通知要求对已售车辆及库存车辆的防水保护、高压线束、车辆碰撞、车载动力电池、车载充电装置、电池箱、机械部件和易损件重点开展安全隐患排查工作。

6月6日，国家税务总局、交通运输部联合发布《关于城市公交企业购置公共汽电车辆免征车辆购置税有关事项的公告》。

9月10日，工信部就《新能源汽车动力蓄电池回收服务网点建设和运营指南》公开征求意见。

12月3日，工信部装备工业司发布《新能源汽车产业发展规划（2021—2035年）》（征求意见稿），提出到2025年，新能源汽车新车销量占比达到25%左右、智能网联汽车新车销量占比达到30%、高度自动驾驶智能网联汽车实现限定区域和特定场景商业化应用的目标。

## 三、运输管理

5月21日，国务院办公厅发布《关于印发深化收费公路制度改革取消高速公路省界收费站实施方案的通知》，提出加快取消全国高速公路省界收费站，实现不停车快捷收费。

5月30日，交通运输部发布《收费公路车辆通行费车型分类》等12项交通运输行业标准的公告。

6月12日，交通运输部经第12次部务会议通过《交通运输部关于修改〈道路运输从业人员管理规定〉的决定》。

7月24日，交通运输部发布关于《道路旅客运输及客运站管理规定（征求意见稿）》公开征求意见的通知。

7月31日，交通运输部等八部门联合印发《关于推动“四好农村路”高质量发展的指导意见》，明确指示2019年底前实现具备条件的乡镇和建制村通硬化路，2020年底前实现具备条件的建制村通客车。

8月12日，交通运输部、国家邮政局、中国邮政集团公司联合发布《关于深化交通运输与邮政快递融合推进农村物流高质量发展的意见》（交运发〔2019〕107号），强调健全完善贫困地区农村物流服务体系，推动交通运输与邮政快递在农村地区融合发展，提高农村物流服务覆盖率，全面推进农村物流高质量发展。

10月10日，交通运输部印发《汽车客运站安全生产规范》，提出落实汽车客运站安全生产主体责任，有效预防和减少因汽车客运站源头管理不到位引发的生产安全事故。

11月21日，交通运输部、国家发展改革委发布《关于深化道路运输价格改革的意见》，提出深化道路客运价格市场化改革，完善汽车客运站收费分类管理，健全巡游出租汽车运价形成机制，规范道路运输新业态新模式价格管理等任务。

11月25日，交通运输部、工业和信息化部、公安部、生态环境部、应急管理部、市场监督管理总局联合发布《危险货物道路运输安全管理办法》，法规自2020年1月1日起执行。

## 四、环保节能

3月12日，交通运输部、工业和信息化部、发展改革委、科技部、公安部、生态环境部、卫生健康委、市场监管总局8部门发布《关于在部分地区开展甲醇汽车应用的指导意见》，建议加快推动甲醇汽车应用，实现车用燃料多元化。

5月20日，交通运输部、中央宣传部、国家发展改革委、工业和信息化部、公安部、财政部、生态环境部、住房城乡建设部、国家市场监督管理总局、国家机关事务管理局、中华全国总工会、中国铁路总公司等12个部门和单位印发了《关于绿色出行行动计划（2019—2022年）》，提出到2022年，初步建成布局合理、生态友好、清洁低碳、集约高效的绿色出行服务体系。

7月1日，《重型柴油车污染物排放限值及测量方法（中国第六阶段）》开始实施。根据该标准要求，自2019年7月1日起，所有生产、进口、销售和注册登记的燃气汽车应符合标准要求；自2020年7月1日起，所有生产、进口、销售和注册登记的城市车辆应符合标准要求；自2021年7月1日起，所有生产、进口、销售和注册登记的重型柴油车应符合标准要求。上海、深圳、武汉、南京、杭州等城市相继出台政策鼓励提前淘汰“国三标准”车辆。

## 五、智能交通

5月15日，工信部发布《2019年智能网联汽车标准化工作要点》。

7月25日，交通运输部印发《数字交通发展规划纲要》，提出推动自动驾驶与车路协同技术研发，开展专用测试场地建设，并鼓励物流园区、港口、铁路和机场货运站广泛应用物联网、自动驾驶等技术。

11月21日，工信部科技司公开征求对《国家车联网产业标准体系建设指南（车辆智能管理）》的意见。该指南计划到2022年底，完成车联网基础性技术研究；到2025年，系统形成能够支撑车联网环境下车辆智能管理的标准体系。

12月12日，交通运输部印发《推进综合交通运输大数据发展行动纲要（2020—2025年）》，提出要推动各类交通运输基础设施、运载工具数字孪生技术研发，推进第五代移动通信技术（5G）、卫星通信信息网络等在交通运输各领域的研发应用。

## 六、旅游与消费

1月29日，国家发展改革委、工业和信息化部、民政部、财政部、住房城乡建设部、交通运输部、农业农村部、商务部、国家卫生健康委、市场监管总局10部委联合发布《进一步优化供给推动消费平稳增长促进形成强大国内市场的实施方案（2019年）》，列出促进汽车消费六大举措：有序推进老旧汽车报废更新、持续优化新能源汽车补贴结构、促进农村汽车更新换代、稳步推进放宽皮卡车进城限制范围、加快繁荣二手车市场以及进一步优化地方政府机动车管理措施。

3月5日，李克强总理在《政府工作报告》中提出“发展全域旅游，壮大旅游产业”。

5月1日，中国公路学会发布实施了《旅游景区客车类型划分及等级评定》（T/CHTS 20006—2019）标准。该标准必将促进我国旅游景区客车技术水平的进步，加速旅游行业和交通行业的深度融合。

6月3日，国家发展改革委、生态环境部、商务部联合发布《推动重点消费品更新升级 畅通资源循环利用实施方案（2019—2020年）》，取消限行/限购、推动农村车辆升级、更新城市公共领域用车、推动新能源车辆消费。

8月23日，国务院办公厅发布《关于进一步激发文化和旅游消费潜力的意见》。提出顺应文化和旅游消费提质转型升级新趋势，深化文化和旅游领域供给侧结构性改革。

# 【行　业　篇】

## 一、产能扩充

2月19日，南京金龙纯电动商用车项目开工仪式在渭南市隆重举行。该项目占地2000亩（约合1.33km $^2$），总投资约80亿元，主要建设纯电动商用车生产基地。

4月27日，桂林比亚迪新能源商用车产业基地正式竣工投产，首台“桂林制造”的比亚迪新能源商用车总装下线。该产业基地除生产纯电动客车外，还将实现专用车共线生产。基地规划年产千辆纯电动客车，将辐射广西、云南、贵州及东盟国家等地市场。

5月30日，南京金龙开沃新能源汽车智造基地项目在西安高新区正式开工，项目全部建成后将具备年产1万辆电动客车、18万辆电动物流车、10万辆电动乘用车的生产能力。

6月2日上午，比亚迪锂电池项目正式落户广州增城，项目固定资产总投资40亿元，预计可实现年产值130亿元、年税收7.55亿元。

6月24日，北京公交集团与北汽集团战略合作发布会在北京举行，双方共同出资成立“北京福田欧辉新能源汽车有限公司”主要从事汽车及新能源汽车开发、制造、销售。项目占地518亩（约合0.35km$^2$），2021年初建成投产后可达年产5000辆大客车的规模。

8月5日，抚州高新区管委会与上海申龙客车有限公司举行项目投资合作签约仪式，签订总投资11.5亿元，年产5000辆新能源大客车及底盘生产项目。

## 二、兼并重组

3月27日，中国重汽公司与公司全资附属中国重汽济南动力公司以及中国重汽集团济南豪沃客车有限公司订立股权转让协议。据此，中国重汽公司同意出售所持有中国重汽集团济南豪沃客车有限公司100%股权，初步代价为人民币约4.06亿元。

6月1日，安徽安凯汽车股份有限公司发布关于控股子公司公开挂牌转让扬州江淮宏运客车有限公司100%股权的公告。公告称，公司控股子公司安徽江淮客车有限公司决定公开挂牌转让全资子公司扬州江淮宏运客车有限公司100%股权。

9月16日，安凯客车收到股东江淮汽车、安徽省投资集团控股有限公司转来的《关于安凯客车股份协议转让的意向书》。江淮汽车拟将持有的公司9422.9418万股股份转让给中车产业投资有限公司，安徽省投拟将持有的公司6199.2602万股股份转让给中车产投。

6月27日晚间公告，东旭光电为提升全资子公司决定以增资扩股方式，为申龙客车引入战略投资者山高卓越。山高卓越以现金实缴方式对申龙客车投资4亿元。完成后，山高卓越持有申龙客车9.09%股权，公司持有申龙客车90.91%股权。

12月18日，安凯客车发布公告称，拟将持有安徽安凯福田曙光车桥有限公司40%股权在安徽产权交易中心公开挂牌转让。

## 三、企业合作

3月6日，开沃新能源汽车集团有限公司与中国电信股份有限公司南京分公司签署战略合作协议。双方将以5G网络、设备及业务为主线，在核心网、移动边缘服务、云平台方面充分展开深入合作。

3月12日，北汽新能源与孚能科技签署《中长期战略合作协议》，约定共同开发先进的、具备成本竞争能力的新能源技术方案。

3月25日，比亚迪与华为在深圳签署全面战略合作协议。双方将在汽车智能网联、智能驾驶以及智慧云轨、智慧园区等方面开展深入合作。

4月4日，江淮汽车与顺丰速运正式签署战略合作协议。双方旨在新能源汽车领域合作、共赢，共同建立新能源汽车物流市场的领导地位。

4月17日，在2019年上海国际车展上，福田汽车与华为正式签署战略合作协议，双方将在车载计算与智能驾驶、智能网联、智能互联、智能能源、智能制造、云服务、云计算和信息化等领域开展战略合作，全面开启5G商用车全智能体系建设。

4月25日，福田汽车与正大集团在国家会议中心举行“一带一路”战略合作签约仪式，双方将成立合资公司共同开拓福田商用车在泰国以及东盟市场。

4月28日，开沃新能源汽车集团有限公司与中国信科集团旗下大唐移动通信设备有限公司、中国铁塔股份有限公司南京市分公司签署了“5G智能网联战略合作框架协议”。三方将在5G汽车自动驾驶创新平台建设、区域性汽车自动驾驶城的建设、商用车自动驾驶技术和标准等方面展开技术合作。

4月30日，珠海市5G行业应用暨工业互联网标杆示范项目发布会在珠海举办。会上银隆新能源股份有限公司与珠海联通签署了5G创新应用战略合作协议。

6月13日，国轩高科全资子公司合肥国轩与浙江吉利新能源商用车集团有限公司在安徽合肥签订了合作框架协议。公告显示，合肥国轩供货份额大于吉利商用车采购总量的50%。

6月14日，浙江吉利新能源商用车集团与陕西汉德车桥有限公司在汉德车桥总部签署合作协议，双方将在全系列商用车领域建立紧密的合作关系。

6月28日，东风汽车与腾讯公司在深圳签署战略合作协议，双方将围绕智能网联、数字化转型、智慧出行、汽车安全、联合创新等七大领域开展全方位合作，并宣布成立东风腾讯联合创新实验室，进行汽车相关前沿技术研究。

7月2日，中国信科集团旗下大唐移动通信设备有限公司与郑州宇通客车股份有限公司签署战略合作协议。根据协议，大唐移动与宇通客车将在5G智能网联车领域开展深度战略合作。

7月3日，在百度AI开发者大会上，百度宣布将与吉利就智能网联、智能驾驶、智能家居、电子商务等AI技术在汽车、出行领域应用展开全面战略合作。双方将共同研究、探索“最强汽车+最强AI”。

7月3日，由比亚迪汽车工业有限公司、青岛公交商务旅游集团有限公司、青岛福隆新能源汽车有限公司共同出资的青岛公交新能源汽车销售有限公司正式挂牌成立，注册资本1000万元，公司的经营范围涉及“汽车销售（不含低速电动车）”汽车租赁“汽车配件与配套产品代理与销售”车辆维修与保养“车辆售后及配套服务”。

7月11日，安徽江淮汽车集团股份有限公司、大众汽车（中国）投资有限公司、中国第一汽车股份有限公司、星星充电，在江苏常州联合成立开迈斯新能源科技有限公司（CAMS），致力于为用户提供定制化的充电产品和一站式解决方案。

7月25日，江淮汽车与潍柴动力股份有限公司在合肥正式签署战略合作协议。根据协议内容，双方将进一步深化在新节能技术、新能源等领域的合作。

7月25日，东风汽车股份有限公司与襄阳市人民政府、国家电投集团科学技术研究院、武汉理工大学就各方在氢领域装备研发与制造、氢能交通应用示范与推广等方面的合作签订了战略合作协议。

9月29日，安凯客车与中国信科、中国联通就共建5G智慧园签订三方战略合作协议，合作三方通过强强联合和技术互补，推动5G技术在客车领域的实际应用。

10月21日，北汽集团与京东集团签署战略合作协议，旨在在全域数字化、京东云、车联网、智能供应链、金融服务以及采购合作等方面展开深入合作。

11月11日，中通客车与马来西亚汽车制造商Terus Maju Services（TMS）签署合作协议，双方将共同开发面向马来西亚国内市场以及越南、缅甸和柬埔寨等其他东盟市场的新能源客车。

12月6日，北汽新能源与宁德时代签署商务战略合作协议，双方将共同推进宁德时代产品在北汽新能源车型上的快速应用。

12月9日，安徽江淮汽车集团股份有限公司与华为技术有限公司在深圳正式签署全面合作框架协议暨MDC平台项目合作协议。双方将在智能汽车解决方案、企业信息化、智慧园区、智能工厂等领域展开深入合作。

12月12日，深圳市比克动力电池有限公司与开沃新能源汽车集团有限公司在南京举行战略合作签约仪式，据此开沃将采购比克电池数亿元动力电池系统，并与比克电池共同推进技术研发。

12月30日，福田欧辉客车和华夏出行签订战略合作协议暨首批交车仪式在北京举行。根据协议，未来两年内华夏出行将批量采购福田欧辉大中型客车产品。

12月20日，福田汽车与印度PMI公司签订合资协议暨纯电动客车批量采购签约仪式在北京举行。印度PMI公司将作为福田汽车在印度境内的总代理，进口、生产和销售福田新能源客车产品。

## 四、国内订单

1月3日，福田汽车向北京公共交通控股（集团）有限公司交付共2790辆福田欧辉纯电动及插电混合动力客车，这也是2019年开年中国客车行业的第一笔新能源客车大单。

6月12日，佛山市南海区37辆氢能源车辆投运，其中包含426辆氢能源物流车和11辆氢能源公交车。值得一提的是，11辆新投运的氢能源公交车中，除了1辆来自联合国开发计划署（UNDP）以外，其余10辆均来自广东泰罗斯汽车动力系统有限公司。

8月6日，一汽解放长春智慧客车分公司199辆10.5m纯电动公交客车交付长春公交，该批车辆全面采用自主科技的三电系统。

8月19日，邢台市区至各县城的城际公交线路正式通车，此次投入使用的车辆中，共有180辆中通客车生产的公路版纯电动定制公交车。

12月3日，美锦能源发布公告称，控股子公司飞驰汽车与广东名阳集团有限公司组成的联合体中标“佛山市禅南公共交通有限公司42辆氢能源公交车采购项目”，中标总金额为7135.8万元；飞驰汽车与广东飞驰汽车贸易有限公司组成的联合体中标“2019年三水国鸿公交公司新能源公交车采购项目-01包41辆8.6米氢能源车辆”，中标金额8733万元，合计中标金额1.58亿元。

## 五、客车出口

1月19日，宇通客车向智利首都圣地亚哥公交运营商交付100台E12纯电动客车。截至2018年11月，海关数据显示，宇通客车在拉美累计保有量超过21295台。

2月18日，卢森堡旅游服务运输公司Emile Weber在比森（Bissen）市采用宇通ICe 12纯电动城际客车，推出了第一个全电动校车服务。

3月5日，40辆由比亚迪印度工厂生产的电动客车正式交付当地第6大城市海德拉巴。至此，比亚迪在印度电动客车保有量已提升至108辆。

3月12日，比亚迪向厄瓜多尔最大城市瓜亚基尔交付了20辆12m纯电动大客车，标志着厄瓜多尔全国首支纯电动大客车车队正式成立。

3月25日，比亚迪在日本宣布，将向日本市场投放新的小型纯电动客车。该车是日本国内续航距离最长的一款小型纯电动客车，目前在日本总计交付了21辆。

3月31日，由比亚迪匈牙利工厂生产的纯电动客车在匈牙利绍尔戈陶尔扬市投入使用，这是当地的首台电动客车。

4月10日，600辆安凯客车出口沙特发车仪式在安凯厂区举行。据悉，目前安凯客车已累计向沙特市场出口近7000辆客车。

4月25日，海格客车174辆“欧六标准”柴油公交出口塞尔维亚签约仪式在塞首都贝尔格莱德举行，合同总金额超过3亿元人民币。

5月9日，比亚迪15辆12m纯电动客车正式交付西班牙TUBASA集团，此批客车配备比亚迪自主研发的磷酸铁锂电池及电池热管理系统，仅需4h即可充满，续航里程高达250km。

5月27日，中国援助萨摩亚“2019年太平洋运动会体育物资移交仪式”在萨摩亚首都阿皮亚市港口举行，金龙客车26辆通勤客车在仪式上正式交付萨方。

6月14日，100辆中通客车生产的公交车作为中国政府对莫桑比克援助项目车辆正式交付，这不仅是我国“一带一路”国家政策下的重点援外项目，也是本年度我国最大的公交车援外项目。

6月18日，宇通客车168辆豪华客车交付乌兹别克斯坦，该批订单是乌兹别克斯坦有史以来最大批量的客运采购订单。

7月10日，苏州金龙248辆斯堪尼亚·海格高端公交车正式交付摩洛哥运营商。

8月9日，恒天新能源汽车与沙特成功签署900辆校车订单。从2014年至2019年，公司出口沙特的校车、朝觐车累计超过3700辆。

8月13日，33辆宇通纯电动公交车在芬兰赫尔辛基顺利交付，这是芬兰首次批量采购纯电动客车。

9月19日，由欧洲国际运营商Transdev集团采购的10辆宇通ICe12纯电动城间客车在法国普罗旺斯地区艾克斯投入运营，这是欧洲第一条纯电动城际客运线路。

10月17日，在阿联酋•阿治曼酋长国举行了中兴智能汽车首批新车交付仪式。此次交付于阿联酋•阿治曼公交公司的高端公交产品，是中兴面向GCC（Gulf Cooperation Council，海湾阿拉伯国家合作委员会）区域市场自主研发、设计、生产，具备自主知识产权的智能公交产品。

10月29日，北汽福田向埃及正式交付首批两辆电动公交车，剩余48辆将于2019年11月中旬交付，这是截至2019年埃及电动汽车第一大单。

12月1日，174辆苏州金龙公交客车在塞尔维亚首都贝尔格莱德正式交付当地公交公司，本批城市公交客车是苏州金龙根据贝尔格莱德实际运营需求量身定制的第5代公交，采用三门低地板设计。

12月5日，苏州金龙20辆纯电动公交在韩国富川市正式交付客户，该订单是迄今为止中国出口韩国的最大批量纯电动公交订单。此批公交为海格客车针对韩国运营环境量身定制的快充式纯电动公交，充电30min即可运行150km。

12月10日，金龙客车出口玻利维亚第2万辆海狮轻客正式下线。

## 六、新产品

2月22日，上汽大通MAXUS燃料电池车FV76（内部代号）迎来试装下线，这款全新燃料电池商务车最高续航里程达650km。

3月7日，厦门金旅“星辰”无人驾驶客车在以色列特拉维夫会展中心的场地内进行了封闭道路测试，受到了当地客户、媒体的广泛关注。

3月13日，银隆新能源18m海豚公交车投入成都二环BRT（快速公交系统）运营，车上搭载了各类精彩的5G应用，被定义为国内第一辆真正面向公众的5G公交车。

4月1日，比亚迪发布全球首款27m纯电动双铰接大客车K12A，该车满载人数250人，最高时速70km，是迄今为止全球最长的纯电动大客车。

4月16日，在2019上海国际车展上，金龙联合汽车工业（苏州）有限公司携手中国汽车技术研究中心、天津清源汽车共同签署无人驾驶电动客车战略合作协议，并联合发布了三家共同研发的L4级量产无人驾驶客车Pro-Blue“深蓝”。

4月18日，申沃在第18届上海国际汽车工业展上发布全新12m全低地板的超高等级智能公交iEV12。

5月17日，河南省政府“5G+”示范工程“宇通客车智慧岛5G智能公交”项目正式落地，标志着宇通L4级自动驾驶公交车开始试运行。

6月14日，在杭州发布了由吉利新能源商用车联合杭州公交集团、中国移动杭州公司、数源科技和华为技术5家企业，共同研发打造的全新5G智慧公交。

6月14日，中车时代电动汽车股份有限公司正式推出最新一代技术集成平台—T6。

6月11日，在2019亚洲消费电子展上，红旗带来了一款L4级智能驾驶5G小客车概念车。

7月17日，上汽大通MAXUS公布旗下全领域智能宽体轻客V90。

10月23日，博世和广汽研究院联合发布基于车联网技术的SAE L4级别自动代客泊车系统，该系统搭载于广汽旗下车型，车辆在场端行驶速度会被限制在5~7km/h。